이책들고 해외 출장가자

글로벌 시장을 정복하는 성공 비즈니스 여행 ❶ 북미편
이 책 들고 해외출장 가자

지은이 KOTRA(대한무역투자진흥공사)
펴낸이 안용백
펴낸곳 (주)도서출판 넥서스

초판 1쇄 발행 2005년 12월 25일
초판 2쇄 발행 2008년 2월 25일

출판신고 1992년 4월 3일 제311-2002-2호
121-840 서울시 마포구 서교동 394-2
편집 Tel (02)380-3864 Fax (02)380-3884
영업 Tel (02)330-5500 Fax (02)330-5555

ISBN 978-89-6000-001-8 14980
　　　978-89-6000-002-5 14980 (세트)

가격은 뒤표지에 있습니다.

잘못 만들어진 책은 바꾸어 드립니다.

www.nexusbook.com

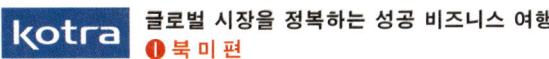

글로벌 시장을 정복하는 성공 비즈니스 여행
❶ 북미편

이책 들고 해외 출장가자

KOTRA(대한무역투자진흥공사) 지음

넥서스

여는글

글로벌 시장에 뛰어든 비즈니스맨들을 위하여

　세계 속의 한국 무역 발전을 위해 노력해 온 KOTRA는 1962년 설립 이후 전세계 해외무역관을 통해 정확하고 체계적인 현지 정보와 시장 정보를 수집, 우리 비즈니스맨들의 해외 진출을 돕는 데 매진해왔다. 또한 시대의 요구에 맞춰 2000년부터 온라인을 통해 축적된 정보들을 공유하고 해외 현지 시장상황들을 실시간으로 전달하고 있으며, 이메일과 전화 등의 다양한 매체를 통해 비즈니스 관련 상담들을 주도해왔다.

　이런 오랜 경험과 비즈니스 정보들을 효과적으로 전달하기 위해 기획된 책이 바로 「이 책 들고 해외출장 가자」 시리즈이다. 국가·도시별 시리즈로 발간될 예정인 이 책에는 해당 국가와 도시와 관련한 상세한 정보 및 그곳에서 지켜야 할 비즈니스 에티켓, 바이어와의 상담 요령, 교통 및 숙박 정보 등 비즈니스맨들이 꼭 알아야 할 정보들을 담았다. 또한 대부분의 국가들이 영어를 비즈니스 언어로 많이 쓰고 있는 실정이므로, 현지에서 효과적으로 활용할 수 있는 영어회화, 유용한 현지어, 비즈니스 영어표현 등도 함께 담아냈다. 이 책의 출간은 해외출장이나 사업을 고려하는 특정 대상의 독자를 위해 비즈니스 정보, 여행 정보, 언어 정보를 함께 담았다는 것에서 그 의의를 찾을 수 있을 것이며, 이러한 책이 국내에 거의 없는 상황에서 많은 비즈니스맨들에게 이정표 역할을 해줄 것으로 생각된다.

　그 첫 번째 결과물인 「북미편」을 보자. 우리가 흔히 '외국'을 떠올릴 때 가장 먼저 떠올리게 되는 나라는 세계 최대의 단일 소비시장을 형성하고 있는 미국일 것이다. 거대한 소비력과 자본력 그리고 막강한 정치력을 바탕으로 한 미국은 우리에게 단순히 지표상으로 나타나는 한미 관계 그 이상의 영향력을 갖고 있다. 이러한 미국과 인접한 캐나다 역시 해외 무역의존도가 매우 높은 국가로 많은 국가들이 비즈니스 상대로 생각하는 시장이다. 미국과 캐나다가 형성하고 있는 북미시장은 우리나라의 전체 수출 가운데 약 16%의 비중을 차지하고 있으며 중국시장과 더불어 가장 중요한 수출시장이라고 할 수 있다. 이렇듯 커다란 중요성을 가지는 북미시장에 대해 우리는 얼마나 많이 알고 있을까? 단순한 교류차원을 넘어서 북미시장을 통한 비즈니스를 하고자 한다면 현재 우리가 알고 있는 상식 이상의 정보가 반드시 필요할 것이다.

이번 「북미편」에서 우리는 KOTRA의 오랜 노하우를 통해 정리된 국가 정보, 도시 정보, 북미시장의 비즈니스 관행 그리고 현지인과의 접촉시 발생할 수 있는 다양한 상황별 다이얼로그와 표현을 같이 보여줌으로써 북미시장과 관련된 비즈니스맨들에게 유용한 가이드가 되도록 했다. 이번 「북미편」을 시작으로 향후 국가 및 대륙별 시리즈로 발간될 「이 책 들고 해외출장 가자」에는 KOTRA의 104개 해외무역관에서 수집한 세계 각 지역의 생생한 비즈니스 정보가 수록될 것이다. 이 책이 글로벌 시장에서 활동하고 있는 우리 수출기업들에게 든든한 동반자가 될 수 있기를 진심으로 바라며 아울러 그동안 정보 부족으로 도전할 엄두를 내지 못했던 나라와의 무역 물꼬를 트는 데 큰 도움이 되길 희망한다.

마지막으로 이 책의 발간을 위해 여러 도시의 현장에서 발로 뛰며 자료를 수집하고 원고를 작성해준 KOTRA 북미지역 무역관 직원 여러분과 보다 나은 책을 만들기 위해 수개월간 많은 노고를 아끼지 않은 (주)도서출판 넥서스 관계자 여러분께 감사의 말씀을 전한다.

2005년 12월
KOTRA 정보조사본부장
한준우

일러두기

정보TIP
각 국가나 도시별로 알아두면 유익한 정보들을 Tip으로 정리했다. 저렴한 국제전화 이용법, 택시를 쉽게 잡는 법, 카드 분실시 신고가 가능한 전화번호 등이다.

출입국 절차는 어떻게 될까?
보통 다른 나라에 가게 되면 입국 수속을 하게 되는데, 지항편 탑승시, 해당 공항 도착 후 Transit 하는 경우에는 최초 도착 공항에서 입국 수속을 한다.

》 출국 절차
- 항공권 체크인
- 이민국 출국 심사(여권 · 항공권 · 탑승권 제출)

》 입국 심사(Kimmigration)
기내에서 사전 배부된 입국카드(세관신고서 포함)를 작성한 후 여권, 항공권과 함께 캐나다 공항의 입국 심사관에게 제출한다. 입국 심사관은 방문목적과 체류기간, 휴대품 등에 대한 질문에 답변하며 입국허가인을 받고 학습 화물대에서 본인이 부친 화물을 찾은 후 세관통로에서 가서 관세품에 여부 심사를 받는다.

》 세관 검사(Custom Inspection)
세관신고서에 명시된 신고사항이 없을 경우, 별도로 마련된 검사대를 통과한다. 물, 식료품, 농산물, 가축 등은 세관원으로부터 별도의 분류허가 받는다.

통화와 환율을 알아두자

》 통화
기본 화폐 단위는 캐나다달러(C$)이다. 1C$는 100Cent이다.
지폐: C$5, C$10, C$20, C$50, C$100 총 5종으로 캐나다의 화폐는 액면가에 관계없이 크기가 모두 일정하다.
동전: C$2, C$1, 25 Cent, 10 Cent, 5 Cent, 1 Cent(Penny) 총 6종으로 동전의 경우 보통 가격이 낮을수록 크기가 작은 것이 일반적인데 10Cent 동전은 예외로서 5Cent 동전보다 크기가 작다.

지로로 반입이 제한되는 물품들
캐나다 이용객 반입이 금지되어 있는 사항들을 정리했다.

카드에 조심
캐나다는...

캐나다에 가기 전에 알아두자!

캐나다 비자는 어떻게 받을까?

》 6개월 미만 머무르는 경우
1994년 5월 1일 체결된 한국과 캐나다 간의 비자면제 협정에 따라 6개월 미만의 관광이나 비즈니스의 목적으로 캐나다를 방문하는 경우에는 비자 없이 입국하여 체류할 수 있다.

캐나다 입국허가서는 입국시 출입국 관리소에서 발급받을 수 있으며 입국허가서를 받은 후에는 추가서류나 신체검사 없이 최대 6개월까지 캐나다에 체류할 수 있다.

》 6개월 이상 머무르는 경우
6개월 이상 장기간 머무를 때는 비자를 발급받아야 한다. 비자 종류에 관계없이 여권, 신청서, 여권용 사진 2매, 귀국용 항공권, 1년 동안의 근로소득에 원천징수 영수증 원본 및 영문본 각 1통씩의 구비서류를 제출해야 한다.

국가정보
해당 국가에 가기 전에 알아두어야 할 사전 정보들을 정리하였다. 출입국과 관련된 정보, 세관, 통화와 환전 등의 최신 정보를 제공하여 출장가기 전에 미리미리 챙길 수 있도록 하였다.

경고TIP
각 국가나 도시별로 특별히 주의해야 할 사항들을 Tip으로 정리했다. 해당 지역의 위험 지역, 야간 통행 자제 구역, 교통수단과 관련된 주의사항 등이다.

KOTRA TIP

해당 지역 KOTRA 무역관의 오랜 경험을 바탕으로 축적된 KOTRA만이 가진 비즈니스 노하우들을 Tip 형식으로 간단히 정리하여 제공하였다. 비즈니스 매너, 현지 통역원 쉽게 이용하는 법, 도로 표지판 읽는 법, 가장 최신의 지역 경제 소식 등이다.

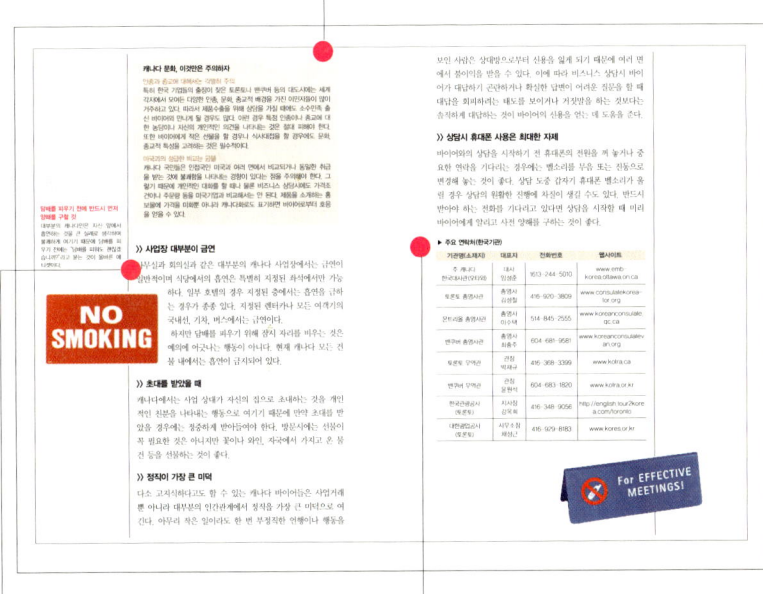

비즈니스 정보

해당 국가에서 꼭 알아두어야 할 비즈니스 정보들을 정리하였다. 국가별 시장 특성, 소비자들의 구매 특성, 각 지역별 특성, 기업환경 및 특징, 꼭 알아두어야 할 비즈니스 관행들, 전시회 운영 정보 등이 KOTRA만의 치밀한 분석과 노하우를 통해 세세하게 정리되어 있다.

주요 기관 연락처

해당 국가에서 비즈니스 활동을 하기 위해 꼭 알아두어야 할 주요 기관들의 주소와 연락처를 정리하였다. 대사관, 총영사관, 상공회의소, 한인회 등이다.

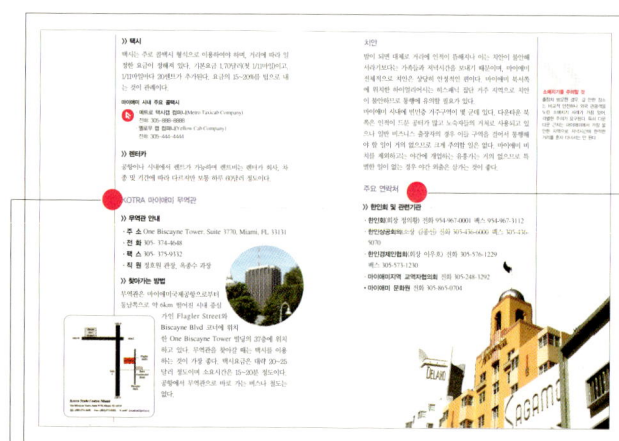

도시별 주요 연락처

각 도시에서의 비즈니스에 꼭 필요한 주요 기관들의 주소와 연락처, 업무 시간을 정리하였다. 대사관, 총영사관, 주재기관, 항공사, 언론사, 긴급 전화번호 등이다.

KOTRA 무역관

해당 도시에 있는 KOTRA 무역관에 대한 안내이다. 자세한 위치와 전화, 팩스, 이메일 정보를 담았고, 각종 교통수단을 이용하여 무역관 가는 방법을 상세히 설명하였다.

Survival English

출장 중에 한 번은 꼭 써먹을 만한 간단한 영어회화를 담았다. (뒤에서 자세히 설명)

도시 정보

해당 도시에서 업무를 진행하는 데 있어 꼭 필요한 정보들을 정리하였다. 기본적인 개괄, 가는 방법, 공항에서 시내로 진입하는 방법, 시차, 대중 교통 이용 방법, 렌터카 정보, 휴대폰 렌트 정보, 국제전화 이용법, 긴급상황시 대처법 등이다.

KOTRA 호텔평가표

현지 호텔에 대해 접근성, 쾌적성, 안전성, 부대시설을 고려한 평가표를 제시하였다.

KOTRA 식당평가표

현지 식당에 대해 맛, 위생, 분위기, 편의성, 서비스를 고려한 평가표를 제시하였다.

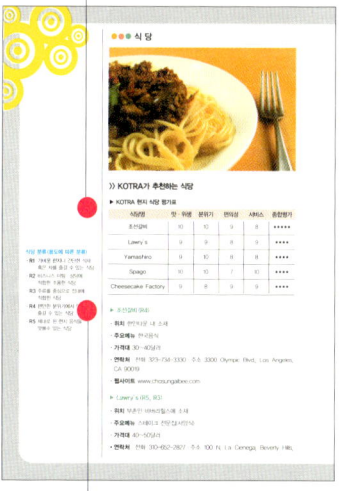

호텔정보

비즈니스맨들을 위해 KOTRA가 추천하는 해당 도시 내의 호텔 정보를 정리하였다. 특급 호텔부터 실속 있는 가격으로 묵을 수 있는 호텔에 이르기까지 다양한 호텔 정보를 볼 수 있으며, 각 호텔의 특징, 요금, 부대시설, 인터넷 사용여부 등을 알 수 있다.

식당정보

각 도시별로 KOTRA가 추천하는 식당 정보를 정리하였다. 현지의 맛을 느껴볼 수 있는 현지 식당, 비즈니스 접대를 위한 고급 레스토랑, 다양한 한식, 중식, 일식당 등을 알아볼 수 있다.

Survival English in LA 1 〔교통〕

A: Does this shuttle goes to S   Monica?
B: Yes, go ahead.
A: What's the fare to downto

A: 이 셔틀버스가 산타모니카까지
B: 네, 타세요.
A: 시내까지 요금이 얼마죠?

Survival English in New York 2. 〔교통〕

A: This is Yellow Cab. Do you need help?
B: I need a taxi right away for Kennedy Airport.
A: What address are you at?

캡입니다. 무엇을 도와드릴까요

Survival English in Chicago 3 〔호텔〕

A: Room Service. How may I help you?
B: Hello. I'd like to order cheese cake and coffee.
A: Anything else for you?
B: No, that's all. Thank you.

무엇을 도와드릴까요?
크와 커피를 갖다주세요.
요한 게 없으신가요?
감사합니다

Survival English in Toronto 4 〔식당〕

A: Could you recommend a French restaurant in Toronto?
B: Bodega Restaurant. It has a beautif patio.
A: Do I need a reservation?
B: Yes.

A: 토론토에 있는 프랑스 식당 추천 좀 해주시겠
B: Bodega Restaurant에 가보세요. 테라스
  아름다워요.
A: 예약이 필요한가요?
B: 네.

Tips French restaurant 프랑스 식당 patio 테라스

Survival English in Washington 5 〔관광〕

A: This is the National Air & S   Museum!
B: Why are you so happy?
A: I wanted to be a spaceman   was young.

A: 여기가 바로 우주 항공 박물관
B: 유난히 기뻐하시네요.
A: 어렸을 때 우주비행사가 되고

Tips National Air & Space Museum
우주 항공박물관 when I was you

Survival English in Dallas 6 〔쇼핑〕

A: Could I get this gift-wrapped?
B: Yes, but that costs one dollar extra.
A: Okay. Wrap it in red paper.

A: 선물 포장이 되나요?
B: 네, 1달러를 추가로 내시면 됩니다.
A: 좋습니다. 빨간 포장지로 싸주세요.

Tips gift-wrapped 선물포장하다 extra 추가로

도시별 Survival English

해외 출장 중에 어디서나 만나게 되고 경험하게 되는 다양한 상황들을 정리, 총 5개의 카테고리로 나누어 회화 Box를 곳곳에 배치하였다. 해당 정보가 들어있는 페이지에서 그 정보들을 활용하여 쓸 수 있고, 각 도시의 특성을 살린 내용들을 담은 영어회화를 가볍게 읽어볼 수 있다.

각 도시별로 교통 2 Box, 호텔 1 Box, 식당 1 Box, 관광 1 Box, 쇼핑 1 Box 로 6개씩의 dialogue를 배우게 되며, 이 책 전체를 통해서는 66개의 영어 dialogue를 자연스럽게 인지하게 되어 출장 중의 여러 가지 상황에 도움이 되도록 하였다.

그때그때 바로 써먹는 Spot English

해외 출장의 시작인 공항에서부터 출장지에서 꼭 겪게 되는 상황과 장소에 써먹을 수 있는 영어 단어와 문장들을 정리하였다. 공항에서/ 기내에서/ 대중교통을 이용할 때/ 차를 렌트할 때/ 호텔에서/ 식당에서/ 쇼핑할 때/ 관광할 때/ 총 8개의 상황별 Spot English! 언제 어디서든 효과만점으로 써보자.

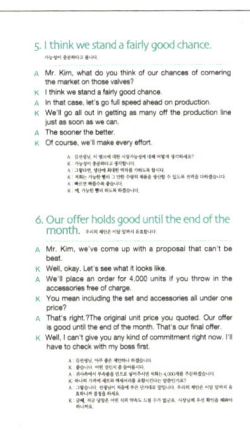

성공적 업무 수행을 위한
Business English

비즈니스 미팅시 실제로 벌어질 수 있는 상황들을 실전 영어회화로 정리하였다. 상담약속 정하기부터 약속 확인, 협상부터 계약 체결까지의 상황들을 정리한 실전 Business English! 어떤 상황에서든 유익하게 써먹자.

차례

여는 글 ······ 4
일러두기 ······ 6
공통정보 ······ 18

미국 USA

미국에 가기 전에 알아두자 ······ 36
미국비자는 어떻게 받을까? | 출입국 절차는 어떻게 될까? | 통화와 환율을 알아두자

알아두면 힘이 되는 비즈니스 정보 ······ 39
시장 특성

꼭 알아두어야 할 비즈니스 관행 ······ 45
상담약속은 필수 | 꾸준한 상담을 습관화하라 | 현지 에이전트 확보도 중요하다 | 비신용장 대금 결제 방식을 다양화하라 | 가격 경쟁력이 우선이다

비즈니스 상담에서 성공하기 ······ 48
성공적인 전시회 운영 10계명

상담시 비즈니스 매너 및 유의사항 ······ 50
첫인상이 중요하다 | 레터와 카탈로그를 통해 신뢰도를 높여라 | 여러 기관의 도움을 받아라

뉴욕 New York

뉴욕에 대한 모든 것 ······ 56
뉴욕에 대해 잠깐! | 어떻게 갈까? | 시차 | Business Hours | 기후 | 통신

알아두면 편리한 뉴욕 ······ 60
교통 | KOTRA 뉴욕 무역관 | 옷차림 | 긴급 상황 | 치안 | 기타 | 주요 연락처

알아두면 즐거운 뉴욕 ······ 66
호텔 | 식당 | 비즈니스 관광 | 비즈니스 쇼핑

LA

Los Angeles

LA에 대한 모든 것 ·········· 82
LA에 대해 잠깐! | 어떻게 갈까? | 시차 | Business Hours | 기후 | 통신

알아두면 편리한 LA ·········· 86
교통 | KOTRA LA 무역관 | 옷차림 | 긴급 상황 | 치안 | 기타 | 주요 연락처

알아두면 즐거운 LA ·········· 92
호텔 | 식당 | 비즈니스 관광 | 비즈니스 쇼핑

샌프란시스코

San Francisco

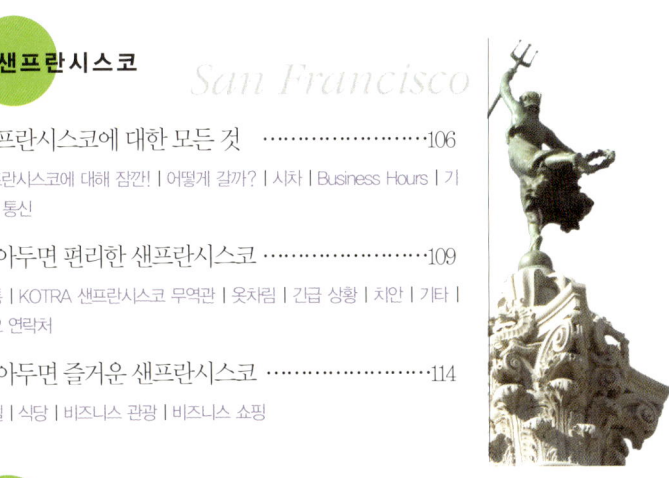

샌프란시스코에 대한 모든 것 ·········· 106
샌프란시스코에 대해 잠깐! | 어떻게 갈까? | 시차 | Business Hours | 기후 | 통신

알아두면 편리한 샌프란시스코 ·········· 109
교통 | KOTRA 샌프란시스코 무역관 | 옷차림 | 긴급 상황 | 치안 | 기타 | 주요 연락처

알아두면 즐거운 샌프란시스코 ·········· 114
호텔 | 식당 | 비즈니스 관광 | 비즈니스 쇼핑

시카고

Chicago

시카고에 대한 모든 것 ·········· 128
시카고에 대해 잠깐! | 어떻게 갈까? | 시차 | Business Hours | 기후 | 통신

알아두면 편리한 시카고 ·········· 131
교통 | KOTRA 시카고 무역관 | 옷차림 | 긴급 상황 | 치안 | 기타 | 주요 연락처

알아두면 즐거운 시카고 ·········· 136
호텔 | 식당 | 비즈니스 관광 | 비즈니스 쇼핑

애틀랜타 — *Atlanta*

애틀랜타에 대한 모든 것 ·················· 152
애틀랜타에 대해 잠깐! | 어떻게 갈까? | 시차 | Business Hours | 기후 | 통신

알아두면 편리한 애틀랜타 ·················· 155
교통 | KOTRA 애틀랜타 무역관 | 옷차림 | 긴급 상황 | 치안 | 기타 | 주요 연락처

알아두면 즐거운 애틀랜타 ·················· 160
호텔 | 식당 | 비즈니스 관광 | 비즈니스 쇼핑

워싱턴 D.C. — *Washington D.C.*

워싱턴에 대한 모든 것 ·················· 174
워싱턴에 대해 잠깐! | 어떻게 갈까? | 시차 | Business Hours | 기후 | 통신

알아두면 편리한 워싱턴 ·················· 178
교통 | KOTRA 워싱턴 무역관 | 옷차림 | 긴급 상황 | 치안 | 기타 | 주요 연락처

알아두면 즐거운 워싱턴 ·················· 184
호텔 | 식당 | 비즈니스 관광 | 비즈니스 쇼핑

디트로이트 — *Detroit*

디트로이트에 대한 모든 것 ·················· 202
디트로이트에 대해 잠깐! | 어떻게 갈까? | 시차 | Business Hours | 기후 | 통신

알아두면 편리한 디트로이트 ·················· 205
교통 | KOTRA 디트로이트 무역관 | 옷차림 | 긴급 상황 | 치안 | 기타 | 주요 연락처

알아두면 즐거운 디트로이트 ·················· 210
호텔 | 식당 | 비즈니스 관광 | 비즈니스 쇼핑

댈러스 *Dallas*

댈러스에 대한 모든 것 ·················· 226
댈러스에 대해 잠깐! | 어떻게 갈까? | 시차 | Business Hours | 기후 | 통신

알아두면 편리한 댈러스 ·················· 230
교통 | KOTRA 댈러스 무역관 | 옷차림 | 긴급 상황 | 치안 | 기타 | 주요 연락처

알아두면 즐거운 댈러스 ·················· 234
호텔 | 식당 | 비즈니스 관광 | 비즈니스 쇼핑

마이애미 *Miami*

마이애미에 대한 모든 것 ·················· 248
마이애미에 대해 잠깐! | 어떻게 갈까? | 시차 | Business Hours | 기후 | 통신

알아두면 편리한 마이애미 ·················· 251
교통 | KOTRA 마이애미 무역관 | 옷차림 | 긴급 상황 | 치안 | 기타 | 주요 연락처

알아두면 즐거운 마이애미 ·················· 256
호텔 | 식당 | 비즈니스 관광 | 비즈니스 쇼핑

캐나다 *Canada*

캐나다에 가기 전에 알아두자 ·········· 270
캐나다비자는 어떻게 받을까? | 출입국 절차는 어떻게 될까? | 통화와 환율을 알아두자

알아두면 힘이 되는 비즈니스 정보 ·········· 273
시장 특성 | 캐나다인의 소비성향을 알아두자

꼭 알아두어야 할 비즈니스 관행 ·········· 278
믿고 외상거래를 한다 | 재고는 'NO'! | 바이어들은 보수적이다 | 상품은 어떻게 유통되는가? | 대금 결제 방식

비즈니스 상담에서 성공하기 ·········· 281
성공적인 상담 10계명

상담시 비즈니스 매너 및 유의사항 ·········· 284
문화적 금기사항을 알아두자 | 약속시간은 철저히 | 기본 에티켓을 알아두자

토론토 *Toronto*

토론토에 대한 모든 것 ·········· 286
토론토에 대해 잠깐! | 어떻게 갈까? | 시차 | Business Hours | 기후 | 통신

알아두면 편리한 토론토 ·········· 290
교통 | KOTRA 토론토 무역관 | 옷차림 | 긴급 상황 | 치안 | 기타 | 주요 연락처

알아두면 즐거운 토론토 ·········· 294
호텔 | 식당 | 비즈니스 관광 | 비즈니스 쇼핑

밴쿠버 *Vancouver*

밴쿠버에 대한 모든 것 ·········314
밴쿠버에 대해 잠깐! | 어떻게 갈까? | 시차 | Business Hours | 기후 | 통신

알아두면 편리한 밴쿠버 ·········318
교통 | KOTRA 밴쿠버 무역관 | 옷차림 | 긴급 상황 | 치안 | 기타 | 주요 연락처

알아두면 즐거운 밴쿠버 ·········324
호텔 | 식당 | 비즈니스 관광 | 비즈니스 쇼핑

부록

그때그때 바로 써먹는 Spot English ·········338

성공적 업무수행을 위한 Business English ······356

언제 어디서나 꼭 알아두어야 할
_공통정보

한눈으로 보는 비즈니스 에티켓

> **에티켓이란?**
>
> 에티켓의 어원은 프랑스 고어 estiquer('붙이다'라는 의미)로, 쪽지·꼬리표 등을 의미한다. 상대방의 신분이나 계급에 따라 서신의 형식을 바꾸어 쓰는 등의 필요성에서 시작된 궁중에서의 예법을 가리키기도 한다. 여기서 무엇보다 중요한 것은 에티켓의 근본은 상대방에 대한 배려라는 점이다. 현대사회에서 에티켓은 한 사회 혹은 집단에서 납득될 수 있는 규율을 의미하는데 여전히 상대방에 대한 배려가 의미의 중심에 있다고 할 수 있다.
>
> 특히 비즈니스 에티켓의 경우 서로 문화적 배경이 다른 경우가 많으므로 상대방에 대한 이해와 역지사지(易地思之)의 마음가짐이 절실히 요구된다. 또한 국제 비즈니스에서 한 사람의 행동은 한 나라의 이미지에 막대한 영향을 끼칠 수 있으므로, 비즈니스 에티켓에 대해 미리 숙지하고 조심스럽게 행동해야 한다.

첫인상을 좌우하는 명함교환

비즈니스맨 사이의 첫만남은 보통 명함교환을 통해 시작된다. '시작이 반'이라는 말이 있듯이, 명함교환은 비즈니스맨의 첫 이미지에 막대한 영향을 끼치는 중요한 요소이다.

명함은 서양의 경우 루이 14세 때 처음 생겨나, 루이 15세 때는 현재와 유사한 형태인 동판 인쇄 명함이 사용되기 시작했다. 동양의 경우에는 오래 전 중국에서 타인의 집에 갔다가 그 사람이 없으면 자기 이름을 적어 놓고 왔던 관습이 명함의 유래라고 알려져 있다.
현대사회에서 명함은 자신의 얼굴과 같은 역할을 하며, 특히 비즈니스계에서는 자신과 회사를 대신하는 중요한 역할을 한다.

》》 명함의 현지화

해외출장시에는 출장지의 언어로 명함을 제작해야 한다. 앞면에는 한국어, 뒷면에는 현지어로 명함을 제작하거나 현지어로 된 명함을 따로 제작하는 방법이 있다. 특히 유럽의 여러 국가들로 출장을 가는 경우 나라마다 언어가 다를 수 있는데, 이때는 국가별로 명함을 따로 제작하는 것이 바람직하다.

》》 반드시 명함지갑에서 꺼내라!

명함지갑을 꼭 준비하여 명함을 명함지갑에서 꺼내도록 하자. 명함은 자신의 얼굴과 같기 때문이다. 자신이 편하다는 이유로 바지 뒷주머니나 상의 주머니에서 꺼내주는 경우가 있는데 이것은 시작부터 좋지 못한 인상을 줄 수 있다.

》》 명함 교환 요령

어느 손으로 건네야 하는지 확인하자. 일반적으로 오른손으로 자신의 명함을 건네면서 왼손으로 받는 것이 바람직한 것으로 알려져 있으나 중동·아프리카·동남아의 경우 명함교환시 오른손만을 이용해야 하며, 일본·중국 등의 경우에는 두손으로 주는 것이 바람직하다. 그리고 식사 중에는 명함을 주고받지 않고 식사가 끝난 후에 교환하도록 한다.

명함을 받을 때는 가급적 일어서서 받고, 받는 즉시 명함에 적힌 사항을 확인한다. 간혹 상대방의 이름이 발음하기 어려운 경우가 있는데, 이럴 경우 명함교환시 정확하게 확인하는 것이 좋다. 명함을 받은 후 손에 쥐고 만지작거리거나 곧바로 명함에 날짜를 적거나 하는 행동은 보기에 좋지 않다. 일단 명함을 받으면 명함을 테이블 위에 올려놓은 상태에서 확인하다가 상담이 종료된 후에 명함지갑에 넣는 것이 바람직하다.

효과적인 소개요령

소개와 인사는 첫인상을 결정하는 매우 중요한 요소로, 문화에 따라 그 순서와 방법에 일정한 규칙이 있다.

보편적인 소개순서는 남성을 여성에게, 지위가 낮은 사람을 지위가 높은 사람에게, 그리고 연소자를 연장자에게 먼저 소개하는 것이다. 소개를 받을 때는 가급적 일어나서 받는 것이 바람직하나 여성이 남성을 소개 받는 경우, 특히 나이가 많은 여성의 경우에는 앉아서 받아도 무방하다.

》 다시 묻는 것보다 잘못 부르는 것이 더 큰 실례

소개받은 이름을 잊어버렸을 경우, 양해를 구하고 다시 물어보는 것이 예의이다. 망설이다가 이름을 틀리게 부르면 더 큰 실례가 된다. 그리고 한국 사람이 자주 범하는 실수 중 하나는 자신을 소개하면서 자신의 이름에 Mr. 등의 호칭을 붙이는 것이다. 자기 자신을 소개할 때는 그냥 자신의 풀 네임(full name)을 말하는 것이 옳다.

쉬운 듯 어려운 악수

전 세계적으로 가장 보편적인 인사 형태인 악수는 매우 간단한 듯하지만, 이 역시 국가와 지역에 따라 차이가 있어 상당한 주의가 요구된다. 악수의 길이, 시선처리, 자세 등에 미묘한 차이가 있다.

가령, 프랑스인들은 악수를 자주 하는 것이 비문화적이라는 생각을 갖고 있어 가볍게 잡았다가 빨리 손을 놓는 편이고, 벨기에인들은 악수를 길게 하는 편이다. 또한, 미국인들은 힘차게 잡고 아래 위로 흔드는 식의 악수를 한다.

》 정중함이 비굴함으로 비칠 수도

우리나라에서는 격식 있는 자리나 윗사람과 악수를 할 때, 정중함의 표시로 고개를 숙이는 경우가 많은데, 이러한 모습은 서양 사람들에게는 비굴하게 보일 수 있으므로 주의할 필요가 있다.

일반적으로 악수는 지위가 높은 사람이 낮은 사람에게 먼저 청하며, 남녀간에는 주로 여자가 먼저 손을 내미는 편이나 요즘은 남자가 먼저 손을 내밀어 악수를 청해도 실례가 되지는 않는다.

적절한 복장으로 날개를 달자!

개인의 브랜드 구축이 화두로 떠오르는 요즘, 비즈니스맨에게 있어서 옷차림의 중요성은 아무리 강조해도 지나치지 않는다. 지역, 상황, 장소에 맞는 옷차림은 원활한 비즈니스 미팅의 기본이라고 할 수 있다.

해외출장을 가게 되는 경우 현지 복장을 하는 것이 반드시 바람직하다고 할 수는 없다. 서울 한복판에 한복을 입고 돌아다니는 외국인을 상상해보라. 어색한 장면이 아닐 수 없다. 따라서 출발 전 현지에서 외국인으로서 적합한 복장이 어떤 것인지 알아보고 현지인에게 이질감이나 거부감을 줄 수 있는 복장은 피해야 한다.

》 복장 매너에는 왕도가 없다!

복장 매너란 반드시 비싸고 유행하는 옷을 입는 것을 의미하지는 않는다. 깨끗하고 단정하며, 시대 감각과 현지 분위기에 맞는 옷차림을 의미하며 이러한 복장 매너에는 원칙과 규범이란 것이 있을 수 없다. 부단한 자기 노력을 통해 꾸준히 감각을 기르는 수밖에 없다.

약이 될 수도 독이 될 수도 있는 선물

글로벌 비즈니스계에서 선물과 뇌물의 차이는 백지장 하나 정도이다. 지역과 문화, 기업에 따라 선물에 대한 개념은 천차만별이며, 정성스럽게 준비한 선물이 오히려 비즈니스에 악영향을 끼치는 경우도 적지 않다.

기본적으로 선물 전달을 계획할 때, 고려해야 하는 사항은 다음과 같다.

선물 전달이 상대 기업과 부서의 정책에 부합하는가?

세계적인 기업 GE의 경우 일절 선물을 받지 않는 것으로 유명하다. 이런 기업의 담당자에게 선물을 제공하려고 할 경우, 양측 모두 난감한 상황이 벌어질 수 있다. 따라서 선물에 대한 기업의 규정이 있는지 미리 확인할 필요가 있다.

적당한 품목인가?

선물의 품목 선정시 해당국의 문화, 받는 사람의 기호, 전달 상황 등 고려해야 하는 것들이 많다. 특히 우리의 경우 소중한 것으로 여겨지지만 외국의 경우 금기시되는 품목들도 많으므로 사전에 철저하게 정보를 수집할 필요가 있다.

선물의 가격이 적당한가?

비싸다고 반드시 좋은 선물이 될 수는 없다. 상대방의 직급에 따라 차등을 두어야 하며, CEO급이라고 해도 100달러 이상의 선물은 오해를 부를 소지가 있다.

상대방을 배려하라

비즈니스 에티켓의 시작과 끝은 상대방 중심의 'You-Oriented Attitude'가 되어야 한다. 많은 해외 출장자들이 출장을 준비하고, 현지에서 비즈니스 미팅을 진행하는 과정에서 자기중심적인 사고로 인해 비즈니스를 그르치는 경우가 적지 않다. 해외 출장은 스포츠에서 어웨이(away) 경기를 하는 것과 같다. 하나부터 열까지 상대방을 위주로 계획되고 진행되어야 한다는 점을 기본적으로 염두해 두어야 한다.

성공적인 출장을 위한 출발 전 전략수립

분명한 목적수립은 필수

출발 전 출장에 대한 분명한 목적수립은 성공적인 출장을 위해서 반드시 이루어져야 한다. 아무리 완벽하게 정보수집을 한다고 해도 해외출장시 돌발변수는 나타나게 마련이고 그때마다 적절한 융통성이 요구되지만, 출장의 목적 자체에서 융통성이 발휘되어서는 안 된다. 따라서 명확한 목적수립을 통해 목적의식을 높이고, 목적달성을 위한 여러 가지 전략을 미리 수립해야 한다.

비즈니스 미팅 전 준비사항

〉〉 제품 설명이 확실한 카탈로그 준비

바이어와 만나기에 앞서 제품의 특징을 잘 표현한 카탈로그를 먼저 송부하는 것이 좋다. 그래야만 실제 상담시 제품 설명보다는 계약과 관련된 상담에 초점이 모아질 수 있다. 그러나 카탈로그가 허술하게 만들어졌을 경우 역효과가 발생하여 상담자체가 취소될 수도 있으므로 완벽한 카탈로그를 만들 수 있도록 해야 한다. 카탈로그의 언어는 물론 숫자와 단위도 해당국에서 통용되는 것으로 표시하여 한다.

〉〉 신뢰받을 수 있는 홈페이지 구축

최근들어 회사의 홈페이지는 마케팅에서 강력한 힘을 발휘하고 있다. 해외 바이어가 거래를 희망하는 한국 업체의 홈페이지에 방문했을 때, 잘 구축된 홈페이지는 그 업체의 신뢰성을 높이는 데 큰 도움이 된다. 반면, 빈약한 홈페이지의 경우 수준 이하의 업체로 인식되어 거래 성사에 도움이 되지 못하므로 당장의 홈페이지 개선이 어려울 경우 홈페이지를 알려주지 않는 편이 좋을 수도 있다.

〉〉 비즈니스 레터 준비

회사소개와 상담목적이 간략하게 정리된 비즈니스 레터를 준비하는 것이 좋다. 카탈로그를 송부할 때, 비즈니스 레터를 포함시키면 바이어에게 보다 준비된 비즈니스 상대로서의 이미지를 심어줄 수 있다.

지피지기면 백전백승!

해외출장시 해외 바이어와 그 문화에 대한 정보수집의 중요성은 아무리 강조해도 지나치지 않는다. 인터넷이 대중화되면서 가용정보의 양이 급증하였으며 필요한 정보를 찾아 적재적소에 활용하는 능력의 중요성도 그에 비례하여 증가하고 있다.

현지에서 일어날 수 있는 다양한 상황과 그 상황에서 현지인이 어떤 행동을 보일 것이고, 외국인 비즈니스맨으로서 적합한 행동이 무엇인지에 대해 끊임없이 고민하고 필요한 정보수집에 노력을 기울일 때 비로소 해외출장의 목적 달성이 가능할 것이다.

초보 출장자를 위한 출입국 가이드

공항가는 길

탑승 전까지 공항에서 여러 가지 수속을 거치는 데 적지 않은 시간이 소요되므로 가급적 출발 2시간 전까지는 인천공항에 도착하는 것이 바람직하다. 교통수단별 공항가는 방법은 아래와 같다.

》 자가용

강변북로, 올림픽대로 등을 통해 연결되는 인천국제공항고속도로를 이용하며 통행료는 차종에 따라 3,200~14,100원이다. 여객터미널 출발·도착층 진입로는 버스와 승용차의 진입로가 분리되어 있으니 도로안내표지의 승용차·택시용 진입차선을 반드시 지켜서 진입해야 한다.

》 버스

600~609번의 좌석버스와 리무진 버스가 운행되고 있으며 요금은 좌석버스가 4,500~7,000원이고 리무진 버스는 서울 기준, 일반형과 고급형이 지역에 따라 6,000~12,000원이다.

한국을 떠날 때

〉〉 항공사 체크인

출국장은 인천국제공항 3층에 위치해 있다. 공항 3층에는 A~F까지의 카운터가 있는데, 이중 A~B는 국내선 전용이고 C~K가 국제선 전용 카운터이다. C~K 카운터 중 해당 항공사의 발권 카운터로 가서 항공권을 제시하고 짐을 맡겨야 한다. 화물칸에 실을 수 있는 짐은 이코노미 클래스가 20kg로, 짐이 20kg을 초과할 경우 일부는 기내에 가지고 들어가는 것이 좋다. 20kg 이내일 경우에도 여권, 현금 등 귀중품이나 깨지기 쉬운 물건들은 기내에 반입하는 것이 바람직하다. 한편, 폭발성·연소성이 높은 물품이나 위험물품은 기내에 반입할 수 없으며, 기내 반입금지 품목은 인천국제공항 웹사이트(www.airport.or.kr)에서 확인할 수 있다.

짐을 맡기고 이상이 없으면, 탑승권(Boarding Pass)과 여권, 나머지 항공권 그리고 수하물 보관표인 꼬리표(Claim Tag)를 돌려받게 된다. 이때, 탑승권에 적혀 있는 탑승 게이트, 비행기의 편명, 좌석번호 및 출발시간을 잘 확인하여 비행기를 놓치는 일이 없도록 해야 한다.

〉〉 출국 심사

출국심사장으로 들어가면 바로 세관 신고 센터가 나오는데, 고가품을 휴대하고 출국하는 사람들은 여기서 반드시 휴대품 신고서를 작성하고 신고해야 한다. 그렇지 않을 경우 귀국시 외국에서 구입한 것으로 간주하여 과세 대상이 될 수 있기 때문이다.

신고를 마치면 출국 심사대 앞에서 출국 신고서를 작성하고 여권, 탑승권과 함께 제시하여 출국심사를 받는다. 특별한 이상이 없는 한 출국 확인을 해주는데, 여권에 끼워서 돌려주는 입국 신고서를 입국시까지 분실하지 않도록 주의해야 한다.

〉〉 탑승

출국 심사대를 통과한 뒤에는 공항 면세점을 이용할 수 있다. 탑승시각이 되면 해당 게이트에서 탑승권을 제시하고 항공기에 탑승한다.

외국 입국시

착륙시간이 가까워지면 승무원이 입국카드와 세관 신고서를 나눠주므로 비행기에서 미리 작성하도록 한다.

》》 입국 심사

비행기에서 내리면 입국심사대(Arrival, Immigration)에 가서 입국카드, 여권, 항공권 등을 제시하고 입국심사를 받는다. 입국심사는 국가별로 특징이 있으므로 자세한 사항은 국가별 가이드 부분에서 확인한다.

》》 짐찾기 및 세관검사

'Baggage Claim' 이라는 표지를 따라가서 출국시 부친 수하물을 찾는다. 짐이 보이지 않을 경우, 근처 직원에게 꼬리표를 보여주면 안내 받을 수 있다.

짐을 찾고 나면 세관(Customs)으로 가서 세관검사를 받는데, 세관규정은 국가마다 다르므로 의심이 가는 품목이 있을 경우 미리 확인할 필요가 있다. 특이사항은 국가별 가이드에서 확인한다.

한눈으로 보는 물가정보

김치찌개

(단위 US$)

도시	가격		도시	가격
취리히	34.20		부쿠레슈티	8.00
코펜하겐	26.32		리야드	8.00
스톡홀름	23.50		과테말라	8.00
밀라노	22.50		뉴델리	7.80
오슬로	20.65		토론토	7.78
프랑크푸르트	18.75		LA	6.99
마드리드	18.75		카이로	6.40
파리	17.50		오클랜드	6.30
브뤼셀	17.50		멕시코시티	6.14
빈	16.01		양곤	6.08
쿠웨이트	15.00		콸라룸푸르	6.05
암스테르담	14.91		파나마	6.00
이스탄불	13.63		타이베이	6.00
아테네	13.08		산호세	6.00
런던	12.95		보고타	6.00
바르샤바	12.50		산티아고	5.93
두바이	12.30		자카르타	5.73
프라하	12.08		광저우	5.45
리마	12.00		알마티	5.30
홍콩	11.69		부에노스아이레스	5.17
부다페스트	11.58		다카	5.15
상파울루	11.00		콜롬보	5.14
뉴욕	10.95		프놈펜	5.00
소피아	10.81		타슈켄트	5.00
카라카스	10.40		카라치	5.00
키예프	10.00		상하이	4.83
모스크바	10.00		베이징	4.23
시드니	9.45		마닐라	4.07
싱가포르	9.14		방콕	3.89
도쿄	9.10		칭다오	3.63
나이로비	8.75		호치민	3.20
산토도밍고	8.50		다롄	1.82
요하네스버그	8.33			

택시요금(기본요금 기준)

(단위 US$)

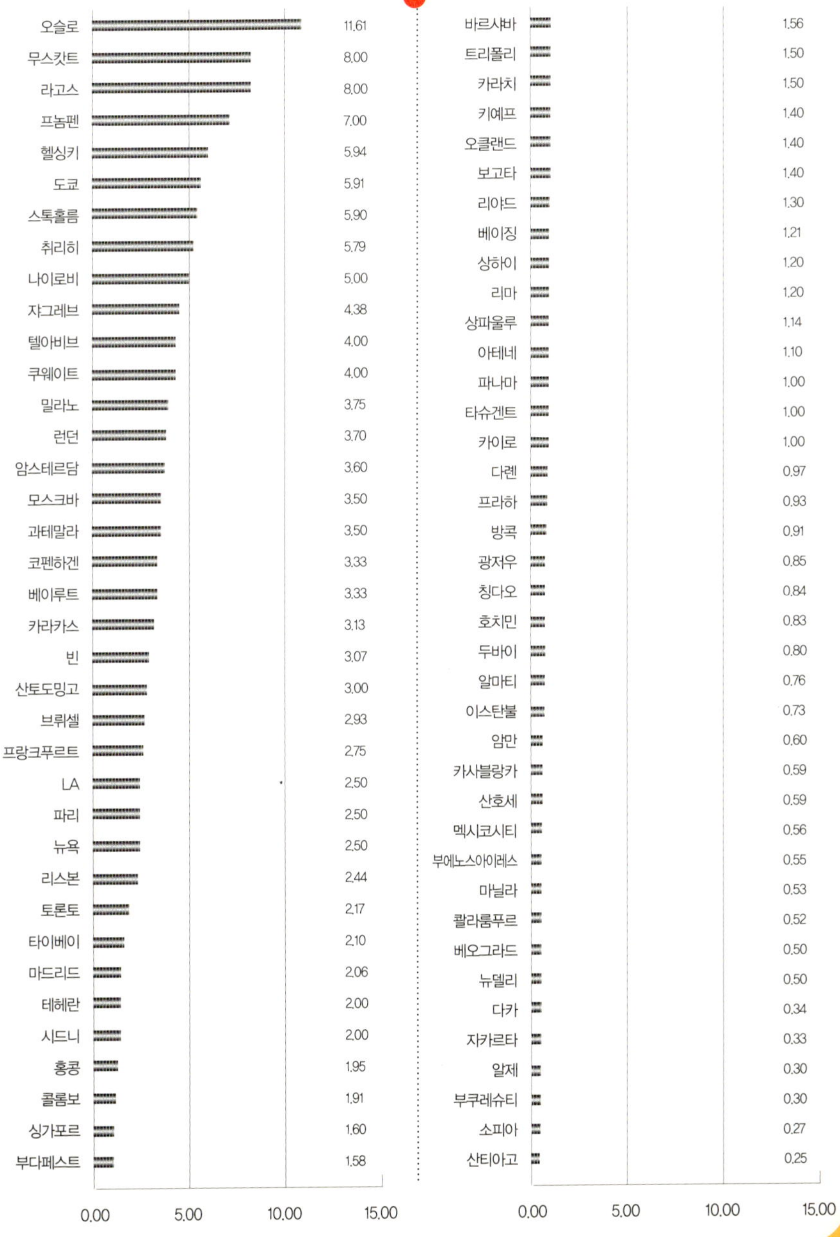

도시	요금		도시	요금
오슬로	11.61		바르샤바	1.56
무스캇	8.00		트리폴리	1.50
라고스	8.00		카라치	1.50
프놈펜	7.00		키예프	1.40
헬싱키	5.94		오클랜드	1.40
도쿄	5.91		보고타	1.40
스톡홀름	5.90		리야드	1.30
취리히	5.79		베이징	1.21
나이로비	5.00		상하이	1.20
자그레브	4.38		리마	1.20
텔아비브	4.00		상파울루	1.14
쿠웨이트	4.00		아테네	1.10
밀라노	3.75		파나마	1.00
런던	3.70		타슈켄트	1.00
암스테르담	3.60		카이로	1.00
모스크바	3.50		다렌	0.97
과테말라	3.50		프라하	0.93
코펜하겐	3.33		방콕	0.91
베이루트	3.33		광저우	0.85
카라카스	3.13		칭다오	0.84
빈	3.07		호치민	0.83
산토도밍고	3.00		두바이	0.80
브뤼셀	2.93		알마티	0.76
프랑크푸르트	2.75		이스탄불	0.73
LA	2.50		암만	0.60
파리	2.50		카사블랑카	0.59
뉴욕	2.50		산호세	0.59
리스본	2.44		멕시코시티	0.56
토론토	2.17		부에노스아이레스	0.55
타이베이	2.10		마닐라	0.53
마드리드	2.06		쿠알라룸푸르	0.52
테헤란	2.00		베오그라드	0.50
시드니	2.00		뉴델리	0.50
홍콩	1.95		다카	0.34
콜롬보	1.91		자카르타	0.33
싱가포르	1.60		알제	0.30
부다페스트	1.58		부쿠레슈티	0.30
			소피아	0.27
			산티아고	0.25

호텔 ① (오성급 특급호텔)

(단위 US$)

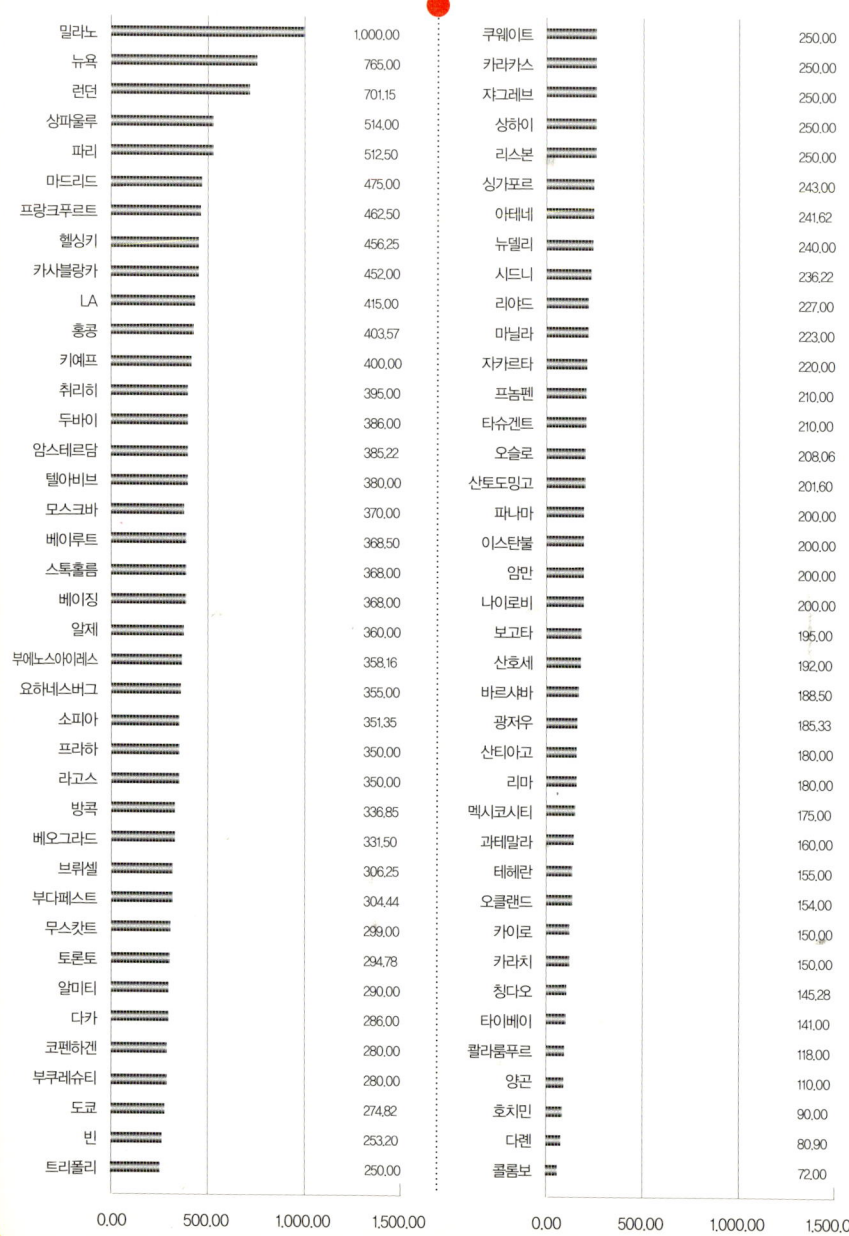

도시	가격		도시	가격
밀라노	1,000.00		쿠웨이트	250.00
뉴욕	765.00		카라카스	250.00
런던	701.15		쟈그레브	250.00
상파울루	514.00		상하이	250.00
파리	512.50		리스본	250.00
마드리드	475.00		싱가포르	243.00
프랑크푸르트	462.50		아테네	241.62
헬싱키	456.25		뉴델리	240.00
카사블랑카	452.00		시드니	236.22
LA	415.00		리야드	227.00
홍콩	403.57		마닐라	223.00
키예프	400.00		자카르타	220.00
취리히	395.00		프놈펜	210.00
두바이	386.00		타슈켄트	210.00
암스테르담	385.22		오슬로	208.06
텔아비브	380.00		산토도밍고	201.60
모스크바	370.00		파나마	200.00
베이루트	368.50		이스탄불	200.00
스톡홀름	368.00		암만	200.00
베이징	368.00		나이로비	200.00
알제	360.00		보고타	195.00
부에노스아이레스	358.16		산호세	192.00
요하네스버그	355.00		바르샤바	188.50
소피아	351.35		광저우	185.33
프라하	350.00		산티아고	180.00
라고스	350.00		리마	180.00
방콕	336.85		멕시코시티	175.00
베오그라드	331.50		과테말라	160.00
브뤼셀	306.25		테헤란	155.00
부다페스트	304.44		오클랜드	154.00
무스캇	299.00		카이로	150.00
토론토	294.78		카라치	150.00
알미티	290.00		칭다오	145.28
다카	286.00		타이베이	141.00
코펜하겐	280.00		쿠알라룸푸르	118.00
부쿠레슈티	280.00		양곤	110.00
도쿄	274.82		호치민	90.00
빈	253.20		다렌	80.90
트리폴리	250.00		콜롬보	72.00

호텔 ② (삼성급 중급호텔) (단위 US$)

도시	가격		도시	가격
파리	437.50		카이로	130.00
뉴욕	365.00		취리히	130.00
스톡홀름	323.00		소피아	121.62
밀라노	312.50		부에노스아이레스	121.00
텔아비브	280.00		키예프	120.00
프랑크푸르트	275.00		자카르타	120.00
런던	259.00		암만	120.00
브뤼셀	250.00		리마	120.00
두바이	246.00		바르샤바	117.00
베이루트	231.00		빈	111.71
홍콩	220.78		다렌	107.50
쿠웨이트	200.00		아테네	106.29
라고스	200.00		보고타	106.00
암스테르담	198.82		타이베이	105.00
카사블랑카	192.00		카라카스	105.00
파나마	187.00		테헤란	100.00
타슈켄트	180.00		카라치	100.00
코펜하겐	175.00		도쿄	100.00
시드니	173.22		산티아고	98.00
알마니	173.00		다카	92.00
오슬로	160.97		LA	90.00
헬싱키	160.00		양곤	90.00
프라하	160.00		오클랜드	87.50
부다페스트	156.00		마닐라	86.00
요하네스버그	152.00		멕시코시티	85.00
상파울루	150.00		토론토	82.61
부쿠레슈티	150.00		이스탄불	80.00
모스크바	150.00		베오그라드	80.00
리스본	150.00		칭다오	79.90
무스캇	146.00		상하이	75.00
산토도밍고	145.00		트리폴리	70.00
방콕	142.84		뉴델리	70.00
마드리드	141.25		과테말라	68.00
산호세	140.00		콸라룸푸르	63.55
알제	140.00		호치민	59.00
자그레브	135.00		광저우	54.48
싱가포르	133.00		콜롬보	50.00
리야드	133.00		나이로비	50.00
베이징	132.25		프놈펜	35.00

The United States of America
_미국

>>

1499년 신대륙 탐험에 나섰던 이탈리아의 탐험가 아메리고 베스푸치의 이름을 따서 만들었다는 이름 '아메리카'. 정식 국명은 미합중국(The United States of America)이고 수도는 워싱턴 DC다. 인구는 우리의 6배 정도인 3억에 이르지만 땅덩어리는 남한 면적의 95배에 이른다. 워낙 넓다보니 기후도 다양해서 플로리다는 아열대기후, 하와이는 열대기후, 알래스카는 한대기후 등 여러 기후를 보인다.

미국은 백인, 흑인, 네이티브 아메리칸(Native Americans), 아시안 등 다양한 인종들이 모여 사는 다인종, 다민족 국가이며, 그래서 '용광로(melting pot)'라고 불리고 있다. 이런 역사적 배경으로 인해 많은 갈등과 전쟁을 겪기도 했고, 자본주의 사회에서 필연적으로 뒤따르게 마련인 빈부 계층간의 대립이 여전히 국내의 문제로 자리잡고 있지만, '개방적이며 활기찬 미국인'이라는 공통의 이미지 답게 대다수 미국인들은 대도시 교외의 주택지에서 넓은 잔디밭에 좋은 집을 짓고, 주중에는 열심히 일하고 주말과 휴가 때에는 인생을 즐기면서 사는 것이 소망이다. 인종과 민족의 배경을 넘어서 미국 국민으로서의 국가 의식은 이러한 소망에 근거하여 미국을 세계 최강국으로 만드는 데 일조해왔다.

미국에 가기 전에 알아두자

미국비자는 어떻게 받아야 할까?

미국에 입국하려면 반드시 비자를 발급받아야만 하며, 비자 발급은 주한 미대사관에서만 가능하다. 우리나라의 IMF 이후 미국 내 불법체류자 증가 등의 원인으로 인해 한미간 비자 면제 협정은 당분간 이루어지기 힘들 것으로 보인다.

비자는 보통 5년에서 10년까지 발급된다. 관광비자나 비즈니스용 비자는 미국 출입국 사무소에서 1~6개월의 체류 기간을 인정해주고 있지만 9·11 테러 이후 미국의 비자 발급은 더욱 까다로워져서 1개월만 인정하는 경우가 많다.

출입국 절차는 어떻게 될까?

보통 다른 나라에 가게 되면 입국 수속을 하게 되는데, 직항편 탑승시, 해당 공항 도착 후 Transit 하는 경우에는 최초 도착 공항(또는 항구)에서 입국 수속을 한다.

잠깐 미국 들여다보기

1990년 이후 인종갈등 사례
LA 폭동(1992)
로드니 킹이 백인경찰에 구타당하는 모습이 TV에 방영되면서 시작된 흑인들의 폭동으로 많은 사상자(한인 포함)를 냈다.

허리케인 카타리나(2005)
2005년 여름 미국 남부지방을 강타한 허리케인의 피해자들이 대부분이 흑인으로 집계되면서 피해복구과정에서 인종갈등 양상을 드러냈다.

>> 출국 절차

항공편 체크인을 하고, 이민국 출국 심사를 받는다. 이때 여권·항공권·탑승권 제출한다.

>> 입국 심사(Immigration)

여권과 기내에서 기입한 출입국카드(E/D카드)를 제시하여 여권의 비자 페이지에 스탬프를 찍고, E/D카드의 반권을 붙이면 입국 수속 완료!

9·11 테러 사태 이후 공항의 보안검색이 강화되고 있다. 그래서 출입국 검색시 벨트나 신발을 벗기는 경우가 많다는 사실도 알아두어야 덜 놀란다. 아울러 입국 시에는 반드시 체재지 주소를 기입해야 하므로 출발 전 반드시 투숙호텔이나 방문자 주소를 보관하고 있어야 한다.

>> 세관 검사(Custom Inspection)

입국 심사 후 배기지 클레임(Baggage Claim)에서 수하물을 찾고, 세관 신고서를 제시한 후 수하물의 검사를 받는다. 그러나 특별한 사항이 없을 경우, 비과세 대상인 푸른색 램프 검사대에서 검사하게 된다. 신변용품 이외에 면세로 반입할 수 있는 물품의 한도는 담배 1보루, 술 1병, 그 외 선물의 경우 총액 400달러 이내의 물품이다.

비자를 변경하려면
관광비자 획득 후 미국내에서 학생비자 등으로 변경도 가능하다. 그러나 전문 브로커 등을 이용하기 위한 비용이 최대 5천달러까지 소요될 수 있다. 단, 미국을 경유하여 제3국으로 이동하는 경우, 미국 도착 후 8시간 이내에 제3국행 비행기에 탑승하면 비자를 발급받지 않아도 된다.

물품 반입시 신고만 하면 통관이 가능한 것들
어포류·멸치·오징어 등과 김·미역·인삼말린 것)·고추장·된장·김치·젓갈류

통화와 환율을 알아두자

>> 통 화

미국의 화폐단위는 미 달러(US$). 국제 기축통화로 가장 많이 이용된다.

동전 1·5·10·25센트가 통용되며, 50센트 및 1달러 주화도 있으나 많이 유통되지 않는다.

지폐 1·5·10·20·100달러가 시중에 유통되며, 은행 간에 500·1000달러가 유통되는 경우도 있다.

동전의 명칭들을 알아두자
· 25센트 – 쿼터(Quarter)
· 10센트 – 다임(Dime)
· 15센트 – 니켈(Nickel)

은행의 영업시간을 알아두자
월~목요일 오전 9시 30분에서 오후 3시까지고, **금요일** 6시까지 근무하는 경우도 있다. **토요일** 은행이 대체로 쉬지만 일부 대도시 은행의 경우 토요일에도 영업을 한다.

〉〉 환율은 어느 정도?

미 달러화의 환율은 최근 어떤 변화를 맞고 있을까? 아시아 경제위기와 일본 경제의 침체, EU의 경기회복 지연 등으로 1997년 이후 달러화 강세가 이어져 왔으나 2000년 이후에는 미국 경제의 성장이 둔화되어 강세추세가 사라졌다. 최근에는 달러 약세 현상이 지속되고 있는 상황이다.

▶ 달러대 주요 통화 환율

시점	2000.0.1	2003.1.1	2004.1.1	2005.3.30	2005.9.22
원화(원)	1134.00	1186.10	1193.90	1025.00	1029.00
엔화(엔)	102.31	118.80	107.40	107.55	111.64
유로화(유로)	0.9930	0.9526	0.7952	0.7744	0.8228

주 : 환율은 Interbank rate, 일일평균 | 자료원 : OANDA, 2005. 6 .22

〉〉 환전은 이렇게

일반 시중에서는 대부분 달러화로 유통된다. 만약 외국환 소지자라면, 'Exchange'라고 쓰인 은행이나 환전소·공항 등에서 환전할 수 있다. 국내 공항에서 미리 환전을 해두는 것도 좋다. 은행의 영업시간을 알아두면 편리하다.

알아두면 힘이 되는 비즈니스 정보

각종 비즈니스의 가능성이 무궁무진한 만큼 진입장벽도 높은 곳이 바로 미국이다. 그러한 미국에서 자신의 능력을 펼쳐 성공한다면 특급 비즈니스맨이 되는 것이다.
그래서 비즈니스 정보로 미국을 들여다보면 우리가 알지 못했던 많은 것들을 알게 된다. 정확한 정보 수집을 통해, 여러분은 어느새 미국에서 당당히 사업에 성공한 자신의 모습을 그려볼 수 있을 것이다. 또한 그렇게 형성된 자신감은 실질적인 정보 습득을 통해 준비된 비즈니스 전략과 결합된다. 이것이 성공의 문을 여는 열쇠가 된다.
비즈니스 정보라는 현미경으로 보는 미국은 과연 어떤 곳일까. 어떤 전략으로 미국에서 성공 비즈니스를 실현할 수 있을까? 지금부터 '비즈니스맨의 눈'으로 미국을 낱낱이 파헤쳐 보자.

시장 특성

>> 미국은 세계 최대의 소비시장

소비가 곧 미덕 미국은 민간소비지출이 GDP의 2/3를 상회하는 소비 대국이다. 가히 세계 최대의 소비시장이라 할 수 있다. '소비가 곧 미덕'이라는 문화에 익숙해 있어서 소득 중 대부분이 필요한 물건 구입이나 생활비용으로 지출되고 있는 것이다.

미국인들의 소비성향 소비가 곧 미덕인 개념에 익숙해졌다고 해서 미국인들이 아무런 계산 없이 무원칙한 소비를 한다고 생각하면 오산이다. 미국 소비자의 대다수를 차지하는 백인들의 소비 성향은 대체로 합리적이고 계획적이며, 충동구매나 전시 구매를 하지 않는다. 그러므로 이들을 대상으로 비즈니스를 하고자 한다면, 치밀한 준비로 내실 있는 상품을 내놓아야만 성공할 수 있다.

또한 미국은 소득계층별 소비 패턴이 구분되는 시장이다. 유통시장 발달로 수요자 주도의 시장 구조가 정착되어 있어서 품질 고하를 막론하고 가격 경쟁이 치열하다. 소득별 계층마다 품질 못지않게 자신에게 적당한 가격인지를 따지기 때문.

>> 크고 다양한 시장

미국 시장은 전 세계 수출의 1/10을 받아들이는 세계 최대의 단일 국가 시장이면서 50개주가 이상적으로 연합된 국가로 볼 수 있다.

러시아 · 캐나다 · 중국 다음으로 세계 4위라는 방대한 크기의 영토 때문에, 미국은 지역마다 문화 배경 · 산업 구조 · 소득 수준이 상이하다. 예를 들어, 경제력 기준으로 캘리포니아주를 독립국가로 볼 경우 미 · 일 · 독 · 프 다음의 5대 강대국으로 들어가는 반면, 아이다호주는 캘리포니아주의 1/30에 불과하다. 이것은 산업면에서 볼 때 첨단 반도체 · 컴퓨터 · 항공기에서부터 농산물까지 전 산업 분야가 발달한 캘리포니아주와 달리 아이다호주는 농업 부문이 주 경제에서 차지하는 비중이 12%에 이른다는 점에서도 그 비교점을 찾을 수 있다.

미 소비자들의 구매 원칙 'BCD'란?
Better
보다 좋은 품질의 상품을
Cheaper
보다 싸게 구입하려는 성향
Different
기존 상품보다 뭔가 색다르고

히스패닉과 동양인이 뜬다
2002년 인구 센서스 기준, 미국 인구의 68.2%가 비히스패닉계 백인이고 흑인이 12%, 히스패닉 13.5%, 동양인 6.3%로 최근 히스패닉과 동양인들의 증가가 두드러지고 있다.

》 베이비 붐 세대·10대·여성을 주목하라

어떤 상품이든 주요 소비층이 있게 마련이다. 세계 최고 시장인 미국도 예외는 아니다. 미국은 어떤 계층이 소비의 핵심인지 파악하는 것이 거래성사의 중요 요소이다.

베이비 붐 세대 2차대전 직후인 1946년부터 1964년 사이에 태어난 약 7,800만 명에 이르는 장년기의 베이비 붐 세대가 최대 인구를 점하고 있다.

10대 가정 해체가 가속화되고 10대들의 생활 전선 진출이 확대되면서, 새로운 패션과 음악 등으로 사회 유행을 선도하는 주요한 구매세력으로 등장하고 있다.

여성 여성들이 사회생활 및 가사노동을 병행해야 하는 현실에 따라 컴퓨터·전화·전자통신망을 이용한 보다 편리한 쇼핑 방식이 보편화될 전망이다. 또한 고소득 여성 인구 증가로 여성 특유의 섬세함을 만족시킬 수 있는 고가의 자동차·고급 주택·요트·밍크코트·보석 등 고가 제품 수요가 확대될 것으로 보인다.

연령별 구성비
57세 이상의 2차대전, 대공황 세대가 28.1%, 37~56세의 베이비 붐 세대가 35%, 26~35세의 X세대가 17.7%, 15~25세의 Y세대가 19.2%를 점유

▶ **미국 맞벌이 부부의 연령별 소득**

(단위: 십억 달러)

연령층	1990	2000
25세 미만	35	34
25~35세	366	366
35~45세	525	744
45~55세	416	727
55~65세	211	296
65세 이상	52	54

자료원: 미 통계청, 2003년 자료.

> 최근 가장 활발한
> 첨단 전자제품 전시회

1월 라스베가스 동계 전자쇼
   (WINTER CONSUMER
   ELECTRONIC SHOW)
6월 시카고 하계 전자쇼
   (SUMMER CONSUMER
   ELECTRONIC SHOW)
11월 라스베가스
   (COMDEX SHOW)

≫ 마케팅의 필수 요소, 전시회

미국은 전시회 천국 미국에서는 연간 5,000회에 가까운 전시회가 개최되고 있다. 동부 지역에서는 뉴욕, 중부 지역에서는 시카고, 서부 지역에서는 샌프란시스코·라스베가스·애너하임, 남부 지역에서는 댈러스·애틀랜타 등 거점도시를 중심으로 전국 도처에서 다양한 전시회가 개최되고 있다. 이 중에서 순수 트레이드쇼 성격을 가지고 있는 것만도 연간 1,000개가 넘는 것으로 알려지고 있다.

개별 방문보다 전시회 참가가 효과적 미국의 광고 전문사인 Cahners Advertising Research사 조사에 따르면, 미국 내 기업 기준으로 볼 때 유망 바이어를 직접 방문하는 비용이 건당 평균 292달러가 소요된다. 반면, 전시회에 참가할 경우 유망 바이어를 발굴에 소요되는 건당 비용이 185달러에 불과해 거의 절반 이상 적게 드는 것으로 조사되었다. 개별 바이어들을 일일이 직접 방문하여 세일즈를 하는 것보다 나름대로 엄선한 전시회에 참가하는 것이 작은 비용으로 짧은 시간에 소기의 성과를 거둘 수 있기 때문에, 지역 시장 진출 확대를 꾀하는 업체들에게는 효과적인 마케팅 기회가 될 수 있다.

≫ 국산품 or 수입품

원산지는 중요하지 않다 미국인들은 국산품과 수입품 중 어떤 것을 더 선호할까? 일반적으로 수입품보다는 미국상품을 더 선호하는 경향이 있지만, 실제 구매시에는 상품의 원산지보다는 품질보증·가격·품질·제품특성을 더욱 중요시한다. 미국산이라도 품질보증·가격·특색·품질 등에서 수입품에 뒤떨어지면 굳이 미국산을 구입하지는 않는다는 것.

> 미국인들이 원산지를 따져 구입하는 상품은?
>
> 미 소비자들이 상품 구입시 원산지를 꼼꼼히 따지는 정도는 상품 종류마다 차이가 난다. 소비자들이 상품 구매시 원산지를 따지는 비율은 승용차 54%, 의류 51%, 전자제품 31%, 가정용 기구 15% 순으로 조사된다.

 구매 결정을 좌우하는 5가지 요소
제품 품질, 서비스보증(워런티), 가격, 특색, 원산지(제조국)

〉〉 지역별 특성을 알아두자

대도시의 비즈니스환경을 파악한다 주요 메트로폴리탄 지역의 특성을 알아두는 것이 매우 도움이 될 것이다. 각 지역 개관·인구 구성·경제환경 분석·근접 시장·수송 시스템·노동력·교육제도·주택환경·주요 국내외 기업 입주 현황·생활 수준 등을 종합적으로 고려하여 분석한 결과, 미국의 10대 메트로폴리탄 지역 중 떠오르는 상권은 휴스턴·애틀랜타·캘리포니아 남부 리버사이드 지역으로 나타났다.

▶ **주요 메트로폴리탄 지역 기업환경 및 특징**

메트로폴리탄	특 징
뉴욕 (뉴욕시, 북부 뉴저지, 롱 아일랜드)	· 시 지도자들의 적극적인 기업지원활동 전개 · 정보통신기지(Teleport) 개발 활발한 추진 - Staten 섬, 브루클린의 Army 터미널 및 메트로테크 등 · 교육시스템 황폐화, 젊은 층의 높은 실업률, 높은 주거비용 등이 단점 · 세계 금융, 패션, 언론, 예술, 광고 중심지로 고도 숙련된 고급인력의 유인력 제공 · 국제화된 고급인력 확보 유리
LA (LA, 오렌지 카운티)	· 주요 산업의 경제적인 구조조정(군수산업, 항공산업 등) · LA-롱비치 항구는 시애틀-타코마 항구보다 컨테이너 물동량이 2배나 많음 · San Gabriel Valley는 창고 및 유통업 중심지로 부상 · San Clarita Antelope Valleys는 새로운 소매업 육성 사업 지구
시카고 (시카고 Gary Kenosha)	· 다양한 산업이 발전 · 많은 일자리가 Cook County와 같은 교외 지역으로 이동 중 · 904개 외국계 기업, 44개 외국계 은행이 소재하여 외국 기업의 주요 투자 중심지로 발전되고 있음 · 시카고의 장점은 수송 중심지로서의 전략적 위치 · 미시간호 또한 해외 해상운송 통로로 이용되고 있음
워싱턴 (워싱턴, 볼티모어)	· 정부를 상대하는 업종이 주요 비즈니스 · 관광, 교육도 주요산업 · 통신, 의료, 생명공학, 전자업종 기업들이 메트로폴리탄 지역에 강력한 거점 설치 중 · 교외 지역 중심으로 서비스업종의 큰 폭 신장세 지속 전망 · 국내 다른 지방에서 이주해온 젊은 층 고등교육을 받은 전문직종 종사자들의 유입확대가 이 지역 인구 증가의 주요 원인

▶ 주요 메트로폴리탄 지역 기업환경 및 특징

메트로폴리탄	특 징
휴스턴 (Galveston Brazoria)	· 최근 들어 경제의 다양화가 크게 진전 · 보건서비스, 법무, 기타 전문서비스 분야 급성장 · Shell Oil, Exxon등 대형 석유회사 본거지, 6개 석유화학 기업이 이 지역으로 이전, 에너지 산업의 중추거점화 · NAFTA 발효 등에 따른 미 · 멕시코 무역 확대, 중남미 경제 성장으로 양질의 항구를 갖춘 휴스턴의 국제 무역센터화가 진행 중
필라델피아 (Wilmington Atlantic City)	· 고용 창출이 금융서비스 · 제조업 분야뿐만 아니라 소매 · 보건서비스까지 확대, 첨단기술 분야도 신장세 · 주택 가격의 변화가 심함 · 델라웨어 강 연안지역 재개발, 대중교통망과 연계된 새로운 컨벤션센터 건설 등에 대한 시 지도자들의 자부심
보스턴 (Worcester, Lawrence)	· 하버드 · MIT 등 유명 대학이 밀집되어 있어 고급 기술인력에의 의존도가 높은 Digital Equipment Co., Prime Computer 등이 소재 · R&D산업, 첨단산업이 새로운 산업으로 발전
디트로이트 (Ann Arbor, Flint)	· 디트로이트 경제는 미 자동차산업에 거의 전적으로 의존 · 미시건 주는 캐나다 관련 비즈니스가 많으며, 캐나다와의 교역 확대로 향후 10년간에 걸쳐 남부 미시건 주 지역은 2만5천 명의 신규 고용 창출 전망 · 멕시코에 대한 자동차, 부품 수출 지속 확대 전망
애틀랜타	· 약 350개의 국제적 규모의 기업들이 애틀랜타에 밀집 · 은행, 금융, 기타 비즈니스/교육 서비스 풍부 · 풍부한 노동력 및 인근 시장 또한 장점 · 2시간 비행거리 내 미국 인구의 80%가 살고 있으며, 애틀랜타공항은 세계에서 2번째로 이용률이 높은 공항(육상, 항공 교통요지) · 지역상권 형성 가속화, 통신서비스 및 정보기술과 같은 종합정보 서비스가 이 지역 주요 산업이기 때문에 정보화 시대인 21세기에 부상이 예상됨

자료원 : ERNST & YOUNG, "ALMANAC AND GUIDE TO U.S. BUSINESS CITIES", 2004. 12

꼭 알아두어야 할 비즈니스 관행

상담약속은 필수

미국의 바이어들은 도매업자가 대부분을 차지한다. 이들과의 수출 상담을 위해서는 방문 전에 상담약속을 하는 것이 필수적이다. 상담약속을 하지 않을 경우, 문전박대를 당하거나 구매 담당자를 만나지 못하게 되는 경우가 대부분이므로 항상 약속을 하고, 방문 직전에 도착 예정 시간을 알려주는 것이 바람직하다.

꾸준한 상담을 습관화하라

뉴욕 지역 바이어의 경우, 충동구매가 없어 현장 상담 후 바로 오더를 내는 경우가 거의 없다. 그들은 수차례의 샘플 오더 후에도 거래 관계에 확신이 설 때까지는 대부분 샘플 오더만 반복하는 경향이 있다. 그러므로 출장 때마다 관심 바이어와의 꾸준한 상담 및 샘플 제시를 통해 대량 오더로 연결시킬 수 있는

인내가 필요하다.

특히 해외로부터 아웃소싱을 하는 도·소매상의 경우, 상품 수입 초기 단계 또는 최초 거래시에는 시장 반응을 확인하기 위해 소량 오더를 하는 경우가 대부분이다. 그러므로 오더량이 작다고 해서 쉽게 포기해서는 안 된다. 오히려 소량 오더를 한 해당 바이어의 거래 실적이 클 경우 언제든지 대량 오더로 연결될 수 있다는 믿음으로 계속적인 거래 관계를 유지하는 것이 좋다.

현지 에이전트 확보도 중요하다

뉴욕 지역 전시회의 경우, 참가 업체는 도매상이며 방문 상담객은 소매상이다. 도매상이 소싱한 상품을 선보이고, 방문객인 소매상들은 현장에서 해당상품을 직접 소량으로 오더하는 형태가 가장 일반적이다.

따라서, 뉴욕 지역의 전시회에 참가할 때는 기존의 거래 관계가 있는 바이어 또는 도매상과 연계하여 참가함으로써, 소량오더는 미국측 파트너에게 넘기고 대량 오더가 가능한 건만 한국 업체가 직접 Follow up하는 전략을 취하는 것도 한 방법이다. 원래 에이전트가 있는 경우에는 반드시 에이전트와 전시회 공동 참가를 추진해야만 전시회 마케팅을 성공적으로 이끌 수 있다.

비 신용장 대금 결제 방식을 다양화하라

미국 바이어들은 제품 소싱을 국내·국외와 큰 차별을 두지 않고 있으며 심지어 L/C를 개설한 경험이 전혀 없는 바이어들도 많다. 이들과의 상담시 수출 오더로 연결될 가능성이 많은 경우, L/C 개설을 지나치게 고집하면 거래가 이루어지지 않는 경우가 있다. 따라서 선금 수취 또는 분할 선적 등의 방법을 병행함으로써 수출 대금 미결제에 따르는 위험을 줄이는 것이 좋다. 동시에 대금 지불 조건은 T/T 또는 D/A 조건을 적극적으로 검토하여 최초 거래를 쉽게 풀어갈 필요가 있다.

가격 경쟁력이 우선이다

미국 시장은 생산보다는 유통이 발달한 완전 경쟁 시장이며, 미국·동남아·중남미 등 세계 각국의 비즈니스맨들이 seller로 활약하고 있어 가격과 품질이 완전히 공개된 경쟁 체제를 갖추고 있다. 이로 인해, 특히 경공업 제품의 경우 품질이 어느 정도 우수해도 적정한 가격 경쟁력을 갖추지 못하면 상담 시작과 함께 상담이 깨지는 경우가 허다하다.
또한 한국 출장을 다녀온 업체 및 교포 무역인들이 한국 상품에 대한 지식이 많기 때문에 대만이나 중국 제품보다 경쟁 우위에 있는 경우가 많다. 그렇다 하더라도 한국 업체간에도 타사 제품 대비 가격 및 품질 경쟁력 및 기타 A/S 등의 우위 등이 보장되어야만 오더 수주가 가능하다는 점을 인식해야 한다.

대금 결제 방법

T/T
Telegraphic Transfer.
계좌로 돈을 송금하는 것인데 대금을 먼저 결제하는 것을 뜻한다.

L/C
Letter of Credit.
신용장을 뜻한다. 대금결제의 원활을 위해 수입업체가 은행에 요청한다.

D/A
Document Aganist Acceptance.
은행의 보증 없이 수출자가 발행하는 화환어음 인수만으로 선적서류를 내주는 것.

비즈니스 상담에서 성공하기

성공적인 전시회 운영 10계명

〉〉 전시회 참가 전

① 시장을 공부하라. 시장을 조사해서 정확한 샘플을 준비하고 시장이 원하는 샘플을 전시할 수 있도록 하라.
② 전시회 개막 2개월 전에 해당 바이어들에게 카탈로그 및 간단한 샘플을 발송하라.
③ 카탈로그 및 샘플 발송 후 10일 정도 경과한 후 전화를 하여 전시장 부스에서 만나자는 약속을 정하라.
④ 전화가 좋으나 이메일 혹은 팩스도 이용 가능하며, 이메일 또는 팩스를 보낸 후에 전화를 하는 것도 아주 효과적이다.
⑤ 전화로 미팅 약속이 정해져도 바이어들 모두가 부스에 나타나는 것이 아니라 일반적으로 75% 정도가 부스를 방문한다는 통계가 있다. 뉴욕은 이보다 조금 낮다는 것을 염두에 두라.
⑥ 가급적 동일한 부스 위치를 고수하라. 매번 전시회에서 같은 위치에 전시를 하면 바이어의 신뢰를 받는 데 도움이 된다.

⑦ FOB · CIF · LDP 가격조건 등을 다양하게 준비하라.
⑧ L/C 거래 조건 이외에 다양한 대금 결제 방법을 준비해 두라.
⑨ 소량 오더에 대해 바이어 warehouse 또는 store로 즉시 운송할 수 있는 방안을 강구해 전시회에 참가하라.
⑩ 가능하다면, 최소량의 재고를 창고에 항상 비축해 긴급한 상황에 대처해야 한다. 통상 전시회장에는 항상 소량 주문을 하는 소매상들이 많이 방문하고 즉석에서 오더를 하는 경우가 많다.

》 전시회 기간 중

① 시장을 보다 잘 이해할 수 있도록 전시장에 전시된 제품들을 잘 살펴보고 여러 사람들과 의견을 나누어보라.
② 전시장은 다른 업체와의 경쟁 장소이기도 하지만, 잘 살펴보면 오히려 향후 바이어가 될 수 있는 업체도 적지 않다. 참가 업체들 모두 제조업체가 아니라 중간 딜러인 경우가 많아 이들과의 협력 또는 이들에 대한 판매를 제의해 볼 수도 있다.
③ 부스 내부를 잡다한 샘플로 너무 꽉 차게 만들지 말라.
④ 부스를 잘 꾸며야 한다. 같은 샘플이라도 디스플레이를 어떻게 하느냐에 따라 달라 보인다. 다른 부스와 다른 특징을 주는 것도 중요하다.
⑤ 바이어가 무엇을 원하는지 정확히 파악하라.
⑥ 방문 바이어가 주로 어떤 브랜드를 또는 어느 나라로부터 수입하고 있는지 문의해보라.
⑦ 바이어가 어느 가격대의 제품을 원하는지도 물어보고 관련 바이어의 동향 파악에 주력하라.
⑧ 제품배달과 대금지급에 대한 명확한 조건을 제시할 수 있도록 하라.

LDP 가격조건

'Landed Duty Paid'의 약자로 바이어가 물품을 자사 warehouse 또는 사무실에서 수령하는 편한 방법을 선호할 경우, 수출업체가 inland 운송 비용·관세까지 모두 지불하는 조건. 수입·통관에 신경 쓸 시간이 없거나 또는 판매에만 치중하겠다는 중소 규모의 수입상들이 주로 요구한다.

KOTRA가 추천하는 바이어 선물

① 선물은 꼭 필요하다고 생각되는 경우에만 주는 것이 좋다. 첫 대면에서 혹은 만날 때마다 선물을 남발하는 것은 바람직하지 않다.
② 미국 바이어에 대한 선물은 개당 50달러 내외에서 구입하는 것이 무난하다. 너무 고가의 제품이나 지나치게 값싼 제품은 바이어에게 부담 또는 불쾌감을 줄 수 있으니 주의해야 한다.

추천 선물

넥타이, 한국 전통 공예품(부채·보석함 등), 전통차(녹차·인삼차 등), 전통주 등

상담시 비즈니스 매너 및 유의사항

첫인상이 중요하다

바이어들은 신뢰가 가는 제품 공급업체로부터 제품을 납품받고 싶어한다. 그들은 회사소개서, 샘플, 카탈로그를 통해 납품을 희망하는 업체, 제품, 가격, 담당자에 대한 평가를 한다. 따라서 최초 회사소개서 및 샘플, 카탈로그 등에서 강렬하고 좋은 이미지를 만드는 것이 무엇보다 중요하다.

'레터'와 '카탈로그'를 통해 신뢰도를 높여라

수출업체의 전문성을 바이어에게 알리기 위해 회사소개서와 레터는 가급적 보기좋게 프린트를 하고 디자인을 세련되게 해서 첫눈에 호감을 느낄 수 있도록 하는 것이 좋다.

》 레터 작성은 이렇게

① 회사 로고가 찍힌 레터지에 프린트한다.
② 해외 마케팅 담당자나 사장 명함을 동봉하면 전문성과 신뢰 감을 전달할 수 있다.

절대로 하지 말아야 할 '사적인' 질문들!

1. **결혼은 하셨나요?**
분위기를 편안하게 가져간다는 생각에 가장 많이 하게 질문이다. 공적인 자리에는 해서는 안 되는 질문!

2. **배우자의 직업은?**
기혼이라고 응답을 했을 경우, 배우자의 직업을 물어볼 수 있다. 이것도 불편해한다.

3. **자녀는 얼마나?**
결혼을 했다면 자녀가 있겠지 하는 생각에 물어볼 수 있는 질문이지만 역시 불편하는 질문.

바이어와 만났을 때, 이것만은 주의하자

① **개인 프라이버시를 침해하는 질문은 하지 말자**
일반적인 상식으로 간주되는 사항이지만 아직도 적지 않은 우리 업체들이 미국 바이어들과의 상담시 자신도 모르게 개인적인 질문을 던져 바이어가 불편해하는 경우가 많다. 질문하는 사람의 입장에서는 바이어에게 친근함을 알리기 위한 좋은 의도일 수 있겠지만, 미국 문화에서는 일반적이지 않은 것이니 주의해야 한다.

② **바이어가 손짓으로 불러도 당황하지 말자**
미국 바이어와의 상담이 수차례 진행된 후, 서로간의 친분이 쌓이게 되면 간혹 바이어가 손짓으로 부르는 경우가 있다. 이것도 미국 문화의 일부분이니 당황하거나 불쾌해 하지 않는 것이 좋다.
손등을 위로 해서 손짓할 때 : 잘 가라는 인사로 이해
손바닥을 위로 해서 손짓할 때 : 이쪽으로 오라는 의미

③ 문법적인 오류가 없도록 작성해야 한다.
④ 수신인 이름(바이어 명)이 명시되어야 한다.
⑤ 회사나 제품 관련 정보를 전달해줄 수 있는 담당자의 정보와 접촉 방법이 구체적으로 제시되어 있어야 한다.

》 카탈로그 작성은 이렇게

① 제품의 장점을 한눈에 알아볼 수 있도록 만든다.
② 영문으로 작성한다. 당연한 것 같지만 제품 이미지를 먼저 보여준다는 생각에 한글 카탈로그를 준비할 수도 있다.
③ 효과적으로 작성한다. 카탈로그를 보아도 이 제품이 어떤 제품인지 알 수 없거나 다른 제품과의 차별성을 알 수 없을 경우, 바이어의 신뢰를 얻기 어렵다.

》 가격리스트를 공개하라

대부분의 우리 업체들은 가격 공개를 꺼리고 있으나 가격리스트를 송부한다고 가격이 결정되는 것이 아니라 단지 협상을 유도하기 위한 유인책으로 작용된다는 것을 염두에 두어야 한다. 물론 가격이 너무 높게 제시되면 바이어들은 관심을 나타내지 않겠지만 가격이 거래 시작 여부를 결정하는 아주 중요한 요인임에는 틀림없다. 만약 가격리스트를 송부하지 않을 경우, 바이어들은 카탈로그와 샘플 등에 특별한 관심을 표명하지 않을 것이다.

≫ 영어가 능숙한 담당자가 필요하다

바이어들은 언어 소통이 원활하지 않기 때문에 한국으로 전화하기를 꺼려하고 있다. 따라서 영어에 능숙한 담당자를 지정해 바이어가 팩스·이메일은 물론이고, 전화통화나 대면 상담시에 영어 구사에 문제가 없는 직원을 지정, 바이어에게 알려줘야 한다. 통역을 사용해 상담할 경우, 유학생 및 아르바이트 통역원뿐만 아니라 전문통역원도 상품에 대한 기본 지식이 부족해 애를 먹는 경우가 있다. 상담 전에 통역원에 대한 사전교육을 실시해야 한다.

이메일만으로는 부족하다
바이어측과의 첫거래는 이메일을 통해 이뤄지는 것이 대부분이나 이메일만으로는 성사되는 경우는 거의 없다. 이것이 영어구사능력이 있는 담당자가 필요한 이유.

현지 통역원을 물색하는 방법
① 전문 통역알선기관에 의뢰한다
   교민업소록 등을 통해 통역알선기관을 접촉, 전문통역원 채용
   (비용: 300달러/1일 이상)
② 인터넷을 통해 알아본다
   뉴욕한국학생협회 사이트(www.ksany.com) 등을 통해 한국 유학생 아르바이트 활용(비용: 150~200달러/1일)
③ 무역관에 의뢰한다
   무역관이 확보하고 있는 통역 아르바이트 활용(비용: 150달러 내외/1일)

여러 기관의 도움을 받아라

미국 내에서의 비즈니스 상담은 유동적이다. 치밀한 준비에도 불구하고 항상 변수가 나오기 마련인데 이럴 때는 주요 도시에 있는 대사관, 무역과, 한인회 등의 도움을 받는 것이 좋다. 비즈니스도 공적인 부분이 있으므로 이런 기관의 도움이 필요할 때를 대비해 리스트를 해두자.

▶ 뉴욕지역 주요 기관

기관명	주소	연락처
뉴욕총영사관	335 East, 45th Street, New York, NY 10017	212-629-9120
뉴욕무역관	48 Park Ave., Suite 402, New York, NY 10022	212-826-0900
뉴욕총영사관민원실	460 Park Ave. 6FL., New York, NY 10022	212-692-9120
무역협회뉴욕지부	460 Park Ave. #2200, New York, NY 10022	212-421-8804

기관명	주 소	연락처
미한국상공회의소	460 Park Ave. #410, New York, NY 10022	212-644-0140
뉴욕한인회	149 W. 24 St. 6FL., New York, NY 10011	212-255-6969
뉴욕한인경제인협회	246 5th Ave. #500, New York, NY 10001	212-689-3410

▶ LA지역 주요 기관

기관명	주 소	연락처
LA총영사관	3243 Wilshire Blvd., LA, CA 9001	213-385-9300
LA무역관	4801 Wilshire Blvd., Suite. 104 LA, CA 90010	323-954-9500
한국관광공사	4801 Wilshire Blvd #103, LA, CA 90010	323-634-0280
수출보험공사	915 Wilshire Bl, #1640, LA, CA 90017	213-622-4314
한국문화콘텐츠진흥원	5505 Wilshire Bl, LA, CA 90010	323-936-7141
대한항공	1813 Wilshire Bl, LA, CA 90057	800-438-5000
아시아나항공	3530 Wilshire Bl, #1700, LA, CA 90010	800-227-4262

▶ 미국소재 KOTRA 무역관

기관명	주 소	연락처
워싱턴무역관	1129 20th St. NW, Suite 410 Washington D.C. 20036	202-857-7923
시카고무역관	111 East Wacker Drive, Suite 2229, Chicago, IL 60601	312-644-4323
댈러스무역관	3030 LBJ Freeway #1150 Dallas, TX 75234	972-243-9300
샌프란시스코무역관	1875 South Grant St, San Mateo, CA 94402	650-571-8483
디트로이트무역관	2000 Town Center Suite 2850 Southfield, MI 48075	248-355-4911
애틀랜타무역관	Five Concourse Parkway N.E. Suite 2181 Atlanta, GA 30328	770-508-0808
마이애미무역관	One Biscayne Tower Suite 3770 Miami, FL 33131	305-374-4648

New York
_뉴욕

서구 자본주의의 저력이 예술적으로 응축된 독특한 문화도시인 뉴욕은 수많은 영화의 배경으로 담기면서 전세계인의 동경심을 불러일으켜 왔다. 반면, 9·11 테러 이후의 뉴욕은 미국인들의 두려움을 상징하는 도시이기도 하다. 또한 광활한 미국의 문화와 심리를 상징할 수 있는 저력의 도시 뉴욕은 현대 문명을 대변하는 마천루로 뒤덮여 있는 메트로폴리스다.

1790년 이후 미국의 정치적 수도는 워싱턴이지만 뉴욕은 경제적 수도의 위치를 내주지 않았다. 또한 미국 문화의 다양성은 뉴욕에서 가장 명확히 접할 수 있다. 뉴욕은 미국 자본의 중심이자 문화의 도시로서의 명성을 계속 유지하고 있다.

뉴욕에 대한 모든 것

뉴욕에 대해 잠깐!

뉴욕주의 동남단 허드슨강 하구에 위치해 있는 뉴욕은 총면적 800㎢ 남짓의 영토에 800만 명이 조금 넘는 인구를 가지고 있다. 그러나 낮에는 맨해튼의 직장을 찾는 사람들이 많아져 1,100만 명을 넘는 것이 특징이다. 다양한 인종이 거주하고 있으며 영어가 공용어이지만 스페인어도 많이 사용되고 있다.

뉴욕시의 행정구역은 이렇게
5개의 Borough(우리나라의 구(區) 정도의 행정단위임) Manhattan, Queens, Staten Island, Brooklyn, Bronx로 구성되어 있다.

어떻게 갈까

>> 인천에서 뉴욕까지

대한항공과 아시아나항공이 인천~뉴욕 간을 직항으로 운항하고 있다. 대한항공은 매일 왕복 직항 2편, 아시아나항공은 주4회 운항 (인천~뉴욕 : 화, 목, 금, 일, 뉴욕~인천 : 월, 수, 금, 토 출발)하고 있다. 비행시간은 서울~뉴욕은 13시간,

뉴욕~서울은 15시간이 각각 소요된다. 이 밖에 동경 등지를 경유해 미국 및 외국 국적기들이 운항하고 있다.

》》 공항에서 뉴욕 시내까지

뉴욕이 초행인 경우는 아는 사람에게 Pick-Up을 부탁하는 것이 좋다. 뉴욕은 매우 광대하다. 교통이 매우 복잡하고 길을 잃을 경우가 발생할 수 있으니 지인의 도움을 받는 것이 좋다. 만일 Pick-Up을 해 줄 사람이 없는 경우라면, 한인이 운영하는 콜택시(리무진)를 사전에 예약해서 마중을 나오도록 하는 것도 좋은 방법이다.

택시를 탈 때 대중교통 수단을 이용하는 경우는 택시를 이용하는 경우가 가장 많고 또 편하기도 하다. 공항에서 맨해튼까지 택시 요금은 정액제로 45달러이다. 교량과 터널의 통행료(Toll)와 팁을 별도로 지불해야 한다. 공항에서 맨해튼에 들어오기 위해 가장 많이 이용하는 Tirboro Bridge를 통해 맨해튼으로 들어올 경우, 통행료는 4.5달러이다. 팁은 서비스가 좋을 경우 10~15%를 주고 있다.

AirTran JFK를 탈 때 JFK 국제공항에서도 뉴욕시내로 들어가는 교통수단이 있다. 바로 AirTran JKF인데 다른 터미널로 환승할 때에도 아주 유용하다. AirTran은 맨해튼으로 운행되는 지하철(Subway)과 Long Island로 운행하는 기차(Railroad)와 연결되어 있다. 아침 6시~밤 11시는 4분 간격으로, 밤 11시~아침 6시는 8분 간격으로 모든 터미널에서 운행되고 있다. 요금은 편도 5달러.

버스를 탈 때 버스로 이동하는 방법도 있다. 'New York Airport Service Express Bus'를 비롯해서 여러 버스가 맨하탄의 여러 지역으로 직통으로 운행되고 있다. 요금은 12~15달러이다.

렌터카를 탈 때 렌터카를 이용할 경우에는 공항 소재 렌터카 회사를 이용하는 것이 편리하다. 이 경우 나중에 귀국할 때 공항에서 반납하면 되기 때문이다. 한편, 반납은 어느 곳에서나 가능하기 때문에 렌터카가 필요하지 않을 경우 언제든지 반납하면 된다.

유니폼을 입지 않았다면 조심!
택시를 탈 때는 정해진 택시정거장에서 유니폼을 입은 사람의 인도로 승차하는 것이 좋다. 유니폼을 입지 않은 사람들이 호객하는 경우가 있는데 이 경우에는 요금이 저렴하더라도 타지 않는 것이 좋다. 이들은 보험에 Full Coverage로 가입되지 않은 경우가 있어 사고가 나도 보상을 받지 못할 수 있다.

JFK 공항 홈페이지
JFK International Airport의 홈페이지(www.panynj.gov/aviation/jfkframe.HTM)에서 자세한 시내 교통관련 정보를 볼 수 있다.

>> 뉴욕이 처음이라면

초행자는 렌터카를 피하는 것이 좋다. 공항에서 렌터카를 이용해 맨해튼 시내로 들어오는 것은 교통이 매우 혼잡하기 때문에 어려움이 있다.

>> 뉴욕 지리를 잘 안다면

지리를 잘 알고 있거나 장거리 출장을 다녀야 할 경우라면 렌터카가 대중교통이나 택시를 이용하는 것보다 저렴하고 편리할 수도 있다. 또한, 렌터카를 이용할 경우 맨해튼 시내에서 12시간 주차시 저렴할 경우 8달러, 중심부의 비싼 경우 30달러까지 고려해야 한다.

뉴욕 소재 공항

뉴욕시 인근에는 모두 3곳의 공항이 있다. 각 공항별로 적게는 3개, 많게는 9개의 터미널이 있기 때문에 사전에 공항의 위치 및 사용 터미널의 확인이 필요하다.

① JFK International Airport(JFK) : 국제/국내선
- 뉴욕 최대 국제공항
- 총 9개의 터미널로 구성 : KAL(1번 터미널), 아시아나(4번 터미널)
- 택시를 이용해 맨해튼 중심부까지 약 1시간 정도 소요
- 요금 : 일반 택시 45달러+Toll+팁(약 55달러 정도), 한인 콜택시 38달러 +Toll+팁(약 50달러 정도)

② La Guardia Airport(LGA) : 국제/국내선
- 주로 국내선 출항
- 택시를 이용해 맨해튼까지 약 40분 정도 소요
- 요금 : 25달러+Toll+팁(약 35달러 정도)

③ Newark Liberty Airport(EWR) : 국제/국내선
- 뉴욕에서 두 번째로 큰 국제공항
- 뉴저지(맨해튼 남서부 26km 지점)에 위치
- 택시를 이용해 맨해튼까지 약 40~60분 정도 소요
- 요금 : 50달러 정도(팁 및 통행료 포함)

시차

서울과 뉴욕의 시차는 14시간이다. Day-Light Savings Time (일광절약시간제, 쉽게 말해 '서머타임') 인 경우에는 우리나라에 비해 13시간 늦다.

 미국의 서머타임
4월 첫째 일요일부터 10월 마지막 일요일

지역마다 다른 시간대

미국은 땅덩이가 넓은 만큼 4개의 시간대를 쓰고 있다.
- Pacific Time Zone
- Mountain Time Zone
- Central Time Zone
- Eastern Time Zone

Business Hours

일반 회사의 근무는 보통 아침 9시에 시작해서 오후 5시에 마감한다. 그러나 회사별로 복잡한 출퇴근 시간을 피하기 위해 아침 7시부터 시작해서 오후 3시에 마감하는 회사도 많다. 또한 일주일당 40시간을 일하게 되어 있기 때문에 1일 10시간을 일하고 주당 4일을 일하는 경우가 있다. 따라서 가능하면 바이어와의 상담 날짜는 물론 약속 시간을 정확하게 확인하는 것이 좋다. 일반적으로 금요일은 오후 3시면 업무를 끝낸다. 토요일과 일요일은 휴무다.

기후

▶ 뉴욕 평균기온 (온도 : 섭씨)

월	1월	3월	5월	7월	9월	11월
최고	5°	10°	21°	28°	24°1	2°
최저	-3°	1°	12°	20°	16°	5°

통신

〉〉 휴대폰 렌트

한국에서 사용하는 휴대폰에 로밍을 설정하고 오면 미국에 사용하는 데 전혀 지장이 없다. 휴대폰이 없을 경우, JFK 국제공항에 도착해 출구 옆에 마련된 부스에서 휴대폰을 렌트할 수 있다. 전화요금 때문에 낭패를 보지 않으려면 요금을 사전에 파악하고 신청하는 것이 중요하다.

〉〉 국제전화

011+82(국가코드)+지역코드+전화번호
서울로 전화를 걸려면 → 011+82+2+826-0900

〉〉 시내 공중전화

시내전화는 25센트(Quarter)로 걸 수 있으며 시간이 경과하면 추가로 동전을 넣어야 한다. 수신자 부담(Collect Call) 전화는 1-800-collect로 하면 된다. 이 경우 공중전화에 동전을 넣지 않아도 걸 수 있으며 수신자가 수신을 승낙하면 통화할 수 있다.

동전을 챙겨두면 편하다

Quarter는 전화, 주차요금 등과 같이 매우 요긴한 동전이기 때문에 가능한 소지하고 있는 것이 좋다

저렴한 국제전화 이용법

뉴욕의 도로 옆에 있는 신문판매소에서 전화카드(Calling Card)를 구입해서 사용하면, 상대적으로 매우 저렴한 비용으로 국제전화를 걸 수 있다.

알아두면 편리한 뉴욕

교통

》》지하철

정확하고 빠른 지하철 맨해튼에서 일을 할 때는 지하철을 이용하는 가장 효과적이다. 택시 잡기가 쉽지 않고 또한 교통체증으로 인해 빡빡한 상담 스케줄일 경우 시간을 맞추지 못하는 경우가 많기 때문이다.

무제한적인 환승 지하철과 버스는 추가적인 요금 부담 없이 2시간 이내에는 환승이 가능하다. 지도를 잘 보고 지하철과 버스를 번갈아 이용하면 원하는 장소에 쉽게 도착할 수 있다. 요금은 편도 2달러.

원하는 역에서 내리지 못했을 때 의외로 빈번하게 일어나는 일이다. 당황하지 말고 다음 정거장에서 내려 반대편 플랫폼에서 반대 방향의 열차로 갈아타는 것이 편리하다. 10분마다 열차가 운행되고 있어 오

교통

Survival English in New York 1

A : How can I get to Madison Square Garden?
B : You'd better take a subway.
A : How much is it?
B : A one way ticket is 2 dollars.

A : 매디슨 스퀘어 가든에 가려고 하는데요.
B : 지하철을 타면 편합니다.
A : 요금이 얼마죠?
B : 편도에 2달러입니다.

Tips get to~ ~에 가다, 도착하다 take a subway 지하철을 타다 one way ticket 편도티켓

랫동안 기다리지 않아도 된다.

》 버스

Uptown(북상하), Downtown(남하하), Crosstown(동서)로 구분되며 요금은 1회 탑승시 2달러이고 메트로카드나 현금을 사용한다. 현금승차시 지폐는 받지 않으므로 5센트 이상의 동전을 준비한다. 출·퇴근 시에는 5~10분 간격으로 운행된다. 버스 전용차선을 이용하고 있어 상대적으로 교통혼잡을 피할 수 있다. 뉴욕의 버스는 급행(Express)과 완행(Local)으로 구분되어 있다. 급행의 경우 주요 정거장에만 정차해 목적지와는 먼 장소에 하차할 수 있으므로 사전에 목적지 근처에 정차하는지를 확인하는 것이 좋다.

Survival English in New York 2

A: This is Yellow Cab. Can I help you?
B: I need a taxi right away for Kennedy Airport.
A: What is your address?

A: 옐로우 캡입니다. 무엇을 도와드릴까요?
B: 케네디 공항으로 가는 택시 좀 보내주세요.
A: 주소가 어떻게 되시죠?

Tips Yellow Cab 대표적인 콜택시 회사

》 택시

기본 요금은 2.5달러이며 시간과 거리의 병산제가 적용된다. 시간당 6마일(약 10km)이상인 경우 0.2마일(320m)마다 40센트가 추가된다. 또한 6마일 미만으로 달리거나 정지해 있을 경우 1분당 20센트가 추가된다.

야간(저녁 8시~아침 6시)에는 50센트가 추가로 부과되며 주중 오후 4~8시의 출퇴근 시간에는 1달러가 추가된다. 모든 교량과 터널을 지날 때의 통행료는 승객이 부담한다.

택시나 콜택시를 이용하는 경우 비용이 많이 든다는 단점이 있다. 뉴욕에서 뉴저지로 택시를 타고 갈 경우에는 일반적으로 요금의 2배를 청구한다. 따라서 장거리 출장인 경우에는 한인이 운영하는 콜택시(리무진)를 이용하는 것이 저렴할 뿐 아니라 편안하게 이용할 수 있다.

대표적인 한인 콜택시

- **무궁화콜택시**　212-888-5555, 1-800-390-3222(수신자 부담)
- **88 콜택시**　　　212-888-0000, 718-888-8800
- **허니문콜택시**　201-944-7272, 800-444-7272(수신자 부담)

Map을 챙겨라!
버스 지도(Bus Map)는 지하철 지도의 뒷면에 인쇄되어 있다. 따라서 지하철 역 매표소에서 지하철 지도(Subway Map)를 요청해(무료) 받아 두면 유용하다.

뉴욕에서 택시를 잡으려면?
빈 택시들은 지붕 위에 있는 택시등을 켜고 달리고 있어 도로 어느 곳에서든지 손을 들어 택시를 잡을 수 있다. 맨해튼 내에 별도로 만들어진 택시 정거장은 없다.

〉〉 렌터카

운전이 가능하면 렌터카를 이용한다 외곽 지역 출장시 렌터카를 이용하는 것도 편리하다. 맨해튼 시내에 각종 렌터카 회사가 있기 때문에 렌터카를 이용하는 데는 어려움이 없다.

렌트시 필요한 것 국제운전면허증과 신용카드가 있어야 한다. 미국에 거주하는 렌터카 회사 직원들은 국제면허증에 대해 잘 모르기 때문에 차량을 빌리는 과정에서 문제가 발생할 수 있다. 출국 전에 국내 소재 미국계 렌터카 회사에서 예약을 한 후, 현지에서 차를 렌트하는 것도 좋은 방법이다.

주차는 반드시 주차장에 일반적으로 길가에 주차하는 것은 바람직하지 않다. 주차 여부 표지판이 뉴욕에 거주하는 사람들도 알아 볼 수 없을 정도로 아주 복잡하고 이해하기가 어렵기 때문이다.

주차위반을 했을 때 단속요원은 티켓을 발부하는 것 이외에도 토잉(Towing · 견인)할 수 있다. 주차 단속원이 차를 토잉할 경우는 전단지를 붙여놓고 간다. 이때는 토잉된 장소까지 가서 차를 Pick-Up해야 한다. 이 경우, 벌금과 함께 주차료 등을 지급하면 300달러 이상의 비용이 든다.

무조건 보행자 우선!
운전할 경우에는 보행자가 도로에 나오면 무조건 정차해야 한다. 아무리 바쁘거나 뒤의 차가 재촉을 해도 보행자가 도로에 내려오면 무조건 정차해야 한다.

도로 표지판은 이렇게 보세요.
뉴욕은 주소 표시가 잘 되어 있다. 그래서 출장자들이 찾고자 하는 장소를 찾는 데 어려움이 거의 없다.
맨해튼의 경우 동~서로 난 길은 Street, 남~북으로 난 길은 Avenue로 부르고 있다. 바둑판처럼 Street와 Avenue가 직각으로 만나도록 설계되어 있다. 주소는 Street와 Avenue로 표기되어 있는데 이는 빌딩의 출입문이 Street에 있으면 Street 주소로, 출입문이 Avenue에 있으면 Avenue 주소로 표기되고 있다.
택시를 이용할 경우에도 Street와 Avenue를 모두 알려주면 택시기사가 목적지에 빠르게 도착할 수 있다.

KOTRA 뉴욕 무역관

>> 무역관 안내

주소 460 Park Avenue Suite 402, New York, NY 10022
전화 212-826-0900
팩스 212-888-4930
이메일 kotrany@ix.netcom.com

>> 무역관 가는 방법

택시를 탈 때 택시기사에게 무역관 주소 "460 Park Avenue at the corner of 57th Street"를 말하면 Park Avenue와 57th Street가 만나는 곳에 내려준다. 뉴욕무역관은 1층에 Citi Bank가 있고 현관 위에 태극기가 게양되어 있는 빌딩의 4층 402호에 있다.

지하철을 탈 때 뉴욕무역관 인근에 있는 지하철역에 정차해서 걸어가면 된다.
- 59th Street와 Lexington Avenue역에 F, N, R, W, 4, 5, 6 라인 정차
- 59th Street와 5th Avenue역에 N, R, W 라인 정차
- 53th Street와 5th Avenue역에 E, V 라인 정차
- 53th Street와 Lexington Avenue역에 E, V, 6 라인 정차

24시간 여는 약국
맨해튼에는 24시간 영업하는 약국이 많다. 소화제, 두통약처럼 처방전이 필요하지 않은 약을 구입할 수 있다. Rite Aid, CVS, Duane Reade 등의 약국 체인점이 있다.

옷차림

서울과 거의 같은 온대성기후로 출장시 서울에서 입는 옷을 준비하면 별 문제가 없다. 그러나 간혹 날씨의 변동폭이 크므로 출국 전 날씨를 점검하고 준비하는 것이 좋다. 날씨 예보는 www.weather.com에서 보면 대체로 정확한 정보를 얻을 수 있다.

영어를 잘 못해도 당황하지 말자
뉴욕에서 봉변을 당할 경우 영어 때문에 당황할 필요는 없다. 한국말이라도 큰 소리로 외치면 사람들의 주의를 끌어 봉변을 면할 수 있다. 경찰을 요청할 경우 한국어를 할 수 있는 경찰을 요청하면 된다. 뉴욕 경찰에는 한국인이 상당수 있다.

긴급 상황

>> 몸이 아플 때

어느 전화에서든지 911을 누르면(공중전화에 동전을 넣을 필요 없음) 안내원이 필요한 서비스로 바로 연결해주며 경찰, 소방서, 의료서비스 이용이 가능하다. 응급 처치를 받아야 하는 상

황에서도 911로 전화를 하면 앰뷸런스가 와준다. 병원에서는 입원비 유무를 따지지 않고 치료를 우선적으로 하기 때문에 사전에 걱정할 필요는 없다. 출장을 가기 전에 여행자보험에 가입하면 응급시 요긴하게 사용할 수 있다.

》 소지품을 분실했을 때

물건을 분실했을 경우 버스와 지하철일 경우 212-712-4500, 택시 경우는 212-692-8294로 걸어서 확인할 수 있다.

신용카드를 분실했을 경우 신용카드 회사의 무료신고전화를 통해 신고할 수 있다. 옆의 전화번호를 알아두면 된다.

치 안

뉴욕시의 치안은 매우 안전한 편이다. 특히 맨해튼 거리에서는 경찰을 항상 볼 수 있을 정도로 경찰이 테러와 관련해 요소요소에 배치되어 있다. 그러나 아직도 소매치기가 사람이 많이 모이는 관광지와 명소에서 활동하고 있으므로 주의해야 한다. 특히 서류가방을 손에서 놓는 일이 없어야 한다. 비즈니스맨이 날치기를 당하는 것은 성공을 포기하는 지름길이다.

뉴욕시의 브루클린이나 브롱스 지역에 바이어를 만나러 갈 경우에는 택시를 이용하는 것이 안전에 좋다. 대중교통을 이용하면 사무실을 찾느라 정신이 없고 늦은 시간에 방문할 경우에는 봉변을 당할 수 있다. 따라서 가급적 낮시간에 방문 약속을 정하고 택시를 이용하는 것이 좋다.

돌아갈 때는 콜택시를 이용하면 상담을 마치는 1~2시간 동안 기다려주기 때문에 안전한 여행을 할 수 있다.

신용카드 분실신고전화
아메리칸익스프레스
800-528-4800
마스터카드
800-627-8372
비자카드
800-336-8472
다이너스클럽
800-234-6377
제이시비
800-366-4522

범죄를 당했을 때 대처 요령
- 범인의 특징을 알아두는 것이 중요함(신장, 체중, 연령, 피부색 등)
- 자동차의 색깔, 연도, 번호판 등을 알아둘 것
- 목격자가 있을 경우 이름, 주소, 전화번호 등을 받아둘 것
- 가능한 한 목격자가 직접 경찰에 전화해 주도록 부탁할 것
- 강탈당한 품목 리스트를 만들 것
- 경찰서에서 피해자 리포트(Complaint Report)를 제출할 것
- 담당 경찰관의 이름, 소속 경찰서, 가슴에 달고 있는 배지 번호를 기록해 두고 사건일시, 피해자 신고 번호 기입(공항에서 소지품 도난 시에도 공항 경찰에 신고)

기 타

전압은 일반적으로 110V를 사용한다. 따라서 220V만 되는 가전제품은 사용할 수 없다. 그러나 최근 개발된 캠코더·디지털 카메라 등은 Free Voltage이기 때문에 사용하는 데 아무런 문제가 없다.

뉴욕의 수돗물은 식수로 사용이 가능하다. 하지만 물을 갈아 마시면 배탈이 날 경우가 있으므로 가능하면 구입해서 마시는 것이 좋다.

주요 연락처

〉〉 주미대사관

· **주소** 2450 Massachusetts Avenue N.W. Washington, D.C. 20008
· **전화** 202-939-5600
· **팩스** 202-797-0595
· **긴급전화(휴일)** 202-939-5600
· **업무시간** 오전 9:00 ~ 오후 5:30(월~금, 12~1:30은 점심시간)

〉〉 UN 대한민국 대표부

· **주소** 335 East 45th St, New York NY 10017
· **전화** 212-439-4000
· **팩스** 212-986-1083

〉〉 뉴욕 총영사관

· **본청** 335 E. 45th St.(4th Fl.), New York, NY 10017
· **전화** 646-674-6000, 212-692-9120
· **팩스** 646-674-6023
· **이메일** info@koreanconsulate.org
· **근무시간** 월~금 오전 9:00 ~ 오후 5:00

여권과 현금은 호텔에 맡기고 외출!
여권이나 현금은 들고 다니면 분실의 우려가 있으므로 호텔 객실 금고에 넣어 두고 다니는 것이 좋다. 객실 내에 금고가 없을 경우에는 호텔 프런트에 맡긴다.

알아두면 즐거운 뉴욕

●●● 호텔

》 KOTRA가 추천하는 호텔

▶ KOTRA 현지 호텔 평가표

호텔명	접근성	쾌적성	안전성	부대시설	종합평가
New York Marriott Marquis Times Square	10	10	10	9	★★★★★
Hilton New York	8	10	10	9	★★★★
New Yorker Hotel	10	8	8	8	★★★★
Algonquin Hotel	10	8	8	7	★★★★
Hotel Stanford	10	8	8	6	★★★

▶ **New York Marriott Marquis Times Square Hotel**

- **위치** JFK 공항에서 차로 1시간 정도 소요되며 맨해튼의 중앙지역인 Times Square 인근에 위치. 여러 노선의 지하철역과 인접해 있어 교통이 편리.
- **객실요금** (일반객실 기준) 499~609달러(Times Square 전망이 있는 객실이 더 비싸다)
- **연락처** · 전화 212-398-1900 · 팩스 212-704-8930
- **웹사이트** www.nymarriottmarquis.com
- **특이사항** 럭셔리(Luxury)호텔로 비중 있는 바이어를 호텔에서 만날 경우 투

숙이 권장된다.

▶ Hilton New York

- **위치** JFK 공항에서 차로 1시간 정도의 거리로 맨해튼의 서쪽 변화가에 위치하고 있어 맨해튼 중부지역(Midtown)의 비즈니스 관련 회사들과 미디어 회사들, 브로드웨이 뮤지컬 상영관 등과 인접해 있다.
- **객실요금** (일반객실 기준) 400~600달러
- **연락처** · 전화 212-586-7000 · 팩스 212-315-1374
- **특이사항** 럭셔리(Luxury)호텔로 비중 있는 바이어를 호텔에서 만날 경우 투숙이 권장되는 호텔. 일본 관광객들이 많아 호텔 입구와 로비가 다소 번잡할 수 있다.

▶ New Yorker Hotel

- **위치** JFK 공항에서 차로 1시간 거리로 맨해튼 중앙의 서편에 위치함
- **객실요금** (일반객실 기준) 시즌별로 다르지만 일반적으로 299달러 정도. 특별할인시 119달러 정도
- **연락처** · 전화 212-971-0101, 미국 내 무료전화 866-800-3088 · 팩스 대표 212-629-6536, Sales 212-760-0651
- **이메일** reservations@nyhotel.com
- **웹사이트** www.newyorkerhotel.com
- **특이사항** 상대적으로 맨해튼 서편에 위치하고 있어 이 호텔에 투숙하면 Jacob K. Javits Convention Center에서 개최되는 전시회에 도보(15분)로 이동이 가능하다.

▶ The Algonquin Hotel

- **위치** JFK 공항에서 차로 1시간 거리로 맨해튼 중앙에 위치. 맨해튼의 중심부인 Times Square에 인접해 있고 또한 뮤지컬이 상영되는 브로드웨이에 근접해 비즈니스와 엔터테인먼트를 위한 좋은 여건을 보유하고 있다.
- **객실요금** (일반객실 기준) 방 타입에 따라 199~600달러
- **연락처** · 전화 212-840-6800 미국내 무료전화 888-304-2047 · 팩스 212-944-1618
- **웹사이트** www.algonquinhotel.com
- **특이사항** 바이어와 상담 후 저녁과 밤에 엔터테인먼트를 즐길 수 있는 지역에 위치

▶ **Hotel Stanford**

- **위치** 맨해튼 브로드웨이와 32 Street 교차지점에서 20미터 지점으로 우리은행 맞은편에 위치. JFK 공항에서 차로 1시간 거리
- **객실요금** 1박 싱글가격 : 130달러 내외 + 세금 (트윈은 20~30달러 비쌈)
- **연락처** · 212-563-1480
- **특이사항** 한국타운 입구에 있으므로 식사 및 관광에도 적합하며, 비즈니스의 중심지이기도 하여 위치 및 가격이 출장자에 적합. 가격은 성수기(10~11월)에 20% 이상 비싸지며, 예약시점에 따라 약간의 차이가 있다. 한국인 소유로 영어가 능숙하지 않을 경우 이용하기에 편하다.

스탠포드호텔을 제외할 경우, 대형화된 미국호텔이거나 소형일 경우에도 숙박요금이 최소 30~100% 이상 비싼 호텔이 대부분이므로, 맨해튼 내 체재를 원할 경우 저렴한 호텔을 이용하는 것이 좋다. 뉴욕 플러싱 지역이나 뉴저지 지역의 경우 100~200달러 사이의 중대형호텔이 많이 있으나 교통이 다소 불편하다.

 호텔 정보는 미리 확인할 것

호텔별로 가격이 천차만별이므로 무역관에 호텔 예약을 의뢰하기 전에 관련 웹사이트인 www.nycvisit.com를 통해 가격, 위치, 예약가능 여부 등을 사전에 확인하는 것이 필요.

호텔

Survival English in New York 3

A: Welcome to the Stanford Hotel. How may I help you?
B: I'd like to check in.
A: Do you have a reservation?
B: Yes. My name is Jin-ho Park.

A: Stanford Hotel에 오신 걸 환영합니다. 무얼 드릴까요?
B: 네, 체크인을 하려고 하는데요.
A: 예약하셨나요?
B: 예, 이름은 박진호입니다.

Tips check in 체크인하다 have a reservation 예약하다

》 실속 있는 호텔을 찾는다면

▶ **Quality Hotel On Broadway**

Upper West Side에 위치. 1박 약 143.96달러 예약전화번호 212-866-6400

▶ **New Yorker Ramada**

매디슨 스퀘어 가든과 펜 스테이션에서 매우 가까이에 위치. 1박 약 146.40달러. 예약전화번호 212-971-0101

▶ **Hotel Newton**

뉴욕 96번가에서 걸어서 1분, 센트럴파크에서 3블록 거리에 위치. 1박 약 147.62달러. 예약전화번호 212-678-6500

▶ Sohotel Pioneer Hotel

맨해튼 중심가에 위치. 1박 약 150.76달러 예약전화번호 212-226-1482

▶ Bentley Hotel

맨해튼 첨단의 유행지역인 Upper East Side에 위치. 1박 약 152.45달러 예약전화번호 212-644-6000

▶ Pennsylvania Hotel

뉴욕에서 가장 유명한 호텔이라 할 수 있으며 맨해튼 중심에 위치. 1박 약 152.45달러. 예약전화번호 212-736-5000

▶ Milford plaza

뉴욕의 중심부인 브로드웨이 극장가에 위치. 1박 약 155.54달러 예약전화번호 212-869-3600

▶ Marcel Hotel

엠파이어 스테이트 빌딩에서 걸어서 15분 거리에 위치. 1박 약 158.60달러 예약전화번호 212-696-3800

●●● 식 당

맨해튼에는 거리마다 식당이 넘쳐 식당을 선별하고 평가하는 일이 단순하지 않다. 아래의 식당 평가는 바이어와의 식사를 염두에 두고 선별한 것이다. 바이어와 식사를 할 경우, 바이어에게 좋은 식당 추천을 요청하면 바이어가 가격과 위치 등을 고려해 적정한 선에서 조언을 해준다. 예약이 필요한지 먼저 확인하는 것이 필요하다.

》 KOTRA가 추천하는 식당

▶ KOTRA 현지 식당 평가표

식당명	맛·위생	분위기	편의성	서비스	종합평가
21 Club	9	10	10	10	★★★★★
Gramercy Tavern	9	10	8	10	★★★★★
Kang Suh(강서면옥)	9	8	10	8	★★★★★
Da Gennaro	8	8	8	9	★★★★
Sweet-N-Tart	8	7	7	8	★★★★

▶ 21 Club

- **주소** 21 West 52th Street, New York, NY 10019 (5th Avenue와 Avenue of Americas 사이)
- **주요메뉴** 닭고기, 소고기, 돼지고기, 생선요리(서양식)
- **가격대** 앙트레, 메인, 디저트 포함 1인당 100달러 정도

- **연락처** 전화 212-582-7200, 미국내 무료전화 800-721-2582
- **웹사이트** www.21club.com
- **특이사항** 맨해튼에 소재한 최고급식당 중 하나로 사전 예약이 필요하다. 매우 고급식당이라고 알려져 있어 바이어들이 융숭한 대접을 받았다고 생각할 수 있다.

▶ Gramercy Tavern

- **주소** 42 East 20th Street, New York, NY 10003(Broadway와 Park Avenue 사이)
- **주요메뉴** 스테이크 종류와 생선요리(서양식)
- **가격대** 앙트레, 메인, 디저트 포함 1인당 100달러, 3코스 고정가격(68달러)도 있음
- **연락처** 전화 212-477-0777
- **웹사이트** www.gramercytavern.com
- **특이사항** 맨해튼 남쪽 지역에 위치하고 있지만 음식 맛이 아주 좋아 바이어들이 만족하는 식당이다. 사전 예약 필요.

▶ Kang Suh(강서면옥)

- **주소** 1250 Broadway, New York, NY 10098(32nd Street와 만나는 코너, 우리은행 바로 옆에 위치)
- **주요메뉴** 한식, 일본식 등(동양식)
- **가격대** 1인당 10~20달러, 갈비를 먹을 경우 40달러 정도
- **연락처** 전화 212-564-6845
- **특이사항** 한국식당으로 바이어들에게 부담 없이 한국음식을 소개할 수 있다. 일대에 한국식당들이 많다.

▶ Da Gennaro

- **주소** 129 Mulberry Street, New York, NY 10013(Grand Street와 Hester Street 사이에 위치)
- **주요메뉴** 이태리식, 스파게티, 육류, 해산물
- **가격대** 1인당 35달러 이상
- **연락처** 전화 212-431-3934
- **특이사항** 맨해튼의 이태리식당이 밀집한 'Little Italy' 지역에 위치해 있다. 이태리 바이어나 이태리 음식을 특히 좋아하는 바이어와 저녁식사를 즐길 수 있다.

▶ Sweet-N-Tart

- **주소** 20 Mott Street, New York, NY 10013(Park Row와 Pell Street 사이)
- **주요메뉴** 중국식, Dim Sum
- **가격대** 1인당 10~20달러
- **연락처** 전화 212-964-0380
- **특이사항** 차이나타운 인근에 위치한 중국식당으로 부담 없이 즐길수 있다. 중국식을 좋아하는 바이어들이 많아 의외로 호평을 받을 수 있다.

》 뉴욕에서 한·중·일식을 먹어보자

미국 음식을 먹는 것도 색다른 경험일 수 있지만 출장이 너무 빈번하면 한식, 중식, 일식을 먹는 것이 편할 수도 있다. 주요 한·중·일식당을 알아두자.

▶ 한국식당

식당명	주소 · 연락처
감 미 옥	32nd St. NY (5th-6th) 212-695-4113
한 성	35th St. NY 212-563-1285
우촌옛집	36th St. NY (5th-6th) 212-629-4466
삼원가든	50th St. NY (3rd-Lex) 212-826-9260
Empire Korea	32th St. NY(Mad.-5th) 212-725-1333
Korea Palace	54th St. (Park-Lex) 212-832-2350
대동면옥	46-07 Queens Blvd. NY 718-482-7100
예전면옥	1616 Palisade Ave. NJ 201-944-0505
다도횟집	1355 16th St. Fort, NJ 201-224-7477
명동칼국수	43W. 33St. NY (3rd-Lex) 212-629-5599
신궁전	329 Bergen Blvd. Palisade Park, NJ 201-346-0201
우 정	254 Broad Ave. Palisade Park, NJ 201-592-7006
88가든	2053 Lemoine Ave. Fort Lee, NJ 201-944-1848
대 원	700 Palisadium Dr. Cliffside Park, NJ 201-224-2211

▶ 일본식당

식당명	주소 · 연락처
Inagiku	111E. 50th St. (Park-Lex Ave.), 212-355-0440
Hyotan	119.E. 59th St. (Park-Lex Ave.), 212-751-7690
Awoky	305E. 46th St. (1st-2nd Ave.), 212-759-8897
Benihana	56th St. (Park-Lex Ave.), 212-593-1627
Shinbashi	141E. 48St. (Lex-3rd Ave.), 212-661-3915

▶ 중국식당

식당명	주소 · 연락처
J. Sung Dynasty	511 Lex. Ave. 48St., 212-355-1200
Shanghai Manor	141E. 55th St. (Lex.-3rd Ave), 212-753-3900
Tsyang	34E. 51st. St. (Park-Madison), 212-688-5447
Tung Pavilion	65W. 55th St. (5th-6th Ave.), 212-56-6888
Shun Lee Palace	155E. 55th St. (3rd-Lex. Ave.), 212-371-8844

일반적으로 중국음식은 싼 음식으로 평가받고 있고 바이어를 초대하기에 부적절한 분위기일 수도 있으니 고려하는 것이 좋다.

Survival English in New York 4

A: What can I get you for dinner?
B: I'll have a steak, thank you.
A: How would you like that?
B: Medium, please.

A: 무엇을 준비해드릴까요?
B: 스테이크로 주세요, 고맙습니다.
A: 어떻게 해드릴까요?
B: 미디엄으로 주세요.

Tips What can I get you? 무엇을 드시겠습니까?
I'll have~ ~을 먹겠다, 주문하겠다

●●● 비즈니스 관광

1일 또는 1박2일, 2박3일 일정 등으로 맨해튼 시내관광과 뉴욕주 북단의 나이아가라 폭포와 편도 4~5시간 소요되는 보스톤 및 워싱톤을 관광할 수 있다. 관광을 통해 미국의 일부를 봄으로써 미국인들의 생활모습이나 미국에 대한 지식을 가질 수 있으며 바이어와의 대화의 소재거리도 만들 수 있어 시간이 허락한다면 관광을 하는 것도 좋다.

》 KOTRA가 추천하는 일일관광

▶ **맨해튼 투어(1일)**

한인타운, 소호, 워싱턴광그리니치 빌리지, 차이나타운, 월스트리트, 엠파이어 빌딩, 유엔, 브루클린 브릿지, 록펠러센터, 콜럼비아대학 등 맨해튼 내의 주요 건물과 명소. 비용 80달러.

▶ **뉴욕야경과 디너 크루즈(1일)**

맨해튼 야경과 맨하탄 외곽을 도는 유람선을 타고 재즈음악을 들으며 저녁식사를 하는 관광. 대형 바이어를 초청해 같이 즐길 수 있음. 비용 120달러.

▶ **워싱톤 루레이 동굴(1박2일)**

미국의 수도인 워싱턴과 인근에 위치한 루레이동굴을 관광. 입장료를 제외한 모든 숙식이 제공된다. 비용 200달러.

▶ **나이아가라 폭포(1박2일)**

뉴욕주 북단, 캐나다와의 국경지역에 위치한 나이아가라 폭포 관광.

입장료를 제외한 모든 숙식이 제공된다. 워싱턴과 나이아가라 폭포 관광이 합해서 2박3일 코스도 있다. 비용 200달러.

▶ **보스톤 관광(2박3일)**

뉴욕주 북부지역을 관광하고 메사추세츠주의 보스톤과 인근 도시인 케임브리지에 위치한 하버드대학과 MIT대학 등을 관광. 비용 300달러.

》》가볼 만한 뉴욕관광지

▶ **Statue of Liberty**(자유의 여신상)

- **높이** 약 92m
- **위치** Liberty Island
- **개장시간** 09:00-16:00
- 1886년 프랑스가 미국독립 100주년 기념으로 기증, 맨해튼 Battery Park에서 선편이용

▶ **Empire State Building**(엠파이어 스테이트 빌딩)

- **높이** 381m(102층)
- **위치** 5th Ave & 34th St.
- **개장시간** 09:30-24:00
- 맨해튼의 상징적 건물

▶ **United Nations Headquarters**(유엔본부)

- **높이** 39층, 높이 167m
- **위치** 1st. Ave. & 42nd & 48th St
- **개장시간** 09:00-16:45

▶ **Rockefeller Center**(록펠러센터)

- **위치** 5th Ave. 50th St.

▶ **St. Patrick's Cathedral**(성 패트릭 성당)

- **위치** 5th Ave. & 50th St.
- **개장시간** 06:30-20:45
- 13세기 고딕양식의 성당

▶ **Cathedral of St. John the Divine**(성요한 성당)

- **위치** : Amsterdam Ave & 112th St.
- **개장시간** 07:00-17:00
- 세계 최대의 고딕양식 건축물

Survival English in New York

A: Where would you look around tomorrow?
B: Broadway. It is one of the most thing that I've always wanted to visit.
A: Sounds good. It'll be great.

A: 내일은 어디를 둘러보실 계획인가요?
B: 브로드웨이요. 내가 정말 가보고 싶었던 곳입니다.
A: 좋겠네요. 즐거운 관광이 되겠군요.

Tips look around 둘러보다

▶ **Bronx Zoo(브롱스 동물원)**
- **위치** Bronx Rover Parkway
- **개장시간** 10:00–17:30
- 미국 최대의 동물원

▶ **The Stock Exchanges(증권거래소)**
- **위치** 20 Broad St.
- **개장시간** 09:20–16:00

시내소재 호텔에는 외국인 여행사의 일일관광 안내서가 거의 빠짐없이 비치되어 있다. 한국인 여행사를 이용하려면 아래 회사의 웹사이트를 방문하거나 뉴욕에 도착한 후 전화 문의를 통해 안내를 받을 수 있다. 비용은 그다지 높지 않은 수준으로 책정되어 있다.

▶ **한국인이 운영하는 주요 일일관광 여행사**

회사명	전화	소재도시	특이사항
동부관광	718-939-1000 201-313-8070 866-945-4886 (미국내 무료전화)	뉴욕, 뉴저지	일일관광을 비롯해 미국 전역관광상품을 판매하고 있음. 자체 관광버스 보유, 항공권 발급(www.dongbutour.com.au)
코리아나여행사	718-460-9400 516-587-3399 (24시간 안내)	뉴욕	일일관광 및 국제관광, 항공권 발급 (www.koreanatour.com)
올림피아여행사	212-695-6699 718-224-9477 888-665-9674 (미국내 무료전화)	맨해튼	일일관광, 패키지관광, 항공권 발급. 한인타운에 위치해 편리함 (www.olympiatourusa.com)
에이월드여행사	212-594-7773 888-594-7773 (미국내 무료전화)	맨해튼	일일관광, 패키지 관광, 항공권 발급 (www.aworldtour.com)
엠파이어여행사	718-353-5484 800-359-5811 (미국내 무료전화)	플러싱	일일관광, 항공 예약, 비자수속 (www.empiretravel.us)

●●● 비즈니스 쇼핑

맨해튼은 어느 곳에서든지 쇼핑을 할 수 있어 귀국 선물 구입에 큰 어려움은 없는 편이다. 특히 한인상가가 밀집해 있는 32nd Street에는 한인들이 운영하는 백화점에 유명 디자이너 브랜드 제품을 다양하게 갖추고 있다.

〉〉 가전제품을 구입할 때

카메라, 핸드폰, DVD Player 등을 판매하는 점포들이 곳곳에 있다. 이들 점포들은 쇼 윈도우에 저렴한 가격을 붙여놓고 있으나 막상 손님이 들어가면 가격을 올려서 판매하고 또한 정품이 아닌 제품을 판매하기도 한다고 소문이 나 있다. 따라서 가전제품을 구입할 경우에는 백화점이나 Circuit City, CompUSA, Best Buy 등의 체인점이나 B&H 등의 가전제품 전문매장에서 구입해야 정품을 구입할 수 있다.

그리고 가전제품을 살 때는 Free Voltage 인지를 필히 확인해야 한다. 미국은 일반적으로 110V이기 때문에 110V만 사용하도록 제조된 제품들이 많다.

Survival English in New York 6

A: Are you looking for something?
B: I'm looking for a present which symbolizes New York.
A: Well, we just got some lovely umbrellas in. They carry a design of the Statue of Liberty.

A: 찾는 게 있으신가요?
B: 뉴욕을 상징하는 선물을 찾고 있습니다.
A: 아, 마침 자유의 여신상이 들어간 예쁜 우산들이 들어왔습니다.

Tips look for ~을 찾다 get~ in ~을 막 들여놓다, 입점시키다 Statue of Liberty 자유의 여신상

〉〉 백화점 쇼핑

맨해튼에는 백화점들이 많이 있다. 중가 제품을 주로 판매하는 Macy's, 고가품을 판매하는 Bloomingdale's, 의류전문 매장인 Saks Fifth Avenue, Barney's New York, Bergdorf Goodman 등이 있다.

▶ 백화점
- Bloomingdale's(Lex. Ave. 59th St.)
- Macy's(34th St. Broadway)
- Bergdorf Goodman(5th Ave. 58th St.)
- Lord & Taylor(5th Ave. 38th St.)

명품숍이 모여 있는 곳

 Channel, St. John, Gucci, Christian Dior, BOSS, Prada, Louis Vuitton 같은 유명 디자이너 브랜드들이 57th Street, 5th Avenue와 Madison Avenue 양편에 자체 매장을 오픈하고 있다.

〉〉 한국 비즈니스맨들과 관광객들이 자주 가는 곳

한국 비즈니스맨들과 관광객들이 주로 이용하는 Woodbury Commons Outlets은 유명 브랜드들을 공장도가격으로 소비자에게 직접 판매하는 곳이다. 맨해튼에서 북서쪽으로 자동차로 1시간 정도 떨어진 곳에 위치한다. 이곳은 내국인뿐 아니라 외국 관광객들이 쇼핑을 위해 많이 방문하고 있어 맨해튼에서 이곳까지 버스가 직행으로 운영되고 있다. 이곳의 제품은 다소 흠이 있는 경우가 있으므로 브랜드 제품이라고 무조건 믿지 말고 잘 살펴서 구입하는 것이 좋다.

 홈페이지
http://www.premiumoutlets.com 참조

〉〉 전문점 & 선물

▶ 골프숍
- 뉴욕골프센타 212-565-2255, 131W. 35St. NY
- 골프타운 212-563-0506, 25W. 32St. 2Fl. NY
- 투어푸라임 201-944-4909, 553 Main St. Fort Lee, NJ

▶ 명품 및 선물 쇼핑

- 맨해튼 5th Ave. 42nd – 59th St. 일대
- 코스모스백화점 201-592-9211, 166 Main St.(NJ)
- 썬전자 212-564-3397, 22W. 32St. NY
- 씨씨백화점 212-947-3077, 29W.32St.(5th-B'way)
- Woodbury Factory Outlet Palisads Pkwy(GWB서 1시간)

〉〉 쇼핑몰 & 쇼핑거리

▶ 맨해튼 몰(Manhattan Mall)

하루 종일 구경해도 모자랄 만큼 많은 상점과 식당들이 들어서 있는 몰이다. 유명상점을 포함한 다양한 제품을 판매하는 상점들이 밀집해 있다. 남성·여성 의류, 어린이용품 상점, 신발, 보석, 액세서리, 운동기구, 건강 및 미용용품, 가방, 가구, 전자제품, 서적, 선물가게 등을 포함한 다양한 상점과 음식점이 자리하고 있다.

- **위치** Sixth Ave & 33rd St.
- **전화** 212-465-0500

▶ 오차드 스트리트 쇼핑 지구

맨해튼의 로워 이스트 사이드에 위치한 전통적인 쇼핑지구로 오차드(Orchard St.), 그랜드(Grand St.), 딜란시 스트리트(Delancey St.)와 그 주변을 포함한 지역을 일컫는다. 유럽 디자이너들의 패션, 핸드백, 신발 등을 판매하는 상점들이 많이 들어서 있다.

▶ 그린 플리 마켓(Green Flea Market)

골동품, 수집품, 시대의상, 보석, 희귀 서적, 핸드메이드 도자기, 보석, 러그, 가구, 선물용품 등을 판매하는 벼룩시장. 할인된 가격의 브랜드 의류, 화장품 등도 있다.

- **위치** E. 67th St.(First-York Ave)
- **전화** 212-721-0900

Los Angeles
_LA

>>

미국을 움직이는 힘 가운데 하나인 헐리우드로 상징되는 LA 또한 뉴욕 못지않게 전 세계인들의 주목을 받고 있는 도시다. 히스패닉계가 인구 40%를 차지하는 등 여러 인종이 모여 있는 도시이기도 하다. 농업도시로 발전하다가 18세기 말 대규모 유전이 발견되면서 큰 도시로 성장했고, 1950년대 이후 헐리우드로 문화도시로 군림했다.

LA는 한국이민자들이 가장 선호하는 도시이기도 하다. 현재 한국인들이 가장 많이 거주하는 도시로 큰 규모의 코리아타운이 형성되어 있다.

LA지역의 인종구성은 이렇게

히스패닉 40%, 백인 37%, 흑인 13%, 아시안계 10%로, 백인의 인구 구성비가 미국전체의 72%에 비해 매우 낮아 빈부의 격차가 심한 편이다.

LA에 대한 모든 것

LA에 대해 잠깐!

미국 제2의 도시로 성장한 LA는 인구가 약 360만 명으로 히스패닉이 40%를 차지하고 있다. 미국을 움직이는 힘 가운데 하나로 헐리우드가 있는 곳이다.

어떻게 갈까?

>> 인천에서 LA까지

인천~LA 간에는 대한항공, 아시아나항공, 싱가폴항공, UA, Northwest 등이 운항하고 있으며, 비행시간은 약 11시간 30분이 소요된다. 대한항공은 하루 3회 운항하고 있으며, 아시아나 항공은 일일 1회 운항한다.

>> 공항에서 LA 시내까지

LA 출장자들은 공항에서 시내로 이동시 초행일 경우에는 렌터카보다 택시나 셔틀버스를 이용하는 것이 좋다.

택시를 탈 때 공항에서 시내까지 30달러, 헐리우드까지 25달러, 산타모니카까지 20달러 정도이다. 팁은 별도로 주어야 한다.

셔틀버스를 탈 때

● **슈퍼 셔틀(Super Shuttle)**: 파란 차체에 황색 글자가 들어가 있으며 LAX와 호텔을 잇고 있다. 배기지 클레임에서 도로로 나와 'Van Stop'이라고 쓰여진 파란 팻말 아래에서 기다리면 된다. 밴은 행선지별로 구분되어 있기 때문에 반드시 행선지를 확인하고 타야 한다.

● **MTA 버스**: 배기지 클레임에서 나와 'LAX Shuttle'이라는 팻말 아래에서 하얀색 바탕에 청색과 녹색 선이 들어간 버스를 기다린다. 'Lot Cat 96th Street'라는 표시가 있는 버스(무료)를 타고 Lot C로 간다. 바로 근처에 MAT 버스(시내버스)공항 터미널이 있다.

Survival English in LA 1

A: Does this shuttle go to Santa Monica?
B: Yes, go ahead.
A: What's the fare to downtown?

A: 이 셔틀버스가 산타모니카까지 가나요?
B: 네, 타세요.
A: 시내까지 요금이 얼마죠?

Tips go to~ ~까지 가다 fare 요금

LA 시내
승차장 No.13에서 #42, 또는 승차장 Mo.11에서 #439를 이용한다.

헐리우드
승차장 No.11에서 #439 시내행을 탄다.

산타모니카
승차장 No.3에서 Santa Monica Blue Line Bus 3을 이용한다.

LA 국제공항
(Los Angeles International Airport)

1984년 올림픽 개최를 계기로 다시 태어난 서해안 최대의 공항으로 79개 항공사가 정기 여객편을 운항하고 있다. Terminal 1~8까지, 그리고 Tom Bradley International Terminal로 나뉘어져 항공사에 따라 사용하는 터미널이 다르다. 외국 항공사는 Tom Bradley Terminal을 사용하고 그 외에 노스웨스트(Terminal 2), 델타(Terminal 5), 유나이티드(Terminal 7)의 국제선은 각각의 항공 터미널에 도착한다.

모든 터미널이 2층으로 되어 있는데 위층이 '출국'이며 아래층이 '입국'이다. 터미널 간의 이동은 셔틀 버스 A를 이용한다. 하얀색 바탕에 청색과 녹색 선이 들어가 있는 버스이다. 'LAX Shuttle'이라고 쓰여진 팻말 아래에서 기다린다.

주소 1 World Way, Los Angeles, CA 90045 **전화** 310-646-5252

공항에서 LA 호텔과 관광지 정보를 얻으려면?
외국 항공사에 있는 Tom Bardley Terminal의 입구 층에 있는 안내소로 가면 된다.

시차

LA는 Pacific Time Zone으로 한국보다 17시간이 늦다. 서머타임 실시 기간에는 16시간 차이가 난다.

▶ 서울 오전9시 → LA 그 전날 오후4시

기후

대체적으로 온난하다. 기후변화가 거의 없으며 한국과 같은 사계절은 없다. 11~3월을 제외하고는 거의 비가 내리지 않으며, 습도가 매우 낮아 무더운 여름에도 그늘에만 있으면 시원하다. 연평균 기온은 18도이며, 겨울의 최저기온은 7~8도, 여름의 최고기온은 28~29도 내외이다.

통신

》 휴대폰

LA 지역에는 선불전화기, 즉 Pre Paid Phone 시스템이 있다. 선불전화기는 세븐일레븐, 월마트 등에서 구입할 수 있으며, 선불카드를 동시에 구입해야만 사용이 가능하다.(연결 후 그 전화기에 전화번호가 부여됨).

》 국제전화

직통전화를 걸 때 011(국제전화 식별번호)+82(한국의 국가코드)+(한국의 시외국번에서 앞의 0을 뺀 숫자)+(상대방의 전화번호)

수신자 부담으로 걸 때 800-822-8256, 288-7358, 326-0082로 다이얼을 돌리면 한국의 교환원이 전화를 연결시켜준다. 신용카드로 요금결재를 원할 때는 카드번호를 알려주면 된다.

》 공중전화

공중전화를 이용할 경우, 수화기를 들고 최저통화요금 35센트를 투입하고 1(미국 국가코드)+지역코드+전화번호를 누르면 처음 3분에 대해서 몇 센트를 투입하라는 메시지가 나오며 그

휴대폰은 한국에서 미리 임대하는 것이 좋다
미국에서의 핸드폰 임대는 가격이 매우 비싸고 절차가 까다로워 출국 전에 인천공항에서 미국 내에서 사용할 수 있는 핸드폰을 임대하는 것이 여러모로 용이하다.

LA에서는 전화카드 사용이 유리
AT&T, MCI, SPRINT 등에서 발매하는 전화카드를 이용하는 것이 호텔전화나 신용카드를 이용한 전화보다 요금이 저렴하다.

금액을 투입하면 통화할 수 있다.

〉〉 인터넷

노트북은 110V/220V 겸용으로 미국에서 사용할 수 있는 11자형 코드만 소지하면 사용할 수 있다. 인터넷은 유료로 사용해야 하며, 호텔 투숙시에는 프론트 데스크에 유료 인터넷 사용을 신청해야 한다. 호텔에서는 유선 혹은 무선 인터넷 모두를 제공하고 있고, 유선 인터넷 사용료가 20% 정도 저렴하다.

알아두면 편리한 LA

교통

〉〉 지하철

LA의 지하철 역사는 짧다. 시내 교통수단으로서 철도가 전혀 없었던 지하철인 메트로 블루라인(Metro Blue Line)이 개통된 것은 1990년 여름이다. 다운타운의 7th St.와 Flower St.의 모퉁이(지하)에서 롱비치까지 22개의 역을 약 1시간 만에 달리고 있다. 실내가 매우 깨끗해서 마음까지 쾌적해진다.

〉〉 버스

메트로 버스(시내버스) 자동차로 움직이는 것이 당연한 LA에서는 자가용을 많이 사용할 것 같지만 연간 버스 이용객 수가 미국 최고이다. 직접 타보면 이용자가 많다는 것을 느낄 수 있을 것이다. '차 안이 안전하지 않다', '정류장을 찾기 어렵다' 등의 불평이 많은 메트로 버스

번호대별 버스 노선을 알아두자
1~99
시내를 기점으로 하는 보통 노선
100~299
시내를 통과하지 않는 노선
300~399
쾌속 노선
400~599
하이웨이를 다리는 급행노선
600~699
임시편

이지만 시민의 발로 그 역할을 톡톡히 하고 있으며 교통체증으로 고민하는 LA에서는 통근 수단으로도 점차 확대되고 있다. 흰색 차체에 오렌지색 선이 들어가 있고 창쪽은 검정색으로 되어 있다. 200개 정도의 많은 노선이 있지만 노선 번호대에 따라 그 버스가 지나가는 방향을 어느 정도 알 수 있다.

DASH(다운타운 셔틀버스) DASH는 다운타운을 도는 데 편리한 수단이다. 흰색 차체에 청색과 자주색 선이 들어가 있다. 차안은 매우 깨끗하고 쾌적하다. 버스 정류장에도 청색과 자주색 마크가 들어가 있기 때문에 찾기 쉽다. 다운타운에는 평일에 6개의 노선, 주말에 3개 노선이 운행되고 있다.

불법 택시는 조심
LA에는 한인들이 운영하는 불법 택시들이 있으며, 이 경우 요금이 저렴하나 사고시 보험 커버가 되지 않는 등 위험성이 있으므로 주의를 요망한다.

〉〉 택시

LA 택시의 기본 요금은 2달러이며, 0.2마일에 20센트씩 추가된다. 교통체증으로 차량이 정지 또는 저속 운행시에는 32초마다 20센트씩 추가된다. Tip은 10달러 이하일 경우 거스름돈으로 주며, 10달러 초과시 1달러를 추가적으로 주는 것이 일반 관행이다. LA에서는 택시를 사전에 예약을 해야 하며 투숙하는 호텔에 문의하면 된다. 고급승용차를 운전하는 콜택시도 있으며, 요금은 택시보다 다소 비싼 편이다.

Survival English in LA 2

A: Where can I get to Metro Blue Line?
B: Go two blocks, and you'll be able to see a subway station.
A: Thank you.

A: Metro Blue Line을 어디에서 탈 수 있죠?
B: 두 블록을 가면 역이 보일 거예요.
A: 고맙습니다.

Tips Metro Blue Line LA 지하철 명칭 go two blocks 두 블록을 가다

LA 택시회사
Los Angeles Yellow Cab 877-733-3305
골드관광택시 213-381-3953

〉〉 렌터카

도심 외곽지역에서 바이어와의 약속이 있다면, 택시이용보다 렌터카 이용이 유리할 수 있다. 택시 요금이 하루 렌트비보다 더 비싼 경우가 있기 때문이다. 차량은 공항에서 렌트하거나 투숙호텔 주변의 렌터카 회사를 이용할 수 있는데, 국제운전면허증 제시를 요구하는 렌터카 회사가 많기 때문에 출국 전 준비가 필요하다. 렌터카 회사는 시내 지도책을 무료로 배포하고 있다. LA에는 같은 도로명이 여러 개가 존재하여 자칫하면 엉뚱한 주소로 찾

아갈 수 있다. 택시를 이용하거나 렌터카를 이용할 경우에도 도로명 뒤에 표기된 구역번호(Zip Code)를 함께 알아두어야 실수가 없다.

KOTRA LA 무역관

〉〉 무역관 안내

주소 4801 Wilshire Blvb., Los Angeles, CA 90010
전화 323-954-9500
팩스 323-954-1707
이메일 laktc@hanmail.net
위치 LA 국제공항에서 북동쪽으로 약 10.1 마일(약 16.2km) 정도 떨어져 있으며, LA 다운타운 서쪽으로 5마일(약 8km) 떨어진 WILSHIRE와 JUNE이 교차하는 지점

〉〉 찾아가는 방법

택시를 탈 경우 짐을 찾고 밖으로 나오면 택시 정류장을 쉽게 찾을 수 있으며, 기사에게 무역관 주소를 보여주면 무역관 앞까지 가준다. 소요시간은 30분 정도며 요금은 30~40달러(Tip 별도). 한인택시를 이용하면 편리하다.

> **한인택시회사**
> BELL CAB 택시1-213-385-1022, 1-888-906-0303

렌터카를 이용할 경우 405번 프리웨이(북)로 진입해서 약 10분간 북진해서 10번 프리웨이(동)로 프리웨이를 변경해 약 20분 서쪽으로 이동한다. Crenshaw로 나가는 출구로 프리웨이에서 벗어나 Crenshaw 북쪽으로 진행하다가 Crenshaw가 끝나는 지점에서 Wilshire Blvd를 만나게 되며 그 지점에서 좌회전하여 약 3~5분 서쪽으로 진행하면 우측에 있는 Korea Trade Center 건물을 만나게 된다.

옷차림

낮과 밤의 일교차가 크며 야간에는 한국의 가을 날씨와 유사하다. 5월에서 9월까지는 춘하복 정장을, 9월에서 4월까지는 춘

바가지 요금 주의
초행자가 택시를 탈 경우 종종 바가지 요금을 요구하는 사례가 있다는 점을 염두에 둘 필요가 있다.

추복 정장을 준비하면 된다. 바바리나 두꺼운 외투 등은 일반적으로 입지 않는다. 미국의 경우, 전문 비즈니스맨들은 긴 와이셔츠를 입는 것이 관례이나 업종에 따라 티셔츠, 바지 등 캐주얼 차림의 의류를 입는 경우도 있다.

치안

LA남부의 Compton지역(흑인폭동 발생지), 다운타운, 사우스 센트럴(South Central) 지역 등 흑인 및 히스패닉계 밀집지역은 범죄율이 높아 야간 통행시 각별한 주의가 요망되며, 주변 지역을 통행하지 않는 것이 범죄 예방의 최선의 방법이다.
한인이 밀집하여 형성된 한인타운도 최근 야간에 잇단 총격전이 발생하는 등 치안 불안 지역 중 하나이며, 극소수지역을 제외한 LA 전 지역에 흑인 및 히스패닉계 저소득층이 생업에 종사하고 있으므로 단독외출은 삼간다. 이동시에는 반드시 차량을 이용해야 한다.

LA 주요 연락처

>> LA 총영사관
- 주소 3243 Wilshire Blvd., Los Angeles, CA 90010
- 전화 213-385-9300
- 팩스 213-385-1849

>> 기타 주재기관
- 한국관광공사 323-634-0280 (www.knto.or.kr)
- 수출보험공사 213-622-4314 (www.keic.or.kr)
- 한국통신(주) 213-738-7500 (www.ktamerica.com)
- 농업무역관 714-901-7717 (www.afmc.co.kr)
- 상사지사협의회 323-939-9500 (www.kita.com)

>> 항공사
- 대한항공 800-438-5000 (대표전화)
- 아시아나항공 213-365-4500 (대표전화)
- DELTA AIR 800-221-1212
- UNITED AIR 800-241-6522
- AMERICAN AIR 800-433-7300
- U.S. AIR 800-428-4322
- NORTHWEST AIR 800-692-1165

〉〉 긴급전화

- 화재, 범죄, 응급환자 신고 911
- 전화번호 안내 411
- 한국 전화번호서비스 213-365-1111 (7am-11pm)
- 일기예보 213-554-1212
- 시간문의 213-853-1212
- 항공기 도착 및 출발 시간안내 310-416-9068

KOTRA와 함께 하는 'LA 경제는 지금'

LA 지역은 영화, 엔터테인먼트 비즈니스, 롱비치 지역은 군수 항공산업, 샌디에고 및 사우스 샌프란시스코 지역을 중심으로 한 생명공학 산업이 부상하고 있다.
캘리포니아주는 미국 전체 GDP의 12.7%를 차지하는데 이는 미국 50개주 가운데 최대의 경제규모로 우리나라 경제규모의 2.3배에 달한다. 시장은 크게 두 가지로 분류되는데 하나는 베이비 붐 세대 이후의 백인을 대상으로 한 고가품 시장이며 하나는 10~30대의 히스패닉을 대상으로 한 중저가 제품 시장이다.

알아두면 즐거운 LA

●●● 호텔

›› KOTRA가 추천하는 호텔

▶ KOTRA 현지 호텔 평가표

호텔명	접근성	쾌적성	안전성	부대시설	종합평가
Wilshire Radisson	9	10	10	9	★★★★★
Wilshire Grand Hotel	9	10	10	9	★★★★★
Rotex Hotel	9	8	8	7	★★★
Oxford Palace Hotel	9	9	9	9	★★★★
JJ Grand Hotel	9	8	9	7	★★★

▶ **Wilshire Radisson**

· **위치** 한인타운 내. LA국제공항에서 차로 40분

· **주소** 3515 Wilshire Blvd, Los Angeles, CA 90010

· **객실요금** (Standard Room기준/싱글, 트윈 요금 동일) 150달러(성수기), 120달러(비수기). 시즌별, 객실 종류별 숙박요금은 http://www.radisson.com 에서 검색이 가능하다.

· **인터넷 사용** 모든 객실에서 유료 고속인터넷 이용 가능. 각종 회의실에서는 무선 LAN과 2Mega급 고속인터넷 사용도 가능하다(유료).

- **각종 부대시설** 특급호텔로 Gym, Spa 등 모든 시설을 구비. 회의실로 사용 가능한 룸은 총 2개이며, Ballroom 2개를 연결해서 바로 이용할 수 있다. 칵테일파티의 경우 350명을 동시 수용할 수 있다.
- **연락처** · 전화 213-381-7411 · 팩스 213-368-0323
- **이메일** scha@radwilshire.com
- **웹사이트** www.radisson.com
- **특이사항** 아시아나항공에서 운영하는 호텔로 아시아나항공 마일리지 카드로 할인 혜택을 받을 수 있다.

▶ Wilshire Grand Hotel
- **위치** LA 다운타운. LA국제공항에서 차로 40분
- **주소** 930 Wilshire Blvd, Los Angeles, CA 90017
- **객실요금** (Standard Room기준/싱글, 트윈 요금 동일). 160달러(성수기), 130달러(비수기). 시즌별, 객실 종류별 숙박요금은 www.wilshiregrand.com에서 검색 가능
- **인터넷 사용** 모든 객실과 각종 회의실에서 고속인터넷 사용 가능
- **각종 부대시설** 특급관광지에 소재한 특급호텔로 Gym, Spa 등 모든 시설을 구비, 회의실로 사용 가능한 룸은 10여 개로 각종 회의나 세미나가 개최된다.
- **연락처** · 전화 213-688-7777 · 팩스 213-612-3915
- **이메일** wgsales@wilshiregrand.com
- **웹사이트** www.wilshiregrand.com
- **특이사항** 대한항공에서 운영하는 호텔로 호텔내 한국식당이 있으며, 대한항공 마일리지 카드로 할인 혜택을 받을 수 있다.

▶ Rotex Hotel

- **위치** LA 한인타운 외곽 지역. LA국제공항에서 자동차로 35분 거리
- **주소** 3411 W. Olympic Blvd., Los Angeles, CA 90019
- **객실요금** (Standard Room기준/싱글, 트윈 요금 동일). 100달러(성수기), 80달러(비수기)
- **인터넷 사용** 모든 객실에서 고속인터넷 이용 가능
- **각종 부대시설** 한국 식당과 소규모 연회장이 있으나 그 외 특별한 부대시설은 갖추고 있지 않다.
- **연락처** · 전화 323-734-7373 · 팩스 323-734-1884
- **이메일** rotex@pacbell.net
- **웹사이트** www.rotexhotelcondo.com
- **특이사항** 한인이 운영하는 호텔로 한국식당이 있다.

▶ Oxford Palace Hotel

- **위치** 한인타운 내 소재. LA국제공항에서 차로 35분 거리
- **주소** 745 S. Oxford, Los Angeles CA, 90005
- **객실요금** (Standard Room기준/싱글, 트윈 요금 동일) 120달러(성수기), 100달러(비수기). 시즌별, 객실 종류별 숙박요금은 www.oxfordhotel.com에서 검색가능
- **인터넷 사용** 모든 객실과 각종 회의실에서 고속인터넷 이용 가능
- **각종 부대시설** 한국식당, 연회장등 보유
- **연락처** · 전화 213-389-8000 · 팩스 213-389-8500
- **웹사이트** www.oxfordhotel.com
- **특이사항** 한인이 운영하는 호텔로 한인타운 중심에 있다.

▶ J J Grand Hotel

- **위치** 한인타운 내 소재. LA국제공항에서 차로 35분 거리
- **주소** 620 S. Havard Blvd., Los Angeles, CA 90010
- **객실요금** (Standard Room기준/싱글, 트윈 요금 동일). 100달러(성수기), 75달러(비수기). 호텔별 객실요금, 객실 크기별 요금은 www.jjgrandhotel.com에서 검색가능
- **인터넷 사용** 모든 객실에서 인터넷 이용 가능
- **각종 부대시설** 한국식당과 연회장 구비
- **연락처** · 전화 213-383-3000 · 팩스 213-381-0001
- **웹사이트** www.jjgrandhotel.com
- **특이사항** 저렴한 호텔로 여행경비를 절약할 수 있으며, 호텔방도 수준급이다.

- **각종 부대시설** 특급호텔로 Gym, Spa 등 모든 시설을 구비. 회의실로 사용 가능한 룸은 총 2개이며, Ballroom 2개를 연결해서 바로 이용할 수 있다. 칵테일파티의 경우 350명을 동시 수용할 수 있다.
- **연락처** · 전화 213-381-7411 · 팩스 213-368-0323
- **이메일** scha@radwilshire.com
- **웹사이트** www.radisson.com
- **특이사항** 아시아나항공에서 운영하는 호텔로 아시아나항공 마일리지 카드로 할인 혜택을 받을 수 있다.

▶ Wilshire Grand Hotel

- **위치** LA 다운타운, LA국제공항에서 차로 40분
- **주소** 930 Wilshire Blvd, Los Angeles, CA 90017
- **객실요금** (Standard Room기준/싱글, 트윈 요금 동일). 160달러(성수기), 130달러(비수기). 시즌별, 객실 종류별 숙박요금은 www.wilshiregrand.com 에서 검색 가능
- **인터넷 사용** 모든 객실과 각종 회의실에서 고속인터넷 사용 가능
- **각종 부대시설** 특급관광지에 소재한 특급호텔로 Gym, Spa 등 모든 시설을 구비. 회의실로 사용 가능한 룸은 10여 개로 각종 회의나 세미나가 개최된다.
- **연락처** · 전화 213-688-7777 · 팩스 213-612-3915
- **이메일** wgsales@wilshiregrand.com
- **웹사이트** www.wilshiregrand.com
- **특이사항** 대한항공에서 운영하는 호텔로 호텔내 한국식당이 있으며, 대한항공 마일리지 카드로 할인 혜택을 받을 수 있다.

▶ Rotex Hotel

- **위치** LA 한인타운 외곽 지역. LA국제공항에서 자동차로 35분 거리
- **주소** 3411 W. Olympic Blvd., Los Angeles, CA 90019
- **객실요금** (Standard Room기준/싱글, 트윈 요금 동일). 100달러(성수기), 80달러(비수기)
- **인터넷 사용** 모든 객실에서 고속인터넷 이용 가능
- **각종 부대시설** 한국 식당과 소규모 연회장이 있으나 그 외 특별한 부대시설은 갖추고 있지 않다.
- **연락처** · 전화 323-734-7373 · 팩스 323-734-1884
- **이메일** rotex@pacbell.net
- **웹사이트** www.rotexhotelcondo.com
- **특이사항** 한인이 운영하는 호텔로 한국식당이 있다.

▶ Oxford Palace Hotel

- **위치** 한인타운 내 소재. LA국제공항에서 차로 35분 거리
- **주소** 745 S. Oxford, Los Angeles CA, 90005
- **객실요금** (Standard Room기준/싱글, 트윈 요금 동일) 120달러(성수기), 100달러(비수기). 시즌별, 객실 종류별 숙박요금은 www.oxfordhotel.com에서 검색가능
- **인터넷 사용** 모든 객실과 각종 회의실에서 고속인터넷 이용 가능
- **각종 부대시설** 한국식당, 연회장등 보유
- **연락처** · 전화 213-389-8000 · 팩스 213-389-8500
- **웹사이트** www.oxfordhotel.com
- **특이사항** 한인이 운영하는 호텔로 한인타운 중심에 있다.

▶ J J Grand Hotel

- **위치** 한인타운 내 소재. LA국제공항에서 차로 35분 거리
- **주소** 620 S. Havard Blvd., Los Angeles, CA 90010
- **객실요금** (Standard Room기준/싱글, 트윈 요금 동일). 100달러(성수기), 75달러(비수기). 호텔별 객실요금, 객실 크기별 요금은 www.jjgrandhotel.com에서 검색가능
- **인터넷 사용** 모든 객실에서 인터넷 이용 가능
- **각종 부대시설** 한국식당과 연회장 구비
- **연락처** · 전화 213-383-3000 · 팩스 213-381-0001
- **웹사이트** www.jjgrandhotel.com
- **특이사항** 저렴한 호텔로 여행경비를 절약할 수 있으며, 호텔방도 수준급이다.

〉〉 실속 있는 호텔을 찾는다면

▶ **Best Western Montebello Plaza Hotel**

5번 고속도로의 출구인 Slauson 대로에 위치하고 있으며, 디즈니랜드와 유니버설 스튜디오와도 가깝다. 1박 약 52.37달러. 예약전화번호 323-724-1400

▶ **Howard Johnson Los Angeles Airport**

LA국제공항에서 5분 거리에 위치. 1박 약 65.88달러. 예약전화번호 310-645-7700

▶ **Hacienda Hotel**

LA국제공항과 서쪽 해안에서 1마일 떨어진 곳에 위치. 1박 약 68.10달러. 예약전화번호 310-615-0015

▶ **Radisson Los Angeles Airport**

LA국제공항에서 가장 가까운 호텔로 #1 터미널 동쪽으로 한 블록 떨어진 곳에 위치. 1박 약 68.32달러. 예약전화번호 310-670-9000

▶ **Marriott Los angeles International Airport**

LA국제공항에서 1마일도 떨어지지 않은 곳에 있으며, 해변에서도 약 4마일가량 떨어져 있다. 1박 약 70.76달러. 예약전화번호 310-641-5700

▶ **Holiday Inn Lax Airport**

LA국제공항에서 1마일 거리에 위치. 1박 약 71.98달러. 예약전화번호 310-649-5151

▶ **Crowne Plaza Hotel Los Angeles Int'l Airport**

LA국제공항에 위치. 1박 약 79.30달러. 예약전화번호 310-642-7500

▶ **Sheraton Gateway Lax Airport**

LA국제공항 바로 북쪽에 위치. 1박 약 79.30달러. 예약전화번호 310-642-1111

호텔

Survival English in LA 3

A: Where will you stay in LA?
B: I'll be staying at the Wilshire Radisson.
A: Is that in Korea Town?

A: LA 어디에서 머무를 예정이죠?
B: Wilshire Radisson이에요.
A: 코리아타운에 있는 호텔인가요?

Tips be staying ~에 머무르다 Korea Town 코리아타운(한인타운)

●●● 식 당

》KOTRA가 추천하는 식당

▶ KOTRA 현지 식당 평가표

식당명	맛·위생	분위기	편의성	서비스	종합평가
조선갈비	10	10	9	8	★★★★★
Lawry's	9	9	8	9	★★★★
Yamashiro	9	10	8	8	★★★★
Spago	10	10	7	10	★★★★
Cheesecake Factory	9	8	9	9	★★★★

식당 분류(용도에 따른 분류)
- R1 가벼운 런치나 간단한 식사 혹은 차를 즐길 수 있는 식당
- R2 비즈니스 미팅·상담에 적합한 조용한 식당
- R3 주류를 중심으로 접대에 적합한 식당
- R4 편안한 분위기에서 한식을 즐길 수 있는 식당
- R5 제대로 된 현지 음식을 맛볼수 있는 식당

▶ 조선갈비 (R4)

- **위치** 한인타운 내 소재
- **주요메뉴** 한국음식
- **가격대** 30~40달러
- **연락처** · 전화 323-734-3330 · 주소 3300 Olympic Blvd., Los Angeles, CA 90019
- **웹사이트** www.chosungalbee.com

▶ Lawry's (R5, R3)

- **위치** 부촌인 비버리힐스에 소재
- **주요메뉴** 스테이크 전문집(서양식)
- **가격대** 40~50달러
- **연락처** · 전화 310-652-2827 · 주소 100 N. La Cienega, Beverly Hills,

CA 90211

▶ Yamashiro (R3, R2)

- **위치** 헐리우드 소재
- **주요메뉴** 일식(초밥 위주), 양식(스테이크 위주)
- **가격대** 35~50달러
- **연락처** · 전화 323-466-5125 · 주소 1999 N. Sycamore, Hollywood, CA 90060
- **웹사이트** www.yamashiro.com
- **특이사항** 헐리우드 전망을 볼 수 있으며, 일본식 건축양식으로 LA 주요 관광명소 중 하나

▶ Spago (R5, R2)

- **위치** 부촌인 베버리힐스에 소재
- **주요메뉴** 해산물, 스테이크, 파스타(이탈리아식)
- **가격대** 50~70달러
- **연락처** · 전화 310-385-0880 · 주소 176 C. Canon Dr., Beverly Hills, CA 90211
- **특이사항** 세계적으로 유명한 식당으로 헐리우드 스타들이 자주 방문하는 최고급 식당

▶ Cheesecake Factory (R1)

- **위치** 전국적인 체인점으로 한인타운에서 가장 가까운 곳은 Grove몰 내에 있다.
- **주요메뉴** 파스타, 스테이크, 피자, 샌드위치(아메리칸식)
- **가격대** 15~30달러
- **연락처** · 전화 323-634-0511 · 주소 189 The Grove, Los Angeles, CA 90036
- **특이사항** 미국의 대표적인 대중적 식당으로 간단한 식사와 미팅에 적절하다.

식당

Survival English in LA 4

A: Can I get a toasted bagel?
B: Yes, do you want anything to drink?
A: I'll have a coffee with cream.

A: 구운 베이글로 주세요.
B: 네, 음료는 뭘로 하시겠어요?
A: 크림 넣은 커피로 주세요.

Tips bagel 베이글 I'll have~ ~로 먹겠다, 마시겠다

》 LA에서 한·중·일식을 먹어보자

▶ 한국식당

식당명	연락처
서울정(Wilshire Grand 호텔내)	213-688-7880
남강	213-380-6606
우래옥	310-652-4187(Beverly Hills)
비원	213-380-9292
한국회관	213-388-3042
강남회관	323-937-1070
서라벌	213-388-1975

▶ 일본식당

식당명	연락처
SAKAE(Radisson Wilshire 호텔내)	213-368-3088
New Otani호텔 일식당	213-629-1200
미조리	213-382-2103

▶ 중국식당

식당명	연락처
만리장성	213-384-1119
신북경	213-381-3003
용궁	213-387-8833
진흥각	213-386-8976

●●● 비즈니스 관광

》 KOTRA가 추천하는 관광

▶ 헐리우드테마관광

헐리우드, 베버리힐즈 등. 어른 49달러 어린이 39달러

▶ LA 핵심 시내관광

헐리우드, 산타모니카 등. 어른 69달러 어린이 59달러

▶ LA 유명 해안광광

산타모니카, 베니스비치 등. 어른 79달러 어린이 69달러

▶ LA남부/오렌지카운티 유명해안 관광

레돈도, 헌팅턴비치 등. 어른 89달러 어린이 79달러

▶ 시내 / 유명해안관광

헐리우드, 다운타운, 산타모니카, 베니스비치 등. 어른 89달러 어린이 79달러

》 가볼 만한 LA 관광지

▶ 유니버설 스튜디오(Universal Studios)

다운타운에서 30분 이내의 로스앤젤레스 북부에 위치하고 있는 세계적인 관광명소로 유니버설과 파라마운트 등의 메이저 영화사들의 촬영장면과 영화팬뿐만 아니라 일반인들에게는 잊을 수 없는 영화장면의 세트나 소도구 및 영화제작과정 등을 상세히 볼 수 있다. 주기적으로 무대 및 공연내용이 교체된다. 인근의 주요 관광명소 중 백미라 할 수 있는 곳이다.

▶ 디즈니랜드(Disneyland)

LA에서 남쪽으로 40km 지점에 위치한 세계적인 관광명소로 1955년에 개장한 이후 약 2억6천만 명의 관람객이 방문하였으며, 어린이 중심의 볼거리를 제공하는데 성인들에게도 훌륭한 관광명소 중 하나이다. 약32km²의 부지에 2억달러라는 막대한 자본을 투입하여 꿈의 나라를 실현시킨 디즈니랜드 공원은 크게 6개 섹션으로 나누어져 있다.

▶ 씨 월드(Sea World)

LA에서 자동차로 남쪽방향으로 2시간 거리에 있는 샌디에고의 관광명소로 캘리포니아 최대의 해양 박물관이다.

▶ 헐리우드 왁스 박물관

영국 런던에 있는 Madame Tussaud's 박물관과 더불어 왁스 박물관으로서는 세계에서 가장 유명하다. 미국인들이 좋아하는 스타들의 밀랍인형을 전시하고 있는 곳으로 사망한 스타들부터 생존 스타들까지 많은 스타들의 밀랍인형들이 보관되어 있다.

▶ 뮤직 센터(Music Center LA)

다운타운 북쪽에 위치하고 있으며 LA지역의 음악과 연극의 중심지로 3개의 대형극장으로 구성되어 있다. 각 무대에서 매일 다채로운 행사가 개최되는 미 서부의 대표적인 음악과 연극의 전당 가운데 하나이다. 복장은 크게 구애 받지 않는다.

▶ 도로시 챈들러 파빌리온(Dorothy Chandler Pavillion LA)

LA 동쪽에 위치하고 있으며 클래식, 오페라, 발레 등이 주로 공연되며 LA 필하모니의 본거지로서 여름철을 제외하고 연중 LA 필하모니의 연주회가 개최되는데, 음향효과가 뛰어나 발코니에서도 생생한 음악을 들을 수 있다. 무대와 객석이 넓고 내부 장식이 매우 호화롭다.

▶ Hollywood Bowl

헐리우드 언덕의 지형을 그대로 이용하여 만든, 2만 명을 수용할 수 있는 야외극장이다. 6~9월이 공연 시즌이며, LA 필하모니의 정기연주회와 각종 콘서트 등이 개최된다.

▶ LA 자연사 박물관(Natural History Museum of LA county)

1913년에 개관한 역사박물관으로 고전적이고 거대한 3층 건물 안에는 콜럼버스 이전부터 1914년까지의 미국의 역사, 1540~1940년까지의 캘리포니아 주의 역사, 아프리카와 미국의 포유류, 화석, 곤충관, 바다 생물, 조류 코너 등으로 나누어져 있다.

Survival English in LA 5

A: Have you ever been to Universal Studios in LA?
B: No. How long does it take there?
A: About 30 minutes by car.

A: LA에 있는 유니버설 스튜디오에 가보셨어요?
B: 아니요. 얼마나 걸릴까요?
A: 자동차로 30분이면 가요.

Tips have been to~ ~에 가보다 How long 얼마나 오래

▶ **Chinese Mann Theatre**

'헐리우드' 라고 하면 바로 이곳을 지칭한다. 1927년 극장 왕 Sid Grauman이 세운 곳으로 전세계적으로 유명한 영화관이다. 중국 사원식의 호화로운 건물도 훌륭하지만 이곳을 유명하게 만든 것은 미국 유명 영화배우들의 손과 발자국을 찍어놓은 흔적 등이다. 그러나 많은 사람들이 방문 후 실망하는 곳이기도 하다.

▶ **Griffith Park**

헐리우드 북쪽에 위치한 LA 최대의 자연 공원이다. 16.2㎢의 넓이에 펼쳐진 구릉지를 그대로 살려 조성한 공원으로 LA 시민의 휴식처이다. 광대한 부지 안에는 천문대, 동물원, 극장, 골프장, 승마코스 등 다양한 편의 시설들이 갖추어져 있다.

▶ **월트 디즈니 콘서트홀(Walt Disney Concert Hall LA)**

다운타운에 설립된 콘서트 홀로, 세계적인 건축가 Frank Gehry가 디자인을 했다. 현재 LA에서 가장 각광받고 있는 명소 중 하나이다.

●●● 비즈니스 쇼핑

LA는 미국 내에서도 쇼핑하기 편리한 도시 중 하나로 다른 주 미국인뿐 아니라 전 세계 쇼핑객들이 방문하는 도시다. 다른 도시처럼 토속품은 없으나 세계적인 명품과 신제품을 구입할 수 있으며, 한국보다 대부분 20% 이상 저렴하다.

▶ 베벌리 센터(Beverly Center)

Bullock's와 Broadway의 백화점과 마찬가지로 200개 이상의 전문점 외에 영화관도 몇 개 있다. LA 내에서도 고급 상점들이 모여 있는 지역으로 유명하다. La Cienega Blvd.에 접한 Beverly Blvd.와 3th St. 사이에 서 있는 은은한 색깔의 건물이다. Beverly Blvd. 쪽 1층에는 Hard Rock Cafe도 들어와 있다.

· 주소 8500 Beverly Blvd., Los Angeles, CA 90048
· 전화 310-854-0070

▶ 로데오 드라이브(Rodeo Drive)

세계적으로 유명한 고급 브랜드 쇼핑지역으로 세계 명품숍들이 이곳에 모두 있다. 쇼핑을 좋아한다면 하루 종일 이곳에서 지내도 부족할 정도이다. Rodeo Dr. 외에 Berverly Dr., BrightonWay, Little Santa Monica Blvd., Wilshire Blvd.를 따라서도 상점이 많이 늘어서 있다.

▶ 센추리 시티 쇼핑센터(Century City Shopping Center & Marketplace)

밝은 분위기의 옥외 상점가이다. 140개 이상의 전문

쇼 핑

Survival English in LA 6

A: Do you know where you want to buy your parent's gift?
B: Maybe Rodeo Drive.
A: Really? Isn't it expensive there?

A: 부모님 선물은 어디서 살 생각이죠?
B: 로데오 드라이브에서 살까 생각중이예요.
A: 정말요? 비싸지 않을까요?

Tips Rodeo Drive LA 시내의 쇼핑거리 expensive 비싼

점이 있으며 영화관도 14곳이나 있다. 이곳의 음식점은 옥외 테라스가 있어서 기분이 상쾌하다.

- **주소** 10250 Santa Monica Blvd., Los Angeles, CA 90067
- **전화** 310-277-3898

▶ 카마리로 아울렛(Camarillo Premium Outlets)

약 120개의 점포가 모여 있는 대형 아울렛으로 나이키, 폴로 등 유명 브랜드들이 입점해 있다.

▶ 디저트 힐 아울렛(Desert Hill Outlets)

약 130개 점포의 대형 아울렛으로 구찌, 베르사체, 알마니 등 고급 브랜드가 구비되어 있다.

▶ 산타모니카 쇼핑거리(Santa Monica 3rd Promenade)

산타모니카는 캐주얼한 패션전문점, 부티크를 중심으로 쇼핑거리가 형성된 곳으로 카페, 레스토랑, 극장 등이 있으며 뮤지션들의 연주가 있는 멋스러운 거리로 유명하다.

▶ 그루브몰(The Grove)

그루브몰은 2002년 3월에 문을 연 고급백화점과 유명 부티크, 영화관, 레스토랑이 있는 대형몰이다.

San Francisco
_샌프란시스코

태평양에 연안에 위치한 샌프란시스코는 미국에서 가장 아름다운 도시라는 얘기를 들을 만큼 많은 언덕과 계곡 등의 자연풍경과 금문교를 포함한 여러 건축물로 유명하다.

18세기 중반 시에라네바다 사막에서 금광이 발견되면서 미국인들뿐만 아니라 외국인들까지 '서부로 서부로'를 외치며 샌프란시스코 지역으로 몰려들면서 부흥을 맞았다. 황금시대가 끝나며 주춤하던 이 지역의 경제 호황은 항만도시라는 지리적 요건과 첨단기술 연구단지인 실리콘 밸리가 조성되면서 다시 주목을 받고 있다.

샌프란시스코에 대한 모든 것

샌프란시스코는 지진 발생 가능성이 있는 곳

샌프란시스코는 지진 발생 가능성이 상존하는 지역으로, 가끔씩 건물이 흔들리는 미진을 느낄 수 있다.

샌프란시스코에 대해 잠깐!

샌프란시스코는 캘리포니아주 서부에 위치해 있다. 언덕(Hill)과 계곡(Valley), 만(Bay)으로 형성된 독특한 지형으로 이루어져 있으며 이로 인해 'The City by the Bay'라는 닉네임을 갖고 있다. 인구는 광역시를 포함해 약 750만 명에 이른다.

어떻게 갈까?

〉〉 인천에서 샌프란시스코까지

인천~샌프란시스코 간에는 대한항공(화, 수, 금, 일)과 아시아나항공(화, 목, 금, 일)이 각각 주 4회 운항중이며, 비행시간은 약 10시간 50분이 소요된다.

〉〉 공항에서 샌프란시스코 시내까지

택시를 탈 때 공항에서 다운타운까지는 약 25달러(15%의 팁 포함)의 요금이 들며 소요시간은 약 25분.

버스를 탈 때 SFO 공항버스가 다운타운 호텔까지 운행한다. 15분 간격으로 오전 6시15분~오후11시까지 운행하며, 심야에는 30분 간격으로 운행한다. 소요시간은 30~40분이다. 요금은 편도 7달러, 왕복 11달러. 전화 415-495-8404

샌프란시스코 국제공항
(San Francisco International Airport)

샌프란시스코의 주요 관문. 다운타운에서 남쪽으로 21km에 위치한다. 1927년에 문을 열었고 약 75개의 항공사가 취항하고 있다. 공항 안에서도 SFO 셔틀이 운행되므로 공항 내에서 이동할 경우 이용하면 편리하다.

- **위치** U.S. 101, south of San Francisco
- **전화** 650-761-0800
- **홈페이지** WWW.flySFO.com

인근 지역을 갈 때는

샌프란시스코 시내를 벗어나 인근 지역으로 이동할 경우 BART(Bay Area Rapid Transit) 및 Amtrak California, Caltrain 등의 교통수단을 이용하는 것이 좋다.

시차

우리나라와는 15시간 차이가 나며 샌프란시스코가 15시간 느리다. 서머타임이 시행되는 4월 초부터 10월 말까지는 14시간 차이가 난다.

 한국 오전9시 → 샌프란시스코 그 전날 오후6시

Business Hours

일반회사의 근무시간은 보통 오전9시~오후5시이며, 토·일요일은 휴무이다. 백화점 및 쇼핑센터는 평일은 보통 오전10시~오후9시 근무가 일반적이다. 대부분의 기업들이 주당 40시간의 근무시간을 유지하고 있으며, 은행은 월~목요일은 오전9시~오후4시, 금요일은 오전9시~오후6시까지, 토요일은 오후1시까지 근무한다.

기후

샌프란시스코 연평균 기온은 섭씨 5~21도로 여름과 겨울의 기온차가 크지 않고, 4계절이 있다. 샌프란시스코 다운타운은 바다와 인접하고 있어 아침과 저녁으로 안개가 끼고 일교차가 심하다.

Survival English in San Francisco 1

A: Did you reserve a car?
B: Yes. What should I know about driving here?
A: There are many one way streets in San Francisco.

A: 차를 예약하셨어요?
B: 네. 운전할 때 주의할 것이 있나요?
A: 샌프란시스코에는 일방통행길이 많아요.

Tips reserve 예약하다 one way street 일방통행길

샌프란시스코 도로에서 주의할 것 3가지!
1. 급경사길(35도 이상)
2. 일방통행로
3. 케이블카선로

따라서 자가운전시에는 많은 주의가 필요하다. 출장자가 직접 운전하는 것보다는 통역원 등 현지교통에 익숙한 사람에게 운전을 맡기는 것이 안전하다.

통신

〉〉 휴대폰

샌프란시스코공항 도착 후 공항에서 휴대폰을 임차할 수 있는데, 공항 출구인 Gate A 및 Gate G 두 곳에 휴대폰 렌트 매장이 있다.

International Terminal A 650-821-1100
International Terminal G 650-821-1102

휴대폰 임대료는 하루에 5달러, 1주일에 25달러, 한 달에 30달러 정도이며, 통화료는 별도로 계산된다. 임대한 휴대폰을 통해 미국 내 통화시 송수신 모두 분당 0.99달러이며, 한국에 전화할 경우, 송신 통화료는 분당 2.99달러, 수신은 0.99달러가 부과된다.

〉〉 전화

샌프란시스코 시내에서는 전화번호 7자리를 누르면 된다. 시내 공중전화 요금은 50센트로 3분 통화가 가능하다. 시외전화를 걸 때는 1+(지역번호)+전화번호 7자리, 국제전화를 걸 때는 011+82(한국)+지역번호+전화번호를 누르면 된다.

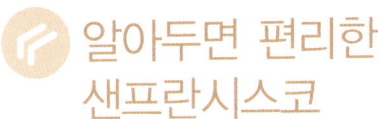

알아두면 편리한 샌프란시스코

교통

≫ 지하철 & 버스

샌프란시스코 시내의 대중교통 수단으로는 시에서 운영하는 시내버스 MUNI Bus와 전철인 MUNI Metro가 있다. 약속시간이 정해진 상황에서 초행자가 이용하는 경우 정확한 목적지에 하차하는 데 어려움이 있으므로 권장할 수단은 아니다. 뮤니메트로의 노선은 J, D, S, M, N 등 5개 노선이며, 환승 등은 뮤니버스와 동일하다.

≫ 택시

샌프란시스코 택시요금은 기본요금이 2.85달러이며, 탑승과 동시에 시간/거리 병산제가 적용된다. 1km마다 1.39달러가 추가된다. 택시 요금이 비싸기 때문에 가급적 타지 않는 것이 좋다.

》 렌터카

샌프란시스코는 출장자가 렌터카를 이용하는 것은 큰 어려움은 없는 도시이지만 다만 시내는 한국과는 다르게 일방통행로가 많이 있어 세심한 주의가 필요하다. 또한, 샌프란시스코 시내는 주차문제가 심각해 주차료가 비싸다. 경우에 따라 택시를 이용하는 것이 경제적인 경우도 있다.

도심 외곽지역에서 바이어와의 약속이 있다면, 택시보다는 렌터카를 이용하는 것이 경제적이고 편리하다. 차량은 공항 도착 후에 렌트하거나 투숙 호텔 내의 렌터카 회사를 이용할 수 있는데, 렌트시에는 국제운전면허증 제시를 요구하므로 출국 전 준비가 필요하다. 또한, 최근에는 네비게이션 시스템을 장착할 수 있어 운전이 용이하다.

KOTRA 샌프란시스코 무역관

》 무역관 안내

주소 Korea Trade Centre, San Francisco
     1875 South Grant St, #640, San Mateo, CA 94402
전화 650-571-8483
팩스 650-571-8065
이메일 info@kotrasf.org

Survival English in San Francisco 2

A: How much per hour is to park here?
B: One dollar. You were here for 3 hours.
A: Okay. Here is 3 dollars.

A: 시간당 주차비가 얼마죠?
B: 1달러입니다. 3시간 동안 주차를 하셨군요.
A: 알았겠습니다. 여기 3달러입니다.

Tips per hour 시간당 be here for 시간 ~동안 주차하다

》 찾아가는 방법

택시를 탈 경우 샌프란시스코공항에서 무역관까지의 택시요금은 약 20달러 내외로 소요시간은 약 15분 정도. 무역관 주소를 보여주면 쉽게 찾아갈 수 있다.

대중교통을 이용할 경우(BART & Caltrain) 샌프란시스코공항에서 공항에서 BART를 타고 밀브레역에서 내린 후, 다시 Caltrain을 갈아탄 다음 헤이워드 파크역에서 내린 후 무역관(South Grant St, Cross Road Building)까지는 도보로 20분 정도 소요된다.

옷차림

샌프란시스코는 일교차가 크며 일기변화가 심하므로 얇은 잠바 등의 겉옷을 반드시 준비해야 한다. 낮 최고 기온이 20도가 안 되는 경우도 자주 있으며, 밤에는 기온이 10도까지 내려갈 만큼 기온차가 심하므로 여름에도 겉옷을 준비해야 한다. 겨울에는 낮에는 15도, 밤에는 5도 정도의 날씨로 비가 자주 오면서 밤에 기온이 내려가기 때문에 약간 두터운 스웨터 및 재킷 등의 의복이 필요하다.

응급상황

응급상황 발생시에는 전화 '911'을 누르면 안내원이 필요한 서비스로 바로 연결해준다. 이용 등 개인관련 비용은 본인이 직접 부담해야 한다. 현지의 의료비는 거주자가 아닌 경우 매우 비싼 편이다. 일반 진찰시 의료보험이 없는 경우 100달러 정도의 비용이 발생한다. 긴급 의료서비스가 필요한 경우에는 다음의 병원을 이용할 수 있다.

S.F General Hospital 415-206-8000, 415-206-8111
Medical Center at the University of California, S.F
415-476-1000

치안

샌프란시스코는 미국의 대도시 중에서도 전반적으로 치안상태가 매우 양호한 도시로 특별히 출입을 자제할 곳은 없으나 늦은 시간에는 유흥가 등에 혼자 다니지 않는 것이 바람직하다.

기타

전압은 110V, 60Hz의 전기규격을 사용하고 있다. 콘센트 구멍이 3개(Y타입)로 되어 있어 100V 겸용이 아닌 한국 제품을 사용하고자 하는 경우에는 별도로 변압기를 구입해야 한다. 대부분의 호텔에는 110V 콘센트가 설치되어 있다. 샌프란시스코의 수돗물은 매우 깨끗한 편으로 마시는 데 아무런 문제가 없다.

주요 연락처

〉〉 샌프란시스코 총영사관
- 주소 3500 Clay Street, San Francisco, CA 94118
- 전화 415-921-2251
- 팩스 415-921-5946

〉〉 샌프란시스코지역 한인회
- 주소 745 Buchanan St. San Francisco, CA 94102
- 전화 415-252-1346
- 팩스 415-252-0432
- 홈페이지 www.koreanconsulatesf.org

〉〉 신문사 & 라디오
- 한국일보   전화 510-444-8777 팩스 510-444-8778
- 중앙일보   전화 510-487-3333 팩스 510-429-3260
- 한미라디오 전화 650-259-1400 팩스 650-259-1401

〉〉 i-Park
- 주소 3003 North First, San Jose, CA 95134
- 전화 408-432-5000
- 팩스 408-432-5020
- 웹사이트 www.iparkkvc.com

· **특이사항** 한국 소프트웨어기업 다수 입주

》 KECI(Korean E-Business Commercialization Institute)

· 주소 180 Rose Orchard Way, San Jose, CA 95134
· 전화 408-435-1684
· 팩스 408-435-1243
· 웹사이트 www.cob.sjsu.edu/keci

》 항공사

· 대한항공 800-438-5000, 415-433-4290
· 아시아나항공 800-227-4262, 415-267-4200

KOTRA와 함께 하는 '샌프란시스코 경제는 지금'

실리콘 밸리 문화와 관광의 도시이면서 세계적인 IT 본산지인 실리콘 밸리가 있다. IT 관련 제품은 미국의 첨단 기업들이 세계를 대상으로 비즈니스를 하고 있기 때문에 기술면에서 그 기업들과 우위에 있거나 대등하지 않으면 진출이 어렵다.

주요 수출유망 품목 반도체와 IT 관련 제품이 유망하다. 특히 IT 제품은 제품설명서를 간결하면서도 핵심기술의 차별성을 강조하여 준비해야 한다. 네트워크(장비, 모뎀 및 관련기술) 광통신(장비 및 부품), 무선 인터넷(이동통신 단말기부품, 무선랜 장비 부품), 소프트웨어(임배디드 제품, 미들웨어, 게임) 등의 품목이 유망하다.

알아두면 즐거운 샌프란시스코

●●● 호텔

》 KOTRA가 추천하는 호텔

▶ KOTRA 현지 호텔 평가표

호텔명	접근성	쾌적성	안전성	부대시설	종합평가
Hilton Hotel	9	10	10	10	★★★★★
Hotel Nikko	9	10	10	10	★★★★★
Grand Hyatt	9	10	10	10	★★★★★
Crowne Plaza	9	9	10	9	★★★★★
Pickwick Hotel	9	8	10	9	★★★★

▶ **Hilton Hotel San Francisco**

- **위치** 333 O'farrell St, San Francisco. 샌프란시스코공항에서 차로 20분 거리

- **객실요금** (Standard Room기준/싱글, 트윈 요금 동일). 400달러(성수기), 139달러(비수기). 시즌별, 객실 종류별 숙박요금은 www.hotels.com에서 검색 가능하다.

- **인터넷 사용** 모든 객실에서 초고속인터넷 이용 가능(사용료: 20달러/1일, 44.95달러/1주). 각종 회의실에서는 무선 LAN과 고속인터넷 사용도 가능하다.

- **각종 부대시설** 샌프란시스코 중심에 소재한 특급호텔로 Gym, Spa 등 모든 시설을 구비
- **연락처** · 전화 415-771-1400 · 팩스 415-771-6807
- **웹사이트** www.sanfrancisco.hilton.com

▶ Hotel Nikko San Francisco

- **위치** 222 Mason Street, San Francisco. 샌프란시스코공항에서 차로 20분 거리
- **객실요금** (Standard Room기준/싱글, 트윈 요금 동일). 300달러(성수기), 199달러(비수기). 시즌별, 객실 종류별 숙박요금은 www.wotif.com에서 검색 가능
- **인터넷 사용** 모든 객실(사용료 9.95달러/1일)과 각종 회의실에서 고속인터넷 사용 가능
- **각종 부대시설** 도심의 중심지에 소재한 특급호텔로 Gym, Spa 등 모든 시설 구비.
- **연락처** · 전화 415-394-1111 · 팩스 415-394-1159
- **이메일** reservation@hotenikosf.com
- **웹사이트** www.hotelnikosf.com

▶ Grand Hyatt San Francisco

- **위치** 345 Stockton St, San Francisco. 샌프란시스코공항에서 차로 25분 거리
- **객실요금** (Standard Room기준/싱글, 트윈 요금 동일). 299달러(성수기), 169달러(비수기). 호텔별 · 객실 크기별 요금은 www.hotels.com에서 검색 가능
- **인터넷 사용** 모든 객실에서 고속인터넷 이용 가능(사용료:9.95달러/1일)
- **각종 부대시설** 도심 중심지에 소재한 특급호텔로 Gym, Spa 등 모든 시설 구비
- **연락처** · 전화 415-398-1234 · 팩스 415-392-2536
- **이메일** sales@hyatt.com
- **웹사이트** www.grandsanfrancisco.hyatt.com

▶ **Crowne Plaza Hotel**

- **위치** 480 Sutter Street, San Francisco. 샌프란시스코공항에서 차로 25분 거리
- **객실요금** (Standard Room기준/싱글, 트윈 요금 동일). 298달러(성수기), 139달러(비수기). 시즌별, 객실 종류별 숙박요금은 www.hotels.com에서 검색 가능
- **인터넷 사용** 모든 객실(사용료: 9.95달러/1일)과 각종 회의실에서 고속인터넷 사용 가능
- **각종 부대시설** 샌프란시스코 중심에 위치한 호텔로 Gym, Spa 등 시설 구비
- **연락처** · 전화 415-398-8900 · 팩스 415-989-8823
- **웹사이트** www.sfbhc.com

▶ **Pickwick Hotel**

- **위치** 85 5th St, San Francisco. 샌프란시스코공항에서 차로 20분 거리
- **객실요금** (Standard Room기준/싱글, 트윈 요금 동일) 169달러(성수기)/109달러(비수기), 세금 및 조식 제외. 호텔별·객실 크기별 요금은 www.hotels.com에서 검색 가능
- **인터넷 사용** 모든 객실에서 초고속인터넷 무료 사용 가능
- **각종 부대시설** 샌프란시스코 중심에 위치하고 있다. Moscone Center 전시장과 도보 거리에 위치하고 있으며, 중급 호텔로 숙박비도 저렴함. 4개의 중소규모 회의실 구비
- **연락처** · 전화 415-421-7500 · 팩스 415-243-8066
- **이메일** info@thepickwickhotel.com
- **웹사이트** www.thepickwickhotel.com
- **특이사항** 한국인 소유의 호텔이며, 전시장 인근에 위치하여 전시회 및 컨벤션 참석에 유용하며 및 현지 여행에도 적합하다.

호텔

Survival English in San Francisco 3

A: May I help you?
B: I need a wake up call at 6:30 tomorrow.
A: Okay. Do you need anything else?
B: It's cold in my room.

A: 무엇을 도와드릴까요?
B: 내일 아침 6시 30분에 깨워주세요.
A: 알겠습니다. 또 불편한 건 없으신가요?
B: 제 방이 조금 춥네요.

Tips wake up 모닝콜

〉〉 실속 있는 호텔을 찾는다면

▶ **Heritage Marina Hotel**

샌프란시스코 중심부인 Filbert와 Van Ness Avenue의 코너에 위치. 조식(continental breakfast) 포함 1박 약 64.15달러. 예약전화번호 415-776-7500

▶ **Comfort Suites Airport**

101번 고속도로를 바로 나온 곳에 위치. 공항까지 3마일, 샌프란시스코 타운

타운까지 10마일 거리에 있다. 조식(continental breakfast) 포함 1박 약 64.56달러. 예약전화번호 650-589-7100

▶ Travelodge Airport North

샌프란시스코 다운타운과 실리콘 밸리 사이에 위치. 1박 약 66.40달러 예약전화번호 650-583-9600

▶ Renoir Hotel

샌프란시스코 쇼핑거리에 위치. 1박 약 69.54달러. 예약전화번호 415-626-5200

▶ Good Nite Inn San Francisco

샌프란시스코공항에서 북쪽으로 1.5마일 정도 떨어져 있으며, 샌프란시스코 시내까지 차로 12분 정도 걸린다. 1박 조식(continental breakfast) 포함 약 76.04달러. 예약전화번호 650-589-7200

▶ Radisson Hotel San Francisco Airport

샌프란시스코공항에서 2.5마일 떨어진 곳에 위치. 1박 약 78.08달러. 예약전화번호 415-467-4400

▶ Best Western Miyako Inn

합리적인 가격의 작은 규모의 호텔로 샌프란시스코 중심에 위치. 1박 약 85.40달러 예약전화번호 415-921-4000

● ● ● 식당

식당 분류(용도에 따른 분류)
- R1 가벼운 런치나 간단한 식사 혹은 차를 즐길 수 있는 식당
- R2 비즈니스 미팅·상담에 적합한 조용한 식당
- R3 주류를 중심으로 접대에 적합한 식당
- R4 편안한 분위기에서 한식을 즐길 수 있는 식당
- R5 제대로 된 현지 음식을 맛볼 수 있는 식당

≫ KOTRA가 추천하는 식당

▶ KOTRA 현지 식당 평가표

식당명	맛·위생	분위기	편의성	서비스	종합평가
Cityscape	9	10	9	10	★★★★★
IL Fornaio Cucina Italiano	9	9	9	9	★★★★
Neptune's Palace Seafood Restaurant	10	10	9	9	★★★★★
서울가든	9	9	8	8	★★★★
동백한식집	9	7	9	8	★★★★

▶ **Cityscape(R2)**
- 위치 Hilton Hotel 46층, 333 O'Farrell St, San Francisco
- 주요메뉴 스테이크 및 생선 요리(서양식)
- 가격대 앙트레, 메인, 디저트 포함해 1인당 40~45달러
- 연락처 415-923-5002
- 웹사이트 www.cityscaperestaurant.com

▶ **IL Fornaio Cucina Italiano(R5)**
- 위치 1265 Battery St, San Francisco
- 주요메뉴 전통 이탈리아 요리(서양식)
- 가격대 앙트레, 메인, 디저트 포함해 1인당 15~25달러
- 연락처 415-986-0100

- **특이사항** 샌프란시스코 항구를 조망할 수 있으며, 전통 이탈리아 요리를 즐길 때 찾는 식당

▶ **Neptune's Palace Seafood Restaurant(R5)**

- **위치** Pier 39, San Francisco
- **주요메뉴** 꽃게, 랍스터 등 해산물 요리(서양식)
- **가격대** 앙트레, 메인, 디저트 포함해 1인당 15~25달러
- **연락처** 415-434-2260
- **특이사항** 샌프란시스코 Pier 39에 위치하여 금문교, 알카트라즈섬 등을 한눈에 조망할 수 있으며, 샌프란시스코의 명물인 꽃게 요리를 즐길 수 있다.

▶ **서울가든(R4)**

- **위치** 22 E. Peace Plaza, San Francisco
- **주요메뉴** 갈비, 김치찌개, 냉면 등 한식 일체
- **가격대** 10~20달러
- **연락처** 415-563-7664
- **특이사항** 샌프란시스코 시내 저팬타운에 소재한 한국 음식점으로 분위기 및 시설은 깔끔하며, 음식맛도 좋은 편

▶ **동백한식집(R4)**

- **위치** 631 O'Farrell St, San Francisco
- **주요메뉴** 삼계탕, 옥돔구이, 로스구이 등 한식 일체
- **가격대** 10~20달러
- **연락처** 415-776-1898
- **특이사항** 샌프란시스코 시내에 위치한 한국 음식점으로 한식을 원하는 경우 적당

식당

Survival English in San Francisco 4

A: Are there any places to eat seefood around here?
B: I recommend Neptune's Palace.
A: Okay, I'll meet a buyer tomorrow.

A: 이 근처에 해산물 요리를 먹을 수 있는 곳이 있나요?
B: Neptune's Palace에 가보세요.
A: 좋아요, 내일 바이어를 만나기로 했거든요.

Tips seefood 해산물 요리 recommend ~을 추천하다

●●● 비즈니스 관광

샌프란시스코 도심 내에서는 지도와 관련 안내 책자만을 가지고 있으면 초행자도 관광을 하는 데 큰 어려움은 없다.

》 KORTA가 추천하는 관광지

▶ 금문교(Golden Gate Bridge)

샌프란시스코 남북을 연결하는 다리로 1937년 완공된 현수교로 최고의 관광명소 www.goldengatebridge.org

▶ 피셔맨스 와프(Fisherman's Wharf)

샌프란시스코 부두거리로 다양한 볼거리와 현지 명물인 꽃게 요리를 먹을 수 있는 여러 레스토랑이 있다. www.sfguide.com

▶ 골든게이트 파크(Gloden Gate Park)

세계 최대의 인공 공원으로 공원 내에 박물관, 운동장, 호수 등 다양한 휴식시설이 있다.

▶ 알카트라즈 섬(Alcatraz Island)

1963년까지 연방교도소가 있던 곳으로 알카포네 등 미국 흉악범을 수용하던 시설로 영화 'The Rock'의 배경이 되었던 곳

▶ 트윈피크(Twins Peaks)

샌프란시스코 시내의 전경을 한눈에 내려다 볼 수 있는 곳으로 야경이 일품

관광

Survival English in San Francisco 5

A: What a wonderful bridge it is!
B: Is this the first time to see it?
A: Yes. The Golden Gate Bridge is the most beautiful bridge I've ever seen.

A: 정말 근사하네요!
B: 금문교를 처음 보는 건가요?
A: 금문교는 내가 이제껏 본 다리 중 가장 아름다운 다리예요.

Tips Golden Gate Bridge 금문교

≫ 샌프란시스코 외곽 지역 관광명소

▶ 나파(Napa) 밸리
포도주 생산지로 다양한 종류의 와이너리 시음을 통해 포도주 맛을 즐길 수 있음. 샌프란시스코 기준 왕복 4시간. www.napavalleyonline.com

▶ 스탠포드대학교
샌프란시스코 최고의 명문대학으로 실리콘 밸리 형성의 기초가 된 대학. 샌프란시스코 기준 왕복 2시간. www.stanford.edu

▶ 요세미티국립공원
국립공원으로 아름다운 산세가 매우 아름다운 곳. 샌프란시스코 기준 왕복 10시간. www.yosemitepark.com

▶ 산호세(San Jose)
도시의 남쪽 약 80km에 위치. 와인으로 유명한 산타클라라바리의 주요 도시. 1777년에 스페인 사람에 의해 창립된 캘리포니아 최초의 도시. 현재는 '실리콘 밸리' 의 중심이다.

▶ 소노마(Sonoma) 밸리
Napa 밸리와 함께 와인의 메카로 유명한 곳이다. 초생달 모양으로 뻗어 있는 옅은 안개와 시원하고 습한 바람이 최상의 와인을 만들어준다. 렌터카와 투어 버스 또는 와인열차를 이용해 갈 수 있다.

▶ 버클리(Berkeley)
오클랜드 북쪽의 인구 11만의 작은 도시이다. 특히 버클리대학이 유명한데 1873년 개교 이후 세계적인 명문대학으로 성장하였다.

샌프란시스코 관광안내 사이트

- The San Francisco Convention & Visitor Bureau (www.sfvisitor.org)
  샌프란시스코의 관광명소, 지도, 식당, 쇼핑 등에 제반 안내정보 소개
- Bay City Guide(www.baycityguide.com)
  샌프란시스코 시내 지도, 명소, 식당, 쇼핑 및 관광 프로그램 정보 소개

〉〉 한국인 여행사를 이용하려면

회사별 사이트를 방문하거나 현지도착 전에 전화문의를 통해 사전 예약이나 안내를 받을 수 있다. 샌프란시스코 소재 한국인 여행사는 월요일부터 토요일까지 영업을 한다.

▶ 한국인이 운영하는 주요 일일관광 여행사

여행사	전 화	소재도시	특이사항
게스관광여행사	415-752-1234	샌프란시스코	일일관광 + 항공권 발급 (www.guesstour.com)
한국여행사	415-771-4000	샌프란시스코	일일관광 + 항공권 발급
신세계여행사	415-421-0900	샌프란시스코	일일관광 + 항공권 발급 (www.mikelee.com)

Survival English in San Francisco 6

A: How much is the total?
B: 20 dollars. Cash or charge, sir?
A: I'll pay in cash.

A: 전부해서 얼마죠?
B: 20달러입니다. 현금으로 하시겠습니까? 카드로 하시겠습니까?
A: 현금으로 하겠습니다.

Tips cash or charge 현금 혹은 카드(계산할 때) pay in cash 현금계산하다

●●● 비즈니스 쇼핑

샌프란시스코는 의류 등 일반 공산품의 가격이 한국보다는 비교적 저렴하여 선물 선택의 범위가 다양하고, 샌프란시스코 인근 나파(Napa)지역에서 생산되는 포도주는 매우 유명하여 현지 특산물 선물로 유용하다.

샌프란시스코 저팬타운 내에 한국인이 운영하는 선물용품 전문점인 '한미백화점'과 '김스가정용품/귀국선물'이 있는데, 이곳은 한국인이 선호하는 일반 공산품을 모아서 귀국 선물로 판매하는 곳으로 선물 구입의 고민을 조금이라도 덜 수 있다.

▶ **한미백화점**
- **주소** 1600 Post St., San Francisco, CA 94115
- **전화** 415-931-1600

▶ **김스가정용품/귀국선물**
- **주소** 1600 Geary Blvd., San Francisco, CA 94118
- **전화** 415-771-5252

》 쇼핑 지역

▶ **유니온 스퀘어 Union Square**
샌프란시스코 최대 쇼핑 지역으로 유명 브랜드 숍, 백화점, 보석점 등이 즐비해 있다. Post Street와 Geary Street 사이에 있다.

▶ 유니언 스트리트(Union Street)

MBA/여피 고객을 위한 쇼핑과 오락시설들이 자리하고 있다. 프랭클린 스트리트(Franklin St.)와 스코트 스트리트(Scott St.) 사이에 위치

》》 쇼핑센터

▶ 엠바카데로 센터(Embarcadero Center)

엠바카데로 센터는 샌프란시스코에서 가장 큰 쇼핑센터. 거대한 쇼핑가와 사무실 등이 들어선 복합단지로 140여 개 이상의 상점과 레스토랑들이 들어서 있다. 클레이 스트리트(Clay Street)와 새크라멘토 스트리트(Sacramento Street)를 따라 8블록에 걸쳐 자리하고 있다. 배터리(Battery)와 엠바카데로 사이

• 전화 415-772-0500

▶ 샌프란시스코 쇼핑센터(San Francisco Shopping Center)

다운타운에 위치해 있으며, 전문상점과 노스톰, 고디바(Godiva), 워너브러더스 등이 입점해 있다.

• 전화 415-495-5656

▶ 나파 프리미엄 아울렛(Napa Premium Outlet)

다양한 브랜드 제품을 25~65%까지 세일하는 아울렛매장
• 위치 Hwy 29, 1st St.
• 전화 707-226-9876

》》 기념품점

▶피셔맨스 와프(Fisherman's Wharf)

피셔맨스 와프 주변의 작은 상점과 노점상에서 기념품을 판매한다. 진주가 들어 있는 조개를 통조림 깡통에 넣어서 판다.

▶ 차이나타운(Chinatown)

중국 문화를 접할 수 있는 곳이다. 레스토랑, 보석점 등을 돌아보려면 부쉬 스트리트(Bush Street)로 가면 된다. 사람들로 붐비는 거리는 걸어서 돌아보는 것이 가장 좋은 방법이다. 상점들은 오전 9시30분에 문을 열어 대략 오후 9시30분경에 문을 닫는다.

▶ 초콜릿(Chocolat)

헤이젤너츠, 크루미, 피스타치오 너츠 등 맛있는 초콜릿을 파는 상점으로 유명한 곳이다.

- 주소 2119 Fillmore St. Upper Fillmore
- 전화 567-1223

〉〉 백화점 & 명품점

▶ 크록커 갤러리아(Crocker Galleria)

1층부터 3층까지 패션, 구두, 가방 등 여러 전문점이 모여 있고, 중앙 통로가 천장 없이 뚫려 있는 것이 특징이다.

- 주소 50 Post St. San Francisco
- 전화 392-0100

▶ 메이시즈(MACY'S)

뉴욕에 본점을 둔 오래된 백화점. 남성패션 제품에 있어서는 샌프란시스코에서 최고임을 자랑한다. 유명 디자인의 여성복, 아동복, 가정용품 등을 구비하고 있다.

- 주소 Stockton & O'Farrell St, San Francisco
- 전화 415-397-3333

▶ 아이 맥닌(I. Magnin)

패션을 아는 사람이면 꼭 들러보는 패션 백화점이다. 조르지 알마니, 샤넬 등 명품들을 취급한다. 내부 장식도 훌륭하며 윈도우 쇼핑만으로도 충분히 즐거움을 맛볼 수 있다.

- 주소 Union Square 135 Stockion St. San Francisco
- 전화 362-2100

Chicago
_시카고
》》

시카고는 대부분의 미대륙 철도가 경유하고 있는 세계 제1의 철도 집중도시이다. 1833년에 도시가 형성된 이후 가장 영향력 있는 세계 도시 가운데 하나로 평가받고 있지만, 같이 동부에 있는 뉴욕과 묘한 경쟁 관계에서 아직은 뉴욕에 못 미친다는 인식 때문에 'Second City'로 불리기도 한다.

바람이 자주 불어 'Windy City'로 불리는 시카고는 이 바람으로 인한 역사 하나를 갖고 있기도 하다. 1871년 10월에 시카고에 대화재가 발생했고, 거센 바람으로 만 하루 동안 불이 거세게 번지면서 다운타운이 전소돼버린 것. 그러나 시카고 사람들은 이 대화재로 인한 손실을 극복하고 도시 재건을 이루어냈다. 시카고를 상징하는 현대적인 건축물에는 그러한 시카고 사람들의 '프라이드'가 스며 있기도 하다.

시카고에 대한 모든 것

시카고에 대해 잠깐!

미국 일리노이주 북동쪽에 위치한 도시로, 미시간호에 인접해 있다. 면적은 590㎢이며 인구는 약 3백만 명으로(위성도시를 포함한 광역 지역은 약 9백만 명) 뉴욕, LA에 이어 미국 도시 중 세 번째이며 백인 42%, 흑인이 37%를 차지하고 있다. 철도교통의 중심지로 미국 대륙을 이어주는 역할을 하고 있다.

어떻게 갈까?

》 인천에서 시카고까지

시카고 오헤어 공항에는 대한항공과 아시아나항공이 직항 편을 운항하고 있으며 약 12시간 정도 소요된다.

》 공항에서 시카고 시내까지

택시를 탈 때 짐을 찾고 밖으로 나오면 택시 정류장을 쉽게 찾을 수 있으며, 택시기사에게 주소를 말해

주면 된다. 요금의 15%를 팁으로 주는 것이 관행이다.

셔틀버스를 탈 때 공항 셔틀은 우리나라의 밴 정도의 크기로 매일 아침 6시부터 밤 11시30분까지 5~10분 간격으로 운행된다. 시내 주요 호텔과 연결되어 호텔에서 공항, 공항에서 호텔까지의 이동에 좋다. 요금은 1인당 평균 17.5달러 정도

시카고 오헤어 국제공항 (Chicago O'Hare Int'l Airport)

시카고 다운타운의 북서쪽으로 20마일 정도 떨어진 곳에 위치한 공항으로 각국의 국제항공사들이 취항하고 있다. 한국에서 도착하는 국제선도 이 오헤어 공항을 통해 입국한다. 비행기 이착륙수를 기준으로 세계 최대이며, 하루에 평균 190,000명 이상이 이 공항을 통해 여행을 하고 있다.

홈페이지 http://www.cityofchicago.org/Aviation/OHare
전화 733-686-2200

시차

한국과의 시차는 15시간이며 시카고가 15시간 느리다. 서머타임 실시 시간인 4~10월까지는 14시간의 차이가 난다.

 한국 오전9시 → 시카고 그 전날 오후6시

Business Hours

보통 오전9시~오후5시이다. 은행의 경우 4시 30분에 마감한다.

Survival English in Chicago 1

A: Hello, I reserved a car and I'd like to pick it up now.
B: What's your reservation number or your last name?
A: I forgot the number. My name is Park. P-A-R-K

A: 안녕하세요. 차를 예약한 차를 픽업할까 하는데요.
B: 예약번호나 성이 어떻게 되시죠?
A: 예약번호는 잊었습니다. 박입니다. P-A-R-K.

Tips reserve 예약하다 pick up 픽업하다, 가져가다

기후

한국과 비슷한 기온 분포를 보이고 있으며 특히 바람이 많아 'Windy City'로 불리기도 한다. 겨울은 매우 춥고 여름은 비교적 날씨가 좋은 편이다.

통신

〉〉 휴대폰

다운타운에 소재한 관광객 대상 가게에서 Pre-paid Phone(선불카드) 구입이 가능하다. 가격은 20~30달러 선.

〉〉 전화

시외전화를 걸 경우 지역번호가 312 이외의 지역은 먼저 1을 누르고 번호를 누른다. 국제전화인 경우 011+국가번호+지역번호+전화번호를 누른다. 국제전화카드(20달러)를 구입할 경우 저렴하게 통화할 할 수 있다.

> 서울로 전화할 때는   011+82+2+상대방 전화번호

〉〉 인터넷

호텔 객실(Dial-up) 및 비즈니스 센터에서 사용 가능하며, 최근 공항 및 카페 등에서 무선인터넷 사용이 가능한 장소가 증가하고 있다.

알아두면 편리한 시카고

교통

〉〉 지하철 & 버스

시카고의 대중교통은 CTV Bus, Metra, CTA Train, 이렇게 3개의 수단으로 거의 해결된다. CTA BUS(Chicago Transit Authority)는 시카고 시내를 거미줄처럼 운행하는 시내버스. 노선이 많지만 초행자가 이용하기에는 복잡하다. Metra는 시카고 시내를 중심으로 외곽 지역을 연결하는 철도 교통망으로 운행지역이 한정되어 있다는 단점이 있다. CTA Train은 다운타운 지역 외곽을 연결하는 전철이다.

〉〉 택시

기본요금 1.9달러(마일 당 1.6달러, 6분에 운행 시간에 약 2달러 추가된다. 요금의 15~20%를 팁으로 지불하는 것이 관례이다.

시카고 소재 주요 택시회사

- 썬택시 : 773-736-3883, 773-736-3399
- 현대콜택시 : 773-463-3737   · 하나관광택시 : 773-509-0101
- 로렌스택시 : 847-259-9000   · Yellow cab : 312-829-4222
- American United Cab : 312-248-7600

Pass가 저렴하고 편하다
CTA 버스나 CTA Train을 이용할 경우 5달러(1일), 9달러(2일), 12달러(3일), 18달러(5일)짜리 Pass를 구입하면 저렴하게 대중교통을 이용할 수 있다.

〉〉 렌터카

공항이나 시내에서 렌트 가능하며 렌트비는 렌터카 회사, 차종 및 기간에 따라 다르지만 보통 하루에 60달러이다.

주요 렌터카

- Alamo : 800-327-9633, 708-671-7662,312-332-2908
- Avis : 800-331-1212, 312-694-5608
- Budget : 800-527-0700, 312-686-6800
- Hertz : 800-654-3131, 312-686-7272, 312-644-5540, 312-735-7272

KOTRA 시카고 무역관

〉〉 무역관 안내

주소 111 E. Wacker Dr. Suite 2229 Chicago, IL 60601
전화 312-644-4323
팩스 312-644-4879

〉〉 찾아가는 방법

시카고 시내 한복판에 위치한 무역관은 시카고 오헤어 국제공항에서 남동쪽으로 약 18마일(29km)정도 떨어져 있다. 시카고 오헤어 국제공항에서 무역관을 찾아가려면 다음의 방법을 이용하면 된다.

택시를 탈 경우 짐을 찾고 밖으로 나오면 택시 정류장을 쉽게 찾을 수 있으며, 기사에게 무역관 주소를 보여주면 무역관 앞까지 데려다준다. 소요시간은 40분~1시간 정도이며, 요금은 35~40달러 정도. 요금의 15%를 별도로 팁으로 주는 것이 현지 관행이다.

공항 셔틀(Continental Airport Express 기준)을 이용할 경우 공항 셔틀은 우리나라의 밴 정도의 크기로 매일 아침 6시부터 밤11시30분까지 5~10분 간격으로 운행된다. 시내 주요호텔과 연결되어 특히 호텔에서 공항, 공항에서 호텔까지의 이동에 편리하다. 요금은 1인당 평균 17.5달러 정도.

Survival English in Chicago 2

A: Where do I get off for the Ernest Hemingway Museum?
B: Get off at the next stop.
A: Thank you.

A: 헤밍웨이 박물관에 가려면 어디에서 내려야 하죠?
B: 다음 정거장에서 내리세요.
A: 감사합니다.

Tips get off 내리다 the next stop 다음 정거장

전철을 탈 경우 약 45분 소요 (요금 1.5달러) Blue Line 전철은 공항과 시내까지 24시간 운영되며 Lake St.와 Clark역에서 하차하면 된다. 시카고무역관까지는 도보로 약 15분 정도 소요된다.

응급상황

〉〉 긴급전화

전화번호 안내	411(국번없음)
경찰서	911(국번 없음)
소방서	312-347-1313
앰뷸런스	312-268-9898, 312-865-8910
병원	Northwestern Memorial Hospital : 312-908-8400
	Bernard Michell Hospital : 312-702-1000
약국(24시간 영업)	Osco Drugs : 800-654-6726
	Walgreen's : 312-664-8686

이 지역은 밤낮을 가리지 않고 조심!
시카고 남부(시카고 30~140번가까지) 흑인밀집지역은 살인강도사건 등이 자주 발생하여 주야간 불문하고 방문하지 않는 것이 좋다.

치안

시카고 지역은 1991년 이후 범죄발생률이 감소하는 추세이다. 마피아에 대항하여 경찰력을 강화시킨 관계로 현재 미국의 다른 대도시에 비하여 도시의 전반적인 치안상태는 양호한 편이나 갱, 마약범죄 등의 불안 요인은 상존한다. 시내 중심가는 치안상태가 양호한 편이나 대로변을 벗어난 뒷골목에서는 간혹 소매치기 절도사건이 발생한다. 한인상가(식당, 잡화상 등)가 밀집한 시카고 북부지역인 Lawrence나 Lincoln가 주변은 낮에는 비교적 안전한 편이나 밤에는 통행이 적어 조심해야 한다.

주요 연락처

》 시카고 총영사관
- 주소 455 City Front Plaza Dr. NBC Towert, Chicago, IL
- 전화 312-822-9485/8
- 팩스 312-822-9849
- 이메일 chicago@mofat.go.kr

》 정부기관
- 중소기업진흥공단 미국사무소 847-699-1080
- 한국관광공사 시카고 지사 312-981-1717

》 한국인단체
- 시카고 한인회 773-878-1900
- 시카고 한인 상공회의소 773-583-1700
- 시카고 무역인협회 773-728-3600

》 한국언론
- 시카고 한국일보 773-463-1050
- 시카고 중앙일보 847-228-7200

KOTRA와 함께 하는 '시카고 경제는 지금'

시카고의 시장 특성
· 미 중서부의 중심지이며 육로수송의 중심지
· 기계, 자동차, 석유화학, 철강, 식품가공산업 발달
· CBOT, CME 등이 소재한 세계 선물(先物) 시장의 중심지

세계적 기업 본부 소재지
Motorola, Amoco, Sears & Roebuck, United Airline, Zenith 등의 본사가 시카고에 소재

▶ 시카고의 주요 전시회

전시회	시기	주요전시품목	비고
Int'l Houseware Show	1월	가정용품	무역관참가
Comdex Spring	4월	컴퓨터 인터넷 SW	무역관참가
National Restaurant Show	5월	식품가공	
World Sport Expo	7월	스포츠용품	
National Hardware Show	8월	하드웨어	무역관참가
Int'l Manufacturing Technology Show	9월 (격년)	기계, 제조업 신기술	무역관참가

알아두면 즐거운 시카고

●●● 호텔

》 KOTRA가 추천하는 호텔

▶ KOTRA 현지 호텔 평가표

호텔명	접근성	쾌적성	안전성	부대시설	종합평가
Four Seasons Hotel Chicago	9	10	10	10	★★★★★
The Ritz-Carlton Hotel, Chicago	9	10	10	10	★★★★★
Hyatt Regency Chicago	9	10	10	9	★★★★★
Holiday Inn Select/Rosemont -O'Hare	10	8	9	9	★★★★
Chicago's Essex Inn, Chicago	9	8	9	8	★★★★
Doubletree Hotel Chicago North Shore	8	9	10	8	★★★★
Hilton Northbrook	9	9	10	9	★★★★★

▶ **Four Seasons Hotel Chicago**

- **위치** 120 E Delaware St Chicago, IL 60611. 시카고 오헤어공항에서 차로 45분 거리인 다운타운에 위치 택시와 공항 리무진 서비스 이용 가능, 고급 쇼핑 밀집 지역에 위치
- **객실요금** (Standard Room기준) 395~975달러까지 객실 종류와 시기에 따라 다양. 시즌별, 객실 종류별 숙박요금은 홈페이지에서 검색 가능
- **인터넷 사용** 모든 객실과 각종 회의실에서 고속인터넷 사용 가능(사용료 별도 청구)
- **각종 부대시설** 시카고 최고의 특급호텔로 헬스클럽, Spa, 수영장, 식당 등 모든 부대시설을 구비한 시카고 최고급 호텔 중 하나
- **연락처** · 전화 312-280-8800 · 팩스 312-280-1748
- **웹사이트** http://www.fourseasons.com/chicagofs/

▶ **The Ritz-Carlton Hotel, Chicago**

- **위치** 160 E Pearson St, Chicago, IL 60611. 시카고 오헤어공항에서 차로 45분 거리인 시내에 중심가에 위치
- **객실요금** (Standard Room기준) 395~700달러까지 객실 종류와 시기에 따라 다양. 시즌별, 객실 종류별 숙박요금은 홈페이지에서 검색 가능
- **인터넷 사용** 모든 객실과 각종 회의실에서 고속인터넷 사용 가능(유료)

Survival English in Chicago 3

A: Room Service. How may I help you?
B: I'd like to order cheese cake and coffee.
A: Anything else for you?
B: No, that's all. Thank you.

A: 룸서비스입니다. 무엇을 도와드릴까요?
B: 치즈 케이크와 커피를 갖다주세요.
A: 다른 건 필요한 게 없으신가요?
B: 없습니다. 감사합니다

Tips Room Service 룸서비스 anything else 그 밖의 다른 것

- **각종 부대시설** 비즈니스센터, 실내풀장, 식당, 헬스클럽 등 최고급 시설 보유
- **연락처** · 전화 312-266-1000 · 팩스 312-266-1194
- **웹사이트** http://www.fourseasons.com/chicagorc/

▶ **Hyatt Regency Chicago, Chicago**

- **위치** 151 E Wacker Dr, Chicago, IL 60601. 시카고 오헤어공항에서 차로 45분가량 소요. 다운타운에 위치, 공항셔틀 운행
- **객실요금** (Standard Room기준) 250~350달러까지 객실 종류와 시기에 따라 다양. 시즌별, 객실 종류별 숙박요금은 홈페이지에서 검색 가능하다.
- **인터넷 사용** 모든 객실에서 유선인터넷 이용 가능. 각종 회의실에서는 무선 인터넷 사용 가능
- **각종 부대시설** 비즈니스센터, 회의실, 실내풀장, 헬스클럽
- **연락처** · 전화 312-565-1234 · 팩스 312-239-4414
- **웹사이트** http://chicagoregency.hyatt.com/hyatt/hotels/

▶ **Holiday Inn Select/Rosemont-O'Hare**

- **위치** 10233 W Higgins Rd, Rosemont, IL 60018. 시카고 오헤어공항에 인접해 있으며 차로 5분 정도 소요, 택시와 셔틀버스 이용 가능
- **객실요금** (Standard Room기준) 85~144달러까지 객실 종류와 시기에 따라 다양하다.
- **인터넷 사용** 모든 객실에서 유무선 인터넷 이용 가능
- **각종 부대시설** 비즈니스센터, 회의실, 24시간 공항셔틀 운행
- **연락처** · 전화 847-954-8500 · 팩스 847-954-8800
- **이메일** rjohn@thginc.com
- **웹사이트** http://www.ichotelsgroup.com/h/d/hi/1/en/hd/chirt

▶ **Chicago's Essex Inn, Chicago**

- **위치** 800 S Michigan Ave, Chicago, IL 6060. 시카고 오헤어공항에서 차로 45분가량 소요된다. 멕코믹 전시장에서 차로 5분 거리에 위치한다.
- **객실요금** (Standard Room기준) 75~149달러까지 객실 종류와 시기에 따라 다양하다. 시즌별, 객실 종류별 숙박요금은 홈페이지에서 검색 가능
- **인터넷 사용** 모든 객실 및 회의실에서 유무선 인터넷 이용 가능
- **각종 부대시설** 비즈니스센터, 회의실, 실내 수영장, 헬스클럽, 구내 식당
- **연락처** · 전화 312-939-2800 · 팩스 312-922-6153
- **이메일** reservations@essexinn.com
- **웹사이트** http://www.essexinn.com

▶ Doubletree Hotel Chicago North Shore

- **위치** 9599 Skokie Blvd, Skokie, IL 60077. 시카고 오헤어공항에서 차로 30분가량 소요되며 시카고 북쪽에 위치, 멕코믹 전시장에서 차로 30분 거리에 위치(교통체증이 없을 경우)
- **객실요금** (Standard Room기준) 109~139달러까지 객실 종류와 시기에 따라 다양. 시즌별, 객실 종류별 숙박요금은 홈페이지에서 검색 가능
- **인터넷 사용** 모든 객실 및 회의실에서 유무선 인터넷 이용 가능
- **각종 부대시설** 비즈니스센터, 회의실, 실내 수영장, 헬스클럽, 구내식당
- **연락처** · 전화 847-679-7000 · 팩스 847-679-2327
- **웹사이트** http://www.skokieillinoishotel.com/index.cfm

▶ Hilton Northbrook

- **위치** 2855 North Milwaukee Avenue, Northbrook, IL 60062. 시카고 오헤어공항에서 차로 15분가량 소요되며 시카고 다운타운 북쪽 외곽에 위치, 멕코믹 전시장에서 차로 50분 거리에 위치
- **객실요금** (Standard Room기준). 95~130달러까지 객실 종류와 시기에 따라 다양하다. 시즌별, 객실 종류별 숙박요금은 홈페이지에서 검색 가능
- **인터넷 사용** 모든 객실 및 회의실에서 유선 인터넷 이용 가능
- **각종 부대시설** 비즈니스센터, 회의실, 실내 수영장, 헬스클럽, 구내식당
- **연락처** · 전화 847-480-7500 · 팩스 847-509-1043
- **웹사이트** http://www.hilton.com/en/hi/hotels/index.jhtmal

》 실속 있는 호텔을 찾는다면

▶ Best Western Grant Park

시카고 시내 비즈니스 지역에 위치. 1박 약 76.82달러. 예약전화번호 312-922-2900

▶ La Quinta Inn Hoffman

시카고 시내의 북서쪽에 위치. 1박 약 82.94달러. 예약전화번호 847-882-3312

▶ La Quinta Oakbrook

Oakbrook Terrace의 외곽에서 시카고 서쪽에 위치. 조식(continental breakfast) 포함 1박 약 87.51달러. 예약전화번호 630-495-4600

▶ Quality Inn O'Hare

오헤어국제공항에서 2마일 거리에 위치. 조식(continental breakfast)포함 1박 84.07달러. 예약전화번호 847-678-0670

▶ Cass Hotel

시카고 시내에서 2블록 정도 떨어진 곳에 위치. 1박 약 93.34달러. 예약전화번호 312-787-4030

▶ Tremont Hotel

시카고 북쪽 Michigan Avenue에 바로 근접해 있으며 시카고의 사업지구와도 가깝다. 1박 약 94.92달러. 예약전화번호 312-751-1900

▶ Best Western O'Hare

Allstate Arena에서 4블록 떨어진 곳에 위치. 1박 약 98.82달러. 예약전화번호 847-296-4471

●●● 식당

≫ KOTRA가 추천하는 식당

▶ KOTRA 현지 식당 평가표

식당명	맛·위생	분위기	편의성	서비스	종합평가
Weber Grill	10	9	9	10	★★★★★
Stetson's Chop House	10	10	9	10	★★★★★
서울가든	8	9	7	8	★★★
우래옥	10	10	7	10	★★★★
Signature Room	10	10	9	10	★★★★★

▶ **Weber Grill(R5)**
- 위치 539 N. State Street, Chicago, IL 60610(시카고 다운타운에 위치)
- 주요메뉴 양식, 스테이크
- 가격대 약 30~50달러
- 연락처 312-467-9696
- 특이사항 시카고 스타일의 바비큐를 맛볼 수 있는 식당으로 맛으로 유명하다.

▶ **Stetson's Chop House(R2)**
- 위치 151 East Wacker Drive, Chicago, IL 60601(시카고 다운타운에 위치한 Hyatt Regency Chicago의 부대 식당)
- 주요메뉴 스테이크 위주 양식 전문
- 가격대 약 40~50달러

식당 분류(용도에 따른 분류)
R1: 가벼운 런치나 간단한 식사 혹은 차를 즐길 수 있는 식당
R2: 비즈니스 미팅·상담에 적합한 조용한 식당
R3: 주류를 중심으로 접대에 적합한 식당
R4: 편안한 분위기에서 한식을 즐길 수 있는 식당
R5: 제대로 된 현지 음식을 맛볼 수 있는 식당

- **연락처** 312-239-4490
- **특이사항** 비즈니스 미팅에 적합한 식당으로 유명 호텔의 부대 식당, 분위기와 서비스 그리고 맛에서 잘 알려진 식당

▶ 서울가든(R4)

- **위치** 3416 Milwaukee Ave., Northbrook, IL 60062(시카고 다운타운에서 I-94 고속도로를 타고 북상(약 10마일)하다 Exit Lake B로 빠져 서쪽으로 가다가 Milwaukee를 만나면 우회전하면 왼쪽에 위치)
- **주요메뉴** 한식(갈비, 비빔밥, 찌개 및 전골류 등)
- **가격대** 20달러
- **연락처** 847-390-8390
- **특이사항** 한인들이 많이 이용하는 식당으로 시카고 외곽에 위치, 다양한 한식을 맛볼 수 있다.

▶ 우래옥(R1)

- **위치** 3201 Algonquin Rd., Rolling Meadows, IL 60008(시카고 오헤어공항 또는 다운타운에서 서쪽으로 90번 고속도로를 타고 Alington Hgt에서 빠져 북쪽으로 나와 바로 Algonquin Rd를 만나면 좌회전하여 약 1마일 정도 지나면 왼쪽에 나타남.)

식당

Survival English in Chicago 4

A: I'd like an espresso to go, please
B: Single or double?
A: Single. Where is the sugar?

A: 에스프레소 한 잔 포장해주세요.
B: 싱글인가요, 더블인가요?
A: 싱글로 주세요. 설탕은 어디에 있죠?

Tips to go 음식 따위를 포장해서 가지고 가다
single(double) 한 잔(두 잔) 분량

- **주요메뉴** 한식
- **가격대** 20~30달러
- **연락처** 847-870-9910
- **특이사항** 한인 식당 중 규모가 크고 시설이 가장 잘 되어 있어 외국 손님 접대에 많이 이용

▶ Signature Room(R3)

- **위치** 875 N. Michigan Ave., Chicago, IL 60611 (시카고 다운타운 중심가인 미시건 애비뉴에 위치하고 있는 John Hancock 빌딩 95층에 위치)
- **주요메뉴** 양식
- **가격대** 50달러
- **연락처** 312-787-9596, moreinfo@signatureroom.com
- **특이사항** 시카고 전경을 한눈에 내려다 볼 수 있으며 야경이 일품이다. 음료수 및 주류 바를 이용할 경우 예약하지 않아도 된다.

▶ 위 식당들은 대부분 대중교통으로는 접근이 어려우며 택시기사에게 주소를 보여주고 찾아가는 것이 가장 정확하고 빠르다.

●●● 비즈니스 관광

》 KOTRA가 추천하는 시카고 관광지

● 박물관

▶ Museum of Science and Industry

- 57th St. and Lake Shore, 전화 773-684-1414. 14에이커 규모의 75개 전시관으로 구성. 지하탄광, U-505 잠수함, 아폴로 8호 우주선 모형 전시. 방문객이 직접 참여할 수 있는 각종 모형이 특징이다.

▶ Field Museum of Natural History

- Roosevelt at Lake shore, 전화 312-922-9410. 1893년 설립된 세계적인 자연사 박물관. 특히 지구관은 10에이커 이상의 규모이며, 고대 이집트의 무덤 등 생활전시, 유인원, 미국 인디언, 중국, 티벳 문명 소개 등의 전시가 유명하다.
- 개장시간 09:00~17:00, 09:00~17:00
- 입장요금 어른 12달러, 어린이(3~11세) · 노인 7달러

▶ Shedd Aquarium

- 1200 S. Lake Shore, 전화 312-939-2438. 세계에서 가장 큰 수족관(8,000여 종의 어족류) 및 90,000갤론의 산호초류 전시. 주말에는 잠수부가 어족류에게 먹이를 주는 광경이 공개된다.

▶ The Adler Planetarium

- 130 S. Lake Shore, 전화 312-922-7827. 우주에 관한 각종 필름 소개(Sky Show). 여름에는 천체 망원경을 통해 태양열 및 흑점 등을 관찰할 수 있다.

▶ **Chicago Architecture Foundation**

- 330 S. Dearborn, 전화 312-780-1776. 시카고의 과거부터 현재까지의 각종 건축물 및 환경전시

▶ **The Ernest Hemingway Museum**

- 200 N, Oak Park Ave., 전화 708-848-2222. 노벨상 수상작가인 헤밍웨이의 생가

● 미술관

▶ **The Art Institute of Chicago**

- 111 S. Michigan Ave., 전화 312-442-3600. 13세기부터 현재까지의 세계적 수준의 미술전시. 특히 프랑스 인상파의 작품으로 유명
- **입장요금** 어른 12달러, 어린이·학생·노인 7달러, 5세 이하 무료
- **개관시간** 10:00~17:00(요일별로 30분 정도씩 차이가 있으므로 미리 확인 요망)

▶ **Terra Museum of American Art**

- 644 N. Michigan, 전화 312-664-3939. 1763년부터 현재까지 미국의 대표적 화가 작품 전시

● 주요 건축물

▶ **Sears Tower**

- 233 S. Wacker Dr., 전화 312-875-9696. 세계에서 가장 높은 110층 건물(443미터)로 전망대가 103층에 있다.

▶ **AON Building**

- 220 E. Randolph Dr., 전화 312-861-1100. 세계에서 5번째 높은 건물(346미터)로 시카고에서는 2번째 고층건물

▶ **John Hancock Building**

- 875 N. Michigan, 전화 312-751-3681. 세계에서 여섯 번째(100층)로 높은 건물(시카고 내에서는 3위). 미시간 호수변에 있어 전망이 좋다.

▶ **일리노이주 정부 건물(Randolph and Dearborn)**

- 1억7천2백만 달러 건축비가 소요된(1985년 초) 유리 건물

▶ **Water Tower**

- 1867년에 건축된 급수탑으로 1871년 시카고 대화재시 유일하게 소실되지 않은 시카고의 상징 건물이다.

Survival English in Chicago 5

A: Hello. Where to, Sir?
B: I need to get to US Cellular Field.
A: Are you going to watch the ball game?
B: Yes. I'm a Korean fan of the Chicago White Socks.

A: 어서 오세요. 어디로 모셔다드릴까요?
B: US Cellular Field로 가주세요.
A: 야구 보시러 가나보죠?
B: 시카고 화이트 삭스의 한국팬이거든요.

Tips Where to~? ~로 갈까요? Chicago White Socks 시카고에 연고지를 둔 메이저리그 팀

▶ Wrigley Building
- 435 N. Michigan Ave., 추잉검 제작자인 Wrigley가 위촉, 건축한 르네상스 양식의 건물

▶ Chicago Tribune Tower
- 435 N. Michigan Ave., 1925년 완공된 36층의 고딕양식의 건물. 미국 및 세계 각 지역의 암석을 수집하여 벽면에 부착하였다.

▶ Chicago Board of Trade
- 141 W. Jackson, 전화 312-435-3690. 세계에서 가장 오래된 선물거래소. 주로 농축산물, 광산물, 삼림, 에너지 관련 품목 및 채권, 주식, 어음, 환거래가 이뤄진다.

▶ Chicago Mercantile Exchange
- 30 S. Wacker Dr., 전화 312-930-8249. CBOT와 함께 세계적으로 유명한 금융 선물환 거래소

▶ Marina City
- 300 N. State Ave. 옥수수 모양의 60층짜리 쌍둥이 건물로 각종 사진이나 영화에 주요 배경으로 이용되고 있다.

▶ Bank One(First National Bank) Building (Dearborn and Madison st.)
- 은행건물 중 세계에서 가장 높은 건물로서 빌딩 앞 광장에 있는 샤갈의 모자이크 벽화 '사계'가 유명하다.

▶ Merchandise Mart
- Wells and North Orleans st. 총면적이 40만 평방미터에 세계 5,000개 메이커의 가구 상설전시장 및 백화점 등이 있다.

≫ 관광 안내

▶ 여행자 안내소

- Chicago Convention and Tourism Bureau 312-567-8500
- Chicago Office of Tourism 312-744-2400
- Illinois Bureau of Tourism 312-814-4732

 시카고 다운타운 및 각 교외 지역 교통지도는 주유소에서 구입할 수 있음(가격 5~10달러).

▶ 시내 관광

- **American sightseeing** 312-251-3100(Palmer House Hotel, 17. E. Monroe St.)
- **Chicago Architecture Highlights** 312-922-3432(22 S. Michigan Ave.)
- **Chicago Motor Coach Company** 312-922-8919(7903 S. Halsted)
- **Chicago Trolly Company Tours** 773-739-0900(615 W. 41St.)
- **Grey Line Tours** 312-251-3107(27th Monroe St.)

▶ 마차 관광

- **Antique Coach** 312-735-9400(Michigan Ave and Huron St.) 30분 정도 소요, 35달러
- **Chicago Horse and Carriage, Ltd** 312-944-9197(Michigan Ave. and Pearson St.)
- **Noble Horse** 312-266-7878(Michigan Ave. and Pearson St.)

▶ 유람선 관광(미시간호수, 시카고 강-대부분 여름철만 운행)

- **An Admiral's sightseeing** 312-641-7245 (Wabash and E.Wacker Dr.), 1~2시간
- **Chicago architecture foundation, architecture river cruises** 312-902-1500(Michigan Ave. and wacker Dr.), 90분
- **Mercury, Chicago's Skyline Cruises** 312-332-1368 (Michigan Ave and wacker Dr.), 90분
- **Odyssey Cruises** 708-990-0800(Navy Pier, Illinois St.), 3시간
- **Wendella Sightseeing Boat** 312-337-1446(400 N. Michigan Ave.), 1~2시간

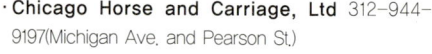

▶ 시카고 소재 교포운영 여행사

여행사	연락처
동서여행사	773-777-1438
국제여행사	773-338-2710
반도여행사	773-282-0110
샤프여행사	773-588-4153
아메리카여행사	773-728-1339
유니버설여행사	773-878-8622
현대여행사	773-588-1010
하나여행사	847-913-1177
해피여행사	773-478-9777
롯데여행사	773-427-2727

●●● 비즈니스 쇼핑

▶ **워터 타워 플레이스(Water Tower Place)**

마샬 필즈, 로드 & 테일러 등의 백화점과 125개의 전문상점, 8개의 레스토랑, 7개의 영화관이 들어서 있는 대형 쇼핑센터이다.

- **위치** 835n. Michigan Ave.
- **전화** 312-440-3165

▶ **오크 브룩 쇼핑센터(Oakbrook Shopping Center)**

노드스톰, 마샬 필즈, 삭스 핍스 애비뉴, 로드 & 테일러, 시어즈, 니만 마쿠스 등을 비롯해 170여 개의 전문점들이 입점해 있는 대형 쇼핑센터.

- **위치** 100 Oakbrook Ctr., Oakbrook
- **전화** 630-573-0700

▶ **블루밍데일즈(Bloomingdale's)**

1853년 창업한, 전통을 자랑하는 최고급 백화점. 애비뉴 애트리움의 1층부터 6층까지의 매장에 다양한 브랜드가 입점해 있다. 사용할 수 있는 카드는 Amex, Diners, Master, Visa.

- **위치** Avenue Atrium 900 N. Michigan Ave.
- **전화** 312-440-4460

▶ **900 노스 미시건 숍(900 North Michigan Shops)**

블루밍데일즈를 비롯한 70여 개의 상점과 레스토랑이 들어서 있는 곳. 주말에는 공연도 즐길 수 있다.

- **위치** 900 N. Michigan Ave.
- **전화** 312-915-3916

Survival English in Chicago 6

A: I want to buy something for my wife.
B: How about going to Chicago Accent?
A: Where is it?
B: It's on Michigan Avenue.

A: 아내에게 줄 선물을 사주고 싶은데요.
B: Chicago Accent에 가보세요.
A: 어디에 있죠?
B: 미시건 애비뉴에 있어요.

Tips How about~ ~가 어떨까요? Chicago Accent 시카고관련 선물을 파는 기념품점

▶ **시카고 플레이스(Chicago Place)**

미시간 애비뉴 북쪽에 있는 고급 쇼핑센터. 탈보트(Talbots), 앤 테일러(Ann Taylor), 윌리엄 소노마(William Sonoma) 등 고급 유명 브랜드 50여 개가 입점해 있다.

- **위치** 700 N. Michigan Ave.
- **전화** 312-642-4811

▶ **우드필드 쇼핑센터(Woodfield Shopping Center)**

일리노이주를 통틀어 관광객들에게 인기 있는 쇼핑센터로 알려져 있다. 유명 백화점을 비롯 250여 개의 상점이 입주해 있다.

- **위치** Golf Rd. at Route 53, Schumburg
- **전화** 847-330-1537

▶ **나이키타운 시카고(NikeTown Chicago)**

신발, 의류, 스포츠 용품 등 나이키(NIKE)사의 제품을 판매한다. 여성 전문 매장을 따로 갖추고 있다.

- **위치** 669 N. Michigan Ave.
- **전화** 312-642-6363

▶ **빅 시카고 레코드(Big Chicago Records)**

모든 장르의 CD를 판매하는 곳으로 매니아와 수집가들이 꼭 한번씩 들러보는 곳이다. www.bigchicago.com

- **위치** 221 N. La Salle St., Suite 1938
- **전화** 312-307-7574

▶ **시카고 트리뷴 기프트 스토어(Chicago Tribune Gift Store)**

독특한 기념품, 의류, 카드, 엽서 등을 판매하는 기념품 가게이다.

- **위치** 435 N. Michigan Ave.
- **전화** 312-222-3080

Atlanta
_애틀랜타

>>

미국 남동부의 최대 도시로, 미국 역사의 한 페이지를 장식하는 도시이다. 남북전쟁의 격전지로 영화 〈바람과 함께 사라지다〉의 배경으로 알려졌고, 땅콩으로 유명한 지미 카터 대통령과 흑인 인권 운동가 마틴 루터 킹 목사의 고향으로 유명한 조지아주의 수도이다.

　20세기 이후에는 세계적인 방송 네트워크인 CNN으로 전 세계인들의 이목이 집중되고 있으며 좋은 입지조건과 급속한 경제성장으로 미국 남동부의 최대 도시로 자리 잡고 있다.

애틀랜타에 대한 모든 것

애틀랜타에 있는 유명한 것 3가지
- CNN 본사
- 코카콜라 본사
- 델타항공 본사

애틀랜타에 대해 잠깐!

조지아주 북서쪽에 위치하며 미국 남부 7개주의 중심도시로 상업과 교통의 중심지로 발전해가는 중이다. 면적은 15,928㎢, 인구는 약 42만 명(광역지역은 약 420만 명)으로, 흑인이 전체 인구의 50% 이상을 차지한다.

Survival English in Atlanta 1

A: What's the purpose of your visit?
B: I'm on business from Korea.
A: How long will you be staying in Atlanta?
B: One week.

A: 방문 목적이 뭐죠?
B: 한국에서 비즈니스 차 왔습니다.
A: 애틀랜타에는 얼마나 머무르실 예정이죠?
B: 일주일 예정입니다.

Tips on business 사업 때문에, 출장차

어떻게 갈까?

〉〉 인천에서 애틀랜타까지

인천~애틀랜타 간 대한항공편이 주 7회 운항 중이며 비행시간은 약 14시간이 소요된다.

〉〉 공항에서 애틀랜타 시내까지

택시를 탈 때 약 10분 정도 걸리며 승객 수에 따라 요금이 달라진다.

지하철을 탈 때 시내까지 직행하는 전철 Marta를 타면 약 20분이 걸리며 요금은

1.75달러이다.

셔틀버스를 탈 때 주요 호텔의 경우 30분 간격으로 운행한다. 요금은 편도 7달러이다.

애틀랜타공항
(Hartsfield-Jackson International Airport)

애틀랜타 남부에 위치하고 있으며 다운타운에서 약 10마일 거리다. 세계 최대의 면적을 갖고 있는 애틀랜타공항은 South, North 터미널(향후 2개의 터미널 완공 예정)과 국제선 Satellite로 이루어져 있으며 이 빌딩과 4개의 국내선 Concourse는 Transit rail(지하철)로 연결되어 있다.

- **주소** 6000 North Terminal Parkway Suite 435 Atlanta, GA 30320
- **전화** 800-897-1910
- **홈페이지** www.atlanta-airport.com

시차

서울과의 시차는 14시간으로 애틀랜타가 14시간 느리다. 서머타임이 적용되는 기간은 13시간 차이가 난다.

 서울 오전9시 → 애틀랜타 전날 오후7시

Business Hours

일반적으로 회사와 관공서는 오전9시~오후5시까지이며, 은행은 오전9시부터 오후4시까지 영업을 한다(토요일은 오후 12시까지). 백화점은 오전10시~오후7시까지 영업을 하지만 요일에 따라 변동이 있다.

미국의 다른 도시와의 시차
애틀랜타는 시카고, 댈러스와는 -1시간이고, 뉴욕, 워싱턴, 마이애미와는 시차가 없다.

기후

1월 최고 11℃ 최저 2℃
7월 최고 31℃ 최저 22℃

통신

》》 휴대폰

본인의 휴대폰에 대해 국제 로밍 서비스를 미리 신청하면 미국 내에서 사용이 가능하다. 요금이 비싼 편이지만 긴급 상황 등에 대비할 수 있는 장점이 있다.

》국제전화

011+국가코드+지역코드+전화번호 순서로 번호를 누르면 된다. 호텔에서 국제전화 또는 장거리 전화를 사용할 때는 일반적으로 비용이 매우 비싸기 때문에 반드시 비용을 미리 확인해야 하며, 전화카드를 사서 이용하는 것이 가장 저렴한 방법이다. 한국 혹은 미국 내 한국 상점에서 판매하는 한국통화 전용 국제전화카드를 구매하여 사용하는 것이 경제적이고 편리하다.

 서울로 전화를 할 경우 → 011+82+2+524+2424

》시내전화

시내전화 기본요금은 50센트이다. 애틀랜타 내 지역번호인 (404)지역, (770)지역, 그리고 (678)지역은 지역코드 404, 770 또는 678을 사용하되, 타 지역을 이용할 때처럼 '1'을 누르지 않고 지역번호부터 누르면 된다.

》시외전화

1+지역코드+전화번호를 누르면 된다. 장거리 전화일 경우는 요금이 매우 비싸게 적용되기 때문에 전화카드를 이용하는 것이 저렴하다.

 시카고로 전화를 할 경우 → 1+312+524+2424

》인터넷

애틀랜타에는 한국처럼 PC방이 많지 않기 때문에 호텔이 아닌 외부에서 인터넷을 사용하려면 무선 인터넷이 가능한 노트북을 지참해야 한다. 대부분 스타벅스 같은 커피숍에 무선 Hotspot이 있고, 신용카드를 사용하여 ISP에 계정을 만든 후 사용할 수 있다.

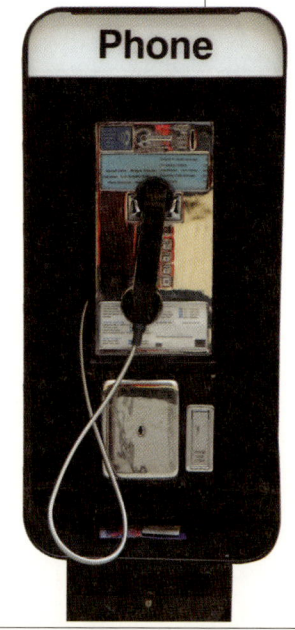

알아두면 편리한 애틀랜타

교통

>> 지하철

지하철 시내 중심부를 통과하는 2개의 노선인 남북선과 동서선이 Five Points에서 교차한다. 별도의 역 이름이 있으나 E1-5, N1-9 등 방향과 순서에 따라 번호가 붙여져 있다. 요금은 1.75달러, 갈아탈 때는 무료이다.

>> 버스

150여 개의 다양한 노선이 있지만 외부인은 이용이 쉽지 않은 편이다. 요금 1.5달러, 버스와 지하철은 상호 갈아탈 수 있으며, 갈아타는 것은 무료이다.

>> 택시

호텔 택시 승차장에서 또는 전화 호출을 해서 택시를 탈 수 있다.

애틀랜타 소재 콜택시

· 뉴한양콜택시 770-455-6900 · 아리랑콜택시 770-416-7085
· 서울콜택시 770-248-0766 · 룰라콜택시 770-986-8899

>> 렌터카

애틀랜타는 시내중심보다 도심 밖으로 펼쳐져 발달한 도시이므로 교외의 관광명소(스톤마운틴 파크, 식스 플랙)나 그 외의 쇼핑몰들을 둘러보려면 렌터카를 이용하는 편이 훨씬 편리하다.

KOTRA 애틀랜타 무역관

>> 무역관 안내

애틀랜타 무역관 주변은 교통이 편리하여 바이어들의 방문이 용이할 뿐만 아니라 '애틀랜타 한인타운'이라 불리는 Doraville 지역과도 가깝게 위치하고 있어 교민들의 방문도 용이하다.

주소 5 Concourse Parkway NE, Suite 2181, Atlanta, GA 30328, USA
전화 770-508-0808
팩스 770-508-0801
이메일 information@kotraatl.com

>> 찾아가는 방법

택시를 탈 경우 약 40분이 소요되며 요금은 35~40달러 정도이다.

렌터카로 갈 경우 공항에서 나와 주와 주를 연결해주는 Interstate 고속도로인 I-75를 타고 북쪽으로 진행 이후 Interstate 고속도로인 I-85와 합류하는 지점을 지나 I-85 북쪽으로 진행해서 조지아주 고속도로인 GA400을 타고 톨게이트를 통과(50센트) Exit 4B를 지나서 우측으로 빠져나간다. 첫 교차로에서 우회전, 계속 진행하면 Corporate Center V 도착(건물의 공식명은 Corporate Center V인데, 건물의 윗부분이 왕관처럼 생겼다고 해서 흔히 King & Queen Tower라고 부름)하게 되고 건물 21층에 무역관이 있다.

지하철로 갈 경우 짐을 찾은 후 MARTA Train Terminal로 나와서 토큰(1.5달러)을 구입한 후 도착지가 던우디

애틀랜타에 한국교민은 어느 정도?

최근 한국교민의 수도 크게 증가해서 애틀랜타에 5만여 명이 살고 있는 것으로 추정된다. 미 동남부에는 10만이 넘는 교민이 살고 있는 것으로 추정되고 있다

교통

Survival English in Atlanta 2

A: Are you new to Atlanta?
B: Could you give me a city map?
A: Here you are. Drive carefully.
B: Thank you.

A: 애틀랜타에는 처음이십니까?
B: 네, 도시 지도를 얻을 수 있을까요?
A: 여기 있습니다. 운전 조심하세요.
B: 고맙습니다.

Tips Here you are 여기 있습니다 city map 도시 지도

(Dunwoody)라고 적혀 있는 지하철에 승차해 던우디역에서 하차(소요시간 약 40분)한다. 지하철역 앞 버스정류장에서 'Concourse Shuttle' 이라고 적혀 있는 무료 셔틀버스에 승차해 Corporate Center V 도착(15분마다 무료 셔틀버스 운행). 던우디역에서 무역관까지는 2블록이며, 지하철에서 내려 택시를 이용할 경우 요금은 4달러 정도.

응급상황

- **긴급전화**(화재, 경찰, 앰블런스) 911
- **전화번호 안내** 411
- **다른 지역의 전화번호 안내** 1+지역번호+555+1212

치안

다른 도시와 비교하면 비교적 안전한 편이나 시내 남부는 위험지역으로 안전상 혼자 걷는 것은 가급적 피해야 한다.

팁은 이렇게
공항의 포터 · 도어맨
1~3달러(짐 개수에 따라)
룸서비스
무엇인가 부탁했을 경우 1달러 이상
벨보이
짐 한 개당 1달러
레스토랑 · 바
요금의 10~15%
택시
요금의 10~15%
관광가이드
하루 15달러 이상

주요 연락처

〉〉 애틀랜타 총영사관

- 주소 229 Peachtree St. NE International Tower Suite 500 Atlanta, GA 30303
- 전화 404-522-1611
- 팩스 404-521-3169
- 이메일 atlanta@mofat.go.kr
- 총영사 이광재

〉〉 주요 항공사

- 대한항공 800-438-5000
- 아시아나항공 800-227-4262
- 델타항공 800-221-1212
- 콘티넨탈항공 800-525-0280
- 노스웨스트 항공 800-225-2525
- USA Air 800-428-4322
- 유나이티드 에어 800-241-6522

〉〉 언론

- 한국일보 770-248-9510
- 동아일보 770-454-9655
- 한겨레신문 770-453-9089
- US Korea/Carolina 404-932-5222 www.uskorea.com/carolina
- 한국인(Hankookin) 919-844-6610

〉〉 조지아주정부

- 주정부 404-656-1776
- 주국무부 404-656-2882
- 주상무부 404-3545

KOTRA와 함께 하는 '애틀랜타 경제는 지금'

미동남부의 중심지에 위치
- 노스캐롤라이나, 사우스캐롤라이나, 테네시, 앨라배마, 미시시피, 플로리다, 조지아 등 7개주의 중심
- 세계 1위의 공항인 Hartsfield 공항 보유
- 주요 연방고속도로의 교차지점
  Interstate 75, 85, 20 등 3개 고속도로가 애틀랜타 중심지에서 교차 도시 순환고속도로인 Interstate 285가 도시 외곽과 시내를 편리하게 연결
- 주요 무역항과의 적정 거리
  Charleston, Savannah 등 주요 무역항과 자동차로 4시간 내외 소요 해상운송과 육상운송을 연결해주는 지점으로 유통의 중심지역할 수행

급속한 경제성장
- 높은 소득증가율
  1980~1995년 기간 중 연평균 개인소득 증가율 4.2%(조지아주 기준), 미국 50개주 중 네바다주의 5.3%에 이어 2위
- 최고의 고용증가지역
  1999-2025년 기간중 애틀랜타 지역 고용증가 규모를 180만 명으로 전망. 참고로 휴스턴 150만 명, 피닉스 150만 명, 댈러스 140만 명, 워싱턴 130만 명, LA 130만 명, 샌디에고 120만 명
- 높은 인구증가율
  1994~1998년 동안 인구증가율 8.5%(조지아주 기준). 중동부 지역에서 1위, 미국 전체에서는 4위. 한국 교민들의 수도 최근 들어 급속히 증가하고 있다.

✱ 알아두면 즐거운 애틀랜타

●●● 호텔

》 KOTRA가 추천하는 호텔

▶ KOTRA 현지 호텔 평가표

호텔명	접근성	쾌적성	안전성	부대시설	종합평가
The Westin Atlanta North at Perimeter Center	8	9	9	7	★★★★
Intercontinental Buckhead	9.5	10	9	9	★★★★★
Grand Hyatt Buckhead	9.5	9	9	9	★★★★
The Westin Buckhead	9.5	9	9	9	★★★★★
Omni Hotel at CNN Center	8.5	8.5	8	8	★★★★
The Westin Peachtree Plaza	8.5	8.5	8	8	★★★★

▶ The Westin Atlanta North at Perimeter Center

- **위치** 7 Concourse Parkway, Atlanta, GA 30328. 애틀랜타 공항에서 차로 약 40분, MARTA 지하철 N·S노선의 N9·Dunwoody역에서 하차

- **객실요금** (Standard Room기준/싱글, 트윈 요금 동일). 300달러(성수기), 120달러(비수기). 비즈니스 지역에 위치한 호텔이기 때문에 주중(월~목)의 가격이 주말(금~일)의 가격에 비해 약 20% 정도 높다. 시즌별, 객실 종류별 숙박요금은 www.westin.com/atlantanorth에서 검색 가능

- **인터넷 사용** 모든 객실과 로비(무선)에서 고속인터넷 이용 가능(사용료: 하루 무제한 10.95달러). 각종 회의실에서는 무선 LAN과 고속인터넷 사용도 가능(유료)

- **각종 부대시설** 비즈니스 밀집지역에 위치한 고급 호텔로 회의실로 사용가능한 홀이 많다. 바로 옆에 위치한 고급 피트니스 센터에 Spa, 운동시설, 농구장, 수영장 등이 구비되어 있다. 출입할 때마다 15달러 부과. 회의실로 사용 가능한 Meeting Room은 총 20개이며, 최대 규모는 한 번에 약 600명 수용 가능

- **연락처** · 전화 770-395-3900 · 팩스 770-395-3935 · 이메일 atlantanorth@westin.com · 웹사이트 www.westin.com/atlantanorth

▶ Intercontinental Buckhead

- **위치** 3315 Peachtree Road NE, Atlanta, GA 30326. 애틀랜타 공항에서 차로 약 25분, MARTA 지하철 N7 Buckhead역에서 하차

- **객실요금** (Standard Room기준/싱글, 트윈 요금 동일). 220달러(비수기), 450달러(성수기). 비즈니스 지역에 위치한 호텔이기 때문에 주중(월~목)의 가격이 주말(금~일)의 가격에 비해 약 20% 정도 높다. 시즌별, 객실 종류별 숙박요금은 www.ichotelsgroup.com/h/d/ic/1/en/hd/atlbh에서 검색 가능

- **인터넷 사용** 모든 객실과 로비(무선)에서 고속인터넷 이용 가능(사용료: 하루 무제한 10.95달러). 각종 회의실에서는 무선 LAN과 고속인터넷 사용도 가능하다(유료).

- **각종 부대시설** AAA에서 인정한 애틀랜타 유일의 5다이아몬드 호텔로서 애틀랜타에서 가장 부촌이자 고급 쇼핑가인 벅헤드(Buckhead) 지역에 위치한 고급호텔이다. 가장 큰 쇼핑센터인 Lenox Square와 Phipps Plaza 인근에 위치하고 있다. 피트니스 센터, Spa, 수영장 등이 구비되어 있다. 회의실로 사용 가능한 Meeting Room은 총 15개이며, 최대 규모 1,060㎡ Room에 한 번에 약 900명 수용 가능

- **연락처** · 전화 404-946-9000 · 팩스 404-946-9001 · 이메일 icbuckhead@ichotelsgroup.com · 웹사이트 www.ichotelsgroup.com/h/d/ic/1/en/hd/atlbh

▶ **Grand Hyatt Buckhead**

- **위치** 3300 Peachtree Road, Atlanta, GA 30305. 애틀랜타 공항에서 차로 약 25분, MARTA지하철 N7 Buckhead역에서 하차

- **객실요금** (Standard Room기준/싱글, 트윈 요금 동일). 330달러(성수기), 180달러(비수기). 비즈니스 지역에 위치한 호텔이기 때문에 주중(월~목)의 가격이 주말(금~일)의 가격에 비해 약 20% 정도 높다. 시즌별, 객실 종류별 숙박요금은 http://grandatlanta.hyatt.com 에서 검색 가능

- **인터넷 사용** 모든 객실과 로비(무선)에서 고속인터넷 이용 가능(사용료: 하루 무제한 9.95달러+세금). 각종 회의실에서는 무선 LAN과 고속인터넷 사용도 가능(유료).

- **각종 부대시설** 피트니스센터, Spa, 수영장 등이 구비되어 있음. 회의실로 사용 가능한 Meeting Room은 총 17개이며, 최대 규모 900㎡ Room에 약 1,000명 수용 가능. 벅헤드(Buckhead)지역에 위치한 고급호텔로 Lenox Square와 Phipps Plaza 인근에 위치. 최근 560만 달러의 리노베이션으로 관광객들의 평가가 좋다.

- **연락처** · 전화 404-237-1234 · 팩스 404-233-5686 · 웹사이트 http://grandatlanta.hyatt.com

Survival English in Atlanta 3

A: Which hotel will you stay at in Atlanta?
B: At Onmi Hotel, CNN Center.
A: How long does it take to get there from the airport?
B: About 20 minutes by car.
A: 애틀랜타 어느 호텔에 머무르실 예정입니까?
B: CNN센터에 있는 Onmi Hotel이요.
A: 공항에서 얼마나 걸릴까요?
B: 차로 20분 정도요.

Tips it takes (시간이) ~걸리다 by car 자동차로

▶ **The Westin Buckhead**

- **위치** 3391 Peachtree Road, N.E., Atlanta, GA 30326. 애틀랜타 공항에서 차로 약 25분, MARTA 지하철 N7 Buckhead역이나 NE7 Lenox역에서 하차

- **객실요금** (Standard Room기준/싱글, 트윈 요금 동일). 450달러(성수기), 200달러(비수기). 주중(월~목)의 가격이 주말(금~일)의 가격에 비해 약 20% 정도 높다. 시즌별, 객실 종류별 숙박요금은 www.westin.com/buckhead에서 검색 가능

- **인터넷 사용** 모든 객실과 로비(무선)에서 고속인터넷 이용 가능(사용료: 하루 무제한 16달러). 각종 회의실에서는 무선 LAN과 고속인터넷 사용도 가능(유료).

- **각종 부대시설** 애틀랜타의 가장 고급쇼핑가에 위

치한 고급호텔로, Lenox Square 바로 옆에 위치. 피트니스 센터, Spa, 수영장 등이 구비되어 있다. 회의실로 사용 가능한 Meeting Room은 총 16개이며, 가장 작은 25.4㎡에서 최대 규모 934.5㎡ Room에 약 900명 수용 가능.

· **연락처** · 전화 404-365-0065 · 팩스 404-365-8787 · 이메일 buckhead @westin.com · 웹사이트 www.westin.com/buckhead

▶ **Omni Hotel at CNN Center**

· **위치** 100 CNN Center, Atlanta, GA 30303. 애틀랜타 공항에서 차로 약 20분, MARTA지하철 E-W노선 W1-Dome/GWCC/Philips Arena/CNN Center Station역에서 하차

· **객실요금** (Standard Room기준/싱글, 트윈 요금 동일). 300달러(성수기), 150달러(비수기). 비즈니스 지역에 위치한 호텔이기 때문에 주중(월~목)의 가격이 주말(금~일)의 가격에 비해 약 20% 정도 높다. 시즌별, 객실 종류별 숙박요금은 http://www.omnihotels.com/hotels 에서 검색 가능

· **인터넷 사용** 모든 객실과 로비(무선)에서 무료로 고속인터넷 이용 가능. 각종 회의실에서 무선 LAN과 고속인터넷 사용도 가능

· **각종 부대시설** CNN 본사에 위치한 호텔로 Georgia World Congress Center, Phillips Arena, Georgia Dome과 이어져 있다. 피트니스센터, Spa, 수영장 등이 구비되어 있고, 길 건너편의 1996 올림픽공원이 조성되어 있어 조깅이 가능하다. 뉴스의 메카인 CNN사 내의 호텔인 만큼 비즈니스 미팅도 많기 때문에 회의실로 사용 가능한 Meeting Room은 약 100여 개이며, 최대 규모 Room에는 한 번에 약 1,500명까지 수용 가능하다.

· **연락처** · 전화 404-659-0000 · 팩스 404- 525-5050 · 이메일 http://

www.omnihotels.com/contactus · 웹사이트 http://www.omnihotels.com/hotels

▶ The Westin Peachtree Plaza

- **위치** 210 Peachtree St, Atlanta, GA 30303. 애틀랜타 공항에서 차로 약 15분, MARTA 지하철 N1-Peachtree Center역에서 하차
- **객실요금** (Standard Room기준/싱글, 트윈 요금 동일). 400달러(성수기), 200달러(비수기). 비즈니스 지역에 위치한 호텔이기 때문에 주중(월~목)의 가격이 주말(금~일)의 가격에 비해 약 20% 정도 높다. 시즌별, 객실 종류별 숙박요금은 www.westin.com/peachtree에서 검색 가능
- **인터넷 사용** 모든 객실과 로비(무선)에서 고속인터넷 이용 가능(사용료: 30분 4.95달러, 하루 무제한 14.95달러). 각종 회의실에서는 무선 LAN과 고속인터넷 사용도 가능(유료)
- **각종 부대시설** 다운타운 한가운데 위치한 고급 호텔로 회의실로 사용 가능한 홀이 많다. 피트니스센터, Spa, 수영장 등이 구비되어 있음. 회의실로 사용 가능한 Meeting Room은 총 20개이며, 최대 규모 Room에 약 93명 수용가능
- **연락처** · 전화 404-659-1400 · 팩스 404-589-7424 · 이메일 peach@westin.com · 웹사이트 www.westin.com/peachtree

〉〉 실속 있는 호텔을 찾는다면

▶ Days Inn Downtown

비즈니스 구역 중심에 위치하고 있으며 많은 식당과 가게들도 걸어서 갈 수 있는 거리에 있다. 1박 약 68.32달러. 예약전화번호 404-523-1144

▶ Best Western Atlanta Airport East

애틀랜타 Hartsfield 국제공항에서 4마일, 시내에서 6마일 거리에 위치. 1박 약 82.96달러. 예약전화번호 404-479-1100

▶ La Quinta Inn & Suites Atlanta-Perimeter

애틀랜타 중심지에 위치, 애틀랜타의 명소들과 근접해 있다. 1박 약 85.40달러. 예약전화번호 770-350-6177

▶ Amerisuites Atlanta Airport

애틀랜타 Hartsfield 국제공항에서 1.5마일 거리에 위치1박 약 86.62달러. 예약전화번호 770-994-2997

▶ Amerisuite Atlanta Buckhead

쇼핑과 교통의 중심인 다운타운에 위치. 1박 약 107.36달러. 예약 전화번호 404-869-6161

▶ Atlanta Hilton & Towers

애틀랜타 Hartsfield 국제공항에서 12마일 거리에 위치. 1박 약 118.34달러. 예약전화번호 404-659-2000

●●● 식 당

》KOTRA가 추천하는 식당

▶ KOTRA 현지 식당 평가표

식당명	맛·위생	분위기	편의성	서비스	종합평가
Ruth's Chris Steak House	10	9	9	10	★★★★★
Atlanta Fish Market	10	9	9	9	★★★★★
SunDial Restaurant	9	9	9	8	★★★★
강 남	9	9	8	9	★★★★
한일관	9	8	8	9	★★★★

▶ Ruth's Chris Steak House

- **위치** 950 E. Paces Ferry Road, Atlanta Plaza, Lobby(Suite 110) Atlanta, GA 30326
- **주요메뉴** 스테이크
- **가격대** 애피타이저, 메인, 디저트 포함시 1인당 50~60달러
- **전화** 404-365-0660
- **이메일** atlanta15@ruthschris.com
- **웹사이트** www.ruthschris.com

▶ Atlanta Fish Market

- **위치** 265 Pharr Road, NE Atlanta, GA 30305
- **주요메뉴** 해산물요리(서양식)

- **가격대** 애피타이저, 메인, 디저트 포함시 1인당 40~60달러
- **전화** 404-292-3165
- **이메일** blennon@buckheadrestaurants.com
- **웹사이트** www.buckheadrestaurants.com/afm.html

▶ **SunDial Restaurant**

- **위치** The Westin Peachtree 호텔의 꼭대기층에 위치 210 Peachtree Street Atlanta, GA 30303
- **주요메뉴** 스테이크 및 해산물요리(서양식)
- **가격대** 애피타이저, 메인, 디저트 포함시 1인당 50~70달러
- **전화** 404-589-7506
- **팩스** 404-654-8156
- **이메일** peach-sundial@westin.com
- **웹사이트** www.westin.com/peachtree

▶ **강남(Kang Nam)**

- **위치** 5715 Buford Hwy Doraville, GA 30340
- **주요메뉴** 일식
- **가격대** 회 1인분 15달러
- **전화** 770-455-3464

▶ **한일관(Hanil Kwan)**

- **위치** 5458 Buford Hwy Doraville, GA 30340
- **주요메뉴** 한식
- **가격대** 8~10달러
- **전화** 770-457-3217

식당

Survival English in Atlanta 4

A: Could you refill this for me?
B: Sure, what were you drinking?
A: Coke.
B: Okay, I'll be right back.

A: 리필 좀 해주시겠어요?
B: 네, 어떤 걸 드시고 계셨죠?
A: 코카콜라요.
B: 네, 곧 가져다 드리겠습니다.

Tips refill 리필하다   be right back 곧 돌아오다

》》애틀랜타에서 한·중·일식을 먹어보자

▶ 한식당

- 코리아가든(Korea Garden) 770-454-6200/6410, 5181 Buford Highway, Doraville
- 아시아나가든(Asiana Garden) 770-452-0012/1677, 5150 Buford Highway, Doraville
- 한우리(Hanwoori Corporation) 770-458-9191, 4251 N. Peachtree Road, Atlanta
- 서울신정 770-451-1129 5269, Buford Highway, Doraville
- 서울가든(Seoul Garden Rest.) 770-452-0123, 5938 Buford Highway, Doraville
- 한국관(Mirror of Korea) 404-874-6243, 1047 Ponce De Leon Ave., Atlanta
- 조선옥(Cho Sun Ok) 770-452-1821, 5865 Buford Highway, Doraville

▶ 일식당

- Benihana(베니하나) 404-522-9629, Peachtree Center 쇼핑몰 지하

▶ 중식당

- Hsu's Gourmet(쑤우) 404-659-2788, 192 Peachtree Center Avenue, Atlanta
- 풍미 770-455-0435, 5145 Buford Hwy, Doraville

●●● 비즈니스 관광

▶ 스톤마운틴 공원(Stone Mountain Park)
- **위 치** Highway 78 East, Stone Mountain, GA 30087
- **개장시간** 06:00~24:00
- 애틀랜타 동쪽에 위치하고 있는 최대의 인근공원으로 조각이 새겨져 있는 거대한 바위가 볼거리이며, 이외에도 골프, 낚시, 피크닉 등의 활동이 가능하다.

▶ 언더그라운드 애틀랜타(Underground Atlanta)
- **위 치** Peachtree Street와 Central Avenue 사이
- **교 통** 지하철 Five Points역 하차
- **개장시간** 10:00~21:30(일요일 12:00~18:00)
- 19세기 이후 애틀랜타 중심지로 레스토랑, 카페, 나이트클럽, 각종 숍 등이 있는 오락가

▶ 코카콜라 박물관(The World of Coca Cola)
- **위 치** 55 Martin Luther King, Jr. Drive(언더그라운드 동쪽)
- **교 통** 지하철 Five Points역 하차
- **개장시간** 10:00~21:30(일요일 12:00~17:00)
- 100년 전부터 미래에 이르기까지 코카콜라 역사와 세계 속의 코카콜라에 관한 연구자료 전시 및 영화 상영

▶ CNN 센터(CNN Center)
- **위 치** 1 CNN Center, Marietta Street & Techwood Drive
- **교 통** 지하철 W1 Omni역 하차
- **개장시간** 08:30~17:30(공휴일은 휴무)
- CNN 뉴스 스튜디오를 일반에게 공개하는 투어로 45분 소요

Survival English in Atlanta 5

A: What would you like to see the most in Atlanta?
B: Well, CNN Center.
A: Sound good. I've been there once.

A: 애틀랜타에서 가장 보고 싶은 게 뭐죠?
B: 음, CNN 센터요.
A: 좋죠! 나도 한 번 가봤어요.

Tips have been ~에 가본 적이 있다

▶ 마틴 루터 킹 목사 기념관(Martin Luther King Jr. National Historic Site)
- **위 치** 449 Auburn Avenue
- **교 통** 지하철 Five Points역에서 하차 후 3번 버스로 10분
- **개장시간** 09:00~20:00
- 마틴 루터 킹 목사의 생가, 기타 관련자료 전시 및 영화 상영

▶ 사이클로라마(Atlanta Cyclorama)
- **위 치** 800 Cherokee Avenue
- **교 통** 지하철 Five Points역에서 하차 후 97, 32번 버스로 20분
- **개장시간** 09:30~17:30(공휴일은 휴무) 10~4월은 16:30까지 남북전쟁 중의 '애틀랜타 전투'를 재현한다.

▶ 카터대통령 기념관(The Carter Center)
- **위 치** 441 Freedom Parkway
- **교 통** 지하철 Five Points역에서 하차 후 16번 버스로 20분
- **개장시간** 09:30~16:45 (일요일은 12:00~16:45)
- 지미 카터 대통령 재임시의 업적을 사진과 자료로 전시

▶ 폭스극장(Fox Theatre)
- **위 치** 660 Peachtree Street
- **교 통** 지하철 N3 North Avenue역 하차

▶ 로버트 우드러프 예술관(Robert Woodruff Arts Center)
- **위 치** 1280 Peachtree Street
- **교 통** 지하철 N5 Art Center역에서 하차
- **시 설** 복합예술관으로 애틀랜타교향악단홀, 극장, 애틀랜타 미술대학 등이 있다. High Museum에서는 미국의 모던아트, 유럽 회화 등을 상설 전시하며, 특별전시회도 계속 열리고 있다.

▶ 펀 뱅크 자연사 박물관(Fernbank Museum of National History)
- **위 치** 156 Heaton Park Drive
- **교 통** 지하철 N3 North Ave.역에서 하차 후 2번 버스로 15분
- **개장시간** 09:00~18:00(일요일 12:00~18:00)
- 미국 동남부 최대 규모의 자연사 박물관

●●● 비즈니스 쇼핑

▶ **피치트리센타 쇼핑몰(Peachtree Center Shopping Mall)**
- **위 치** 225 Peachtree Street
- 다운타운의 유일한 쇼핑몰로 70여 개의 전문점이 입점

▶ **레녹스 스퀘어(Lenox Square)**
- **위 치** 3393 Peachtree Road
- 세계적인 유명 의류전문점, 백화점, 레스토랑, 극장 등이 있는 동남부 최고의 쇼핑몰

▶ **핍스 플라자(Phipps Plaza)**
- **위 치** 3500 Peachtree Road
- 레녹스 스퀘어 인근, 일류백화점과 고급 유명브랜드 전문점이 입점

▶ **퍼리미터 몰(Perimeter Mall)**
- **위 치** 4400 Ashford-Dunwoody Rd.
- 일류백화점과 고급 유명 브랜드 전문점이 입점

▶ **스톤 마운틴 빌리지(Stone Mountain Village)**
- **위 치** Main Street, Stone Mountain
- 스톤마운틴공원 입구에 위치한 19세기 마을을 재현한 거리, 앤티크(Antique)와 수공예품 위주

쇼 핑

Survival English in Atlanta 6

A: Are there any malls around here?
B: You should try Peachtree Center Shopping Mall.
A: Thank you, and how can I get there?

A: 이 근처에 쇼핑할 만한 곳이 있나요?
B: Peachtree Center Shopping Mall에 가보세요.
A: 고맙습니다. 그런데 어떻게 가죠?

Tips mall 쇼핑몰 Peachtree Center Shopping Mall 애틀랜타 다운타운에 있는 쇼핑몰

Washington D.C.
_워싱턴 *D.C.*

>>

워싱턴은 미합중국의 수도로 명실공이 국제정치와 외교의 중심지이자 세계의 '행정수도' 역할을 하는 곳이다. 그런 만큼 세계 모든 정보가 가장 먼저 들어가고 나오는 곳이다. 백악관과 FBI가 있으며, 또한 그런 정보를 전세계로 빠르게 내보내는 데 결정적인 역할을 하는 첨단산업체가 많다.

워싱턴은 미국 역사의 모든 것을 보여주는 도시이다. 국회의사당과 미국 역사를 그대로 보존하고 있는 국회도서관, 미국 대통령들을 기념하는 기념관과 박물관들의 보고로 역사를 통해 미래를 전망하고 준비하는 도시라는 자부심을 보유하고 있다.

워싱턴에 대한 모든 것

워싱턴에 대해 잠깐!

미국의 수도로 미국의 심장부 역할을 하고 있다. 면적은 179㎢에 인구가 약 65만 명으로 위성도시와 교외의 인구를 포함하면 약 400만 명의 대도시이다. 워싱턴에는 주요 행정기관이 많은데, 이곳에서 근무하는 대다수의 사람들이 메릴랜드주와 버지니아주에서 거주하며 출퇴근 하고 있다.

워싱턴 D.C., 명칭의 유래는?
워싱턴 D.C.는 미합중국의 수도이며 명실상부히 국제 정치, 외교의 중심지이다. 워싱턴 D.C.라는 이름은 미국 초대대통령 조지 워싱턴과 디스트릭트 오브 콜럼비아(District of Columbia)를 합친 것에서 유래했다.

어떻게 갈까?

>> 인천에서 워싱턴까지

인천~워싱턴 간에는 대한항공과 델타항공이 각각 주 3회(직항기준, 7~8월 성수기에는 운항 횟수 증가) 운항 중이며, 비행 시간은 약 14시간이 소요된다.

Survival English in Washington 1

A: How much is the daily rental price?
B: It depends on type of cars.
A: I'd like to rent a mini van

A: 하루 렌트 가격이 얼마죠?
B: 차종에 따라 다릅니다.
A: 미니 밴을 렌트하고 싶습니다.

Tips rental price 렌탈 비용　depend on ~에 따라 다르다

》 공항에서 워싱턴 시내까지

공항에서 시내까지는 리무진이 운행하고 있는데 리무진의 시내 터미널은 캐피털 힐튼 호텔에 있다. 내셔널 공항에서 시내까지는 7km, 약 25분이 걸리며 요금은 편도에 5달러이다. 덜레스 국제공항에서는 42km, 약 40분이 걸리고 요금은 편도에 12달러이다. 볼티모어 워싱턴 국제공항에서는 52km, 약 50분이 걸리며 요금은 편도 12달러이다. 택시를 이용할 경우에는 내셔널 공항에서 20달러 정도, 덜레스 국제공항에서는 40달러 정도, 볼티모어 워싱턴 국제공항에서는 50달러 정도의 요금이 나온다.

일반가게들은 일찍 문을 닫는다
소매상점의 경우 대체로 오전 10시 정도면 문을 열고 오후 5시 이후에 문을 닫는데, 밤 문화가 발달한 조지타운 같은 경우 저녁 늦게까지 문을 연 상점들을 볼 수 있다.

워싱턴 소재 공항

▶ **워싱턴 내셔널 공항(WASHINGTON NATIONAL AIRPORT/DCA)**
시내 중심지에서 남쪽 약 5km, 자동차로 20분 정도 소요되며 주로 단거리, 중거리의 국내선 편에 이용됨. 특히 뉴욕까지는 DELTA SHUTTLE 및 US SHUTTLE 등이 약 30분 간격으로 운항되고 있다.

▶ **워싱턴 덜레스 국제공항(WASHINGTON DULLES INTERNATIONAL AIRPORT/IAD)**
시내 중심지에서 서쪽으로 약 43km, 자동차로 약 50분 소요됨. 국제선 및 장거리 국내선이 주로 운항된다.

시차

서울과 워싱턴 간의 시차는 14시간으로 워싱턴이 느리다. 서머타임 실시 기간 동안의 시차는 13시간이다.

 서울 오전10시 → 워싱턴 그 전날 오후8시

Business Hours

일반회사의 근무시간은 오전9시~오후5시(토·일요일은 휴무)이고 은행은 월~금은 오전9시~오후3시까지 영업하며 일부 지점은 오후5시까지 영업을 하기도 한다.

기후

워싱턴은 한국처럼 4계절이 뚜렷하며, 4월부터 10월말까지 따뜻한 기후가 계속된다. 이에 비해 겨울이 짧은 편으로 눈보다는 비가 많이 내린다.

통신

》 휴대폰

국제 로밍할 경우 워싱턴에서는 GSM 서비스, 즉 국제 로밍이 가능하므로 출국 전 한국에서 신청하고 가는 것이 좋다. 다만 로밍 서비스를 사용할 경우 통신사 별로 다르지만 보통 1분당 800~2,000원의 높은 요금을 부과한다는 점을 주의할 필요가 있다.

임대할 경우 덜레스공항 도착 후 공항 청사에 있는 Rent-A-Cellular에서 휴대폰을 임대할 수도 있다. 기본료는 20달러이며, 통화료는 별도로 계산된다. 미국 내 지역으로 전화를 할 경우에는 0.85달러/분, 국제전화일 경우에는 수신국가와 상관없이 2.45달러/분을 지불해야 하며, 임대시 보증금으로 500달러를 내는데 보증금은 반환시 돌려받는다. 공항에서 렌트한 휴대폰은 출국시 반납하면 된다.

워싱턴에서 인터넷을 하려면

공항이나 쇼핑몰, 관광 정보센터에도 인터넷 키오스크(Internet Kiosk)가 위치, 분 단위로 요금을 청구하는데, 사이버 카페보다 요금이 비싼 것이 흠이다.

》 전화

워싱턴 시내의 공중전화 기본요금은 0.5달러이며, 장거리 전화일 경우 1을 먼저 누른 후 걸고자 하는 지역의 지역번호와 국번을 입력하면 된다. 공중전화에서 휴대폰으로 전화를 할 경우에도 일반전화 요금과 동일하다.

 서울로 전화를 걸려면 → 011＋82(국가코드)＋2(지역코드)＋전화번호를 누른다.

》 인터넷

워싱턴에 소재하는 대부분의 호텔은 객실과 비즈니스 센터에 인터넷 시설을 구비하고 있다. 그러나 호텔별로 인터넷 사용료가 다르므로, 체크인 할 때 호텔직원에게 물어보지 않으면, 체크아웃시 상당한 금액을 지불해야 하는 경우가 있다는 것을 주의해야 한다.

시내 곳곳에 있는 사이버 카페에서도 점심이나 음료를 즐기면서 적절한 가격에 인터넷을 사용할 수 있다. Kramerbooks& Afterwards(1517 Connecticut Ave. NW, www.kramers.com)에서는 바에서 이메일을 무료로 사용할 수 있다. 사이버 카페에 관한 정보는 www.cybercaptive.com과 www.cybercafe.com을 통해 얻을 수 있다.

알아두면 편리한 워싱턴

교통

》 지하철

MetroRail으로 불리는 워싱턴의 지하철은 전 세계에서 가장 안전하고 깨끗한 지하철 중 하나로 평가받는다. 워싱턴 시내인 경우 거의 모든 곳을 갈 수 있다. 노선은 총연장 107마일로 5개 (Red, Orange, Green, Yellow and Blue) 노선으로 구분한다. 운행시간은 주중에는 오전5시30분부터 자정까지, 주말에는 오전8시부터 자정까지 운행한다. 요금은 구간 당 계산하며 러시아워에는 요금이 더 비싸다. 요금은 자동판매기를 이용하여 Fare Card를 구입해야 한다. 5달러에 구입하는 One-day Fare 는 그날 자정까지는 횟수에 상관없이 사용이 가능하다.

시간대마다 다른 지하철 요금

워싱턴의 지하철 요금은 러시아워에는 1.35달러, 비 러시아워에는 1.10 달러로 시간대에 따라 다르다.

〉〉 버스

워싱턴의 버스는 Metrobus(www.wmata.com)라고 부른다. 목적지와의 거리에 상관없이 1.25달러가 부과된다. 이른 시간이나 주말에는 버스 운행 간격이 길다는 점을 유의할 필요가 있다.

〉〉 택시

워싱턴 시내 택시요금은 미터가 없이 존(Zone)으로 계산하고 (시내에 23개 존이 있다) 존을 지나칠 때마다 요금이 계산되는 복잡한 계산법을 사용하고 있다. 1구간 이탈시 2.1달러, 2구간 이탈시 1.9달러의 요금이 추가된다. 택시를 타기 전에 가격을 확인하는 것이 안전하다. 시내에서는 최저 4달러, 최고 20달러 정도이고 버지니아나 메릴랜드로 나가면 요금이 마일로 계산된다. 교포가 운영하는 콜택시회사가 있으므로 요청이 있을 경우 예약이 가능하다. 동승자가 추가될 때마다 1.5달러가 가산되며(6세 미만일 경우 무료), 트렁크에 짐을 실을 경우 짐 하나당 0.5달러를 더 낸다. 오전 7:00~9:00, 오후 4:00~6:30 사이에는 1달러를 더 내야 한다.

택시가 잘 잡히지 않을 때는

늦은 저녁을 제외하고, 시내 어디에서나 택시를 잡는 것이 가능하다. 택시가 잘 잡히지 않을 경우에는 콜택시 이용이 가능한데, 워싱턴 시내에 대해서 잘 알고 있는 운전기사가 많은 Diamond(202-387-6200, 202-797-5916 등)사가 권장할 만하다.

Survival English in Washington 2

A: How can I get to the Lincoln Museum?
B: You can get there by Metrorail.
A: Which line?
B: I don't know exactly. Look at the subway map.

A: 링컨박물관에는 어떻게 가죠?
B: Metrorail을 타세요.
A: 어떤 노선을 타야 하죠?
B: 정확히는 모르겠네요. 지하철 노선표를 보세요.

Tips Metrorail 워싱턴지하철 subway map 지하철 노선표

〉〉 렌터카

한국에서 워싱턴을 방문한 출장자가 렌터카를 이용할 경우, 렌탈 요금 및 주차료 등으로 인해 금전적인 부담이 따른다(숙박호텔 내 주차도 1박에 20달러 주차료 부과). 비용을 조금이라도 아끼려면, 주말 요금과 주중 요금이 다른지, 렌탈 장소와 변환 장소가 다를 경우 추가 요금이 부과되는지와 공항에서 렌트하는 것이 시내보다 저렴한지 등을 꼼꼼히 따져볼 필요가 있다.

인터넷으로 렌터카 서비스를 신청할 때는 Travelocity(www.travelocity.com), Budget (www.budget.com), Orbitz(www.orbitz. com) 등의 사이트를 통해 사전예약이 가능하다. 만 25세 이상, 신용카드 소지자의 경우 한국 면허만으로 렌탈이 가능하나 만약의 경우를 대비해 국제면허증도 가져가는 것이 좋다.

KOTRA 워싱턴 무역관

>> 무역관안내

주소 Korea Trade Centre, 1129 20th St. N.W. Suite 410
　　　Washington D.C. 20036
전화 202-857-7919
팩스 202-857-7923
이메일 main@kotradc.com

>> 찾아가는 방법

택시를 탈 경우 덜레스공항에서 택시를 타고 1129 20th St.(L과 M St. 사이) 빌딩에서 하차한다. 50분 정도 소요되며 요금은 50~60달러이다.

버스를 탈 경우 덜레스공항에서 Super Shuttle Van을 탄다. 1인당 요금은 22달러이며, 동반자가 있을 경우 1인당 10달러의 추가요금이 부과된다.(사전 예약 가능, 자세한 내용은 www.supershuttle.com 참조) 또한 5A Express Metrobus를 타서 워싱턴 National Mall 근처에 소재한 L'Enfant Plaza에서 내려 택시 혹은 Metrorail을 이용해도 된다. 버스 요금은 약 3달러이며, 오전 6시30분~오후 11시30분 사이 공항에서 거의 1시간마다 출발한다.

> **일방통행 도로가 많다**
> 워싱턴 시내에는 일방통행도로가 많아, 목적지까지 가기 위해서 돌아가야 하는 경우가 자주 발생한다.

옷차림

워싱턴은 사계절이 뚜렷하고 기후도 서울과 거의 동일하므로 서울과 비슷한 수준으로 옷을 준비하면 별문제가 없다. 다만, 직사광선이 강하므로 자외선 차단제와 선글라스나 모자를 준비하는 것이 좋다.

응급상황

DC General Hospital 202-626-5000
Georgetown Univ., Hospital 202-625-7151
George Washington Univ. Hospital 202-676-4444
Fairfax Hospital 703-698-1110(대표) 703-698-3111(응급)
Arlington Hospital 703-558-5000(대표) 703-558-6161(응급)

치안

대체로 치안 상태가 양호하나, 야간에는 돌아다니지 않는 것이 바람직하다. 특히 국회 의사당 동쪽 지역은 빈민촌으로 저녁 7시 이후(혹은 일몰 이후)에는 접근하지 않는 것이 안전하다. Metro 운행이 끝난 경우에는 택시를 이용하는 것이 가장 안전하다.

기타

전압은 110V, 60Hz의 전기규격을 사용하고 있다. 콘센트 구멍이 3개(Y타입)로 되어 있어 한국 전기제품은 직접 사용할 수 없으므로, 한국에서 220V/110V 변압기를 구입하여 오는 것이 좋다(현지에서도 구입이 가능하나 일부 전문상점에서만 취급하므로 가격이 비싸고, 구하지 못할 가능성이 많다). 워싱턴의 수돗물은 식수로 이용이 가능하다.

주요 연락처

》 주미대사관

- 주소 2450 Massachusetts Avenue N.W. Washington, D.C. 20008
- 외교 관할구역 미합중국, 바하마
- 전화 202-939-5600
- 팩스 202-797-0595
- 긴급전화(휴일) 202-939-5600
- 업무시간 오전 9:00~12:00, 오후 1:30~5:30(월~금)

》 워싱턴 총영사관

- 주소 2320 Massachusetts Avenue N.W. Washington, D.C. 20008
- 총영사관 관할구역 워싱턴 D.C., 버지니아주, 메릴랜드주, 웨스트 버지니아주
- 전화 202-939-5600(대표) 202-939-5657(영사실)
- 업무시간 월~금 9:30am~12:00pm 1:30pm~5:00pm 점심시간(12:00pm~1:30pm)에는 당직근무자 대기, 간단한 서류접수 가능하며 주차장 이용도 가능(영사관 건물 옆으로 들어와서 뒷쪽)

〉〉 문화홍보원

- 주소 2370 Massachusetts Avenue N.W. Washington, D.C. 20008
- 전화 202-797-6343(대표)
- 팩스 202-387-0413
- 업무시간 9:00am~12:00pm, 1:30pm~5:30pm(월~금)

〉〉 Woori America Bank(우리은행)

- 주소 4231 Markham St. Annandale, VA 22003(서울순대 옆)
- 전화 703-256-7633
- 팩스 703-256-7511
- 영업시간 9:00am~4:00pm(월~목) 9:00am~6:00pm(금) 9:00am~12:00pm(토)
- 홈페이지 http://www.wooriamericabank.com

 현금을 분실해 한국 연고자로부터 송금을 받아야만 하는 경우, 미국 내의 국내은행 연락처를 알아두는 것이 좋다.

현금이나 여권 등을 도난·분실했을 때

현금이나 여권 등을 분실할 경우, 가급적 빨리 관할 경찰서에 신고하여 필요한 절차를 밟아야 한다. 모든 경찰서에 Language Service를 하는 line이 연결되어 있으므로, 영어가 힘든 경우엔 "Korean, please"라고 말하면 한국어 통역원을 연결해준다.

KOTRA와 함께 하는 '워싱턴 경제는 지금'

중심 사업은 정보통신산업
- 정보통신산업 분야 고용자 비중이 1968년의 4.6%에서 1998년 10.4%로 증가
- 하이테크 업체수에서 실리콘 밸리 지역을 능가
- 컴퓨터, 엔지니어링, 과학 관련 직종 수 미국 최고
- 벤처사업 투자 유치에서 매년 상승세(미국 5위권 내)

하이테크 산업의 발전요인
- 연방정부의 존재
  세계 최고의 정보 수집력을 자랑하는 미국의 수도로서 전 세계적으로 가장 많은 정보가 축적되고 생산되는 곳이다.
- 풍부한 인적 자원
  조지타운 등 인근 40여 개 대학에 약 27만 명의 대학생 등록되어 있는데 워싱턴 지역 주민 20명 중 1명꼴로 대학생이며 매년 4만6천 명의 졸업생을 배출하고 있다.
- 미국 전역에서 가장 높은 교육 수준
  거주 인구 중 학사 이상 졸업자 비중은 미국 최고

알아두면 즐거운 워싱턴

●●● 호텔

》》KOTRA가 추천하는 호텔

▶ KOTRA 현지 호텔 평가표

호텔명	접근성	쾌적성	안전성	부대시설	종합평가
Hotel Monaco	8	10	8	10	★★★★
One Washington Circle Hotel	9	10	10	10	★★★★★
Grand Hyatt	8	8	7	8	★★★
Crowne Plaza	8	8	8	8	★★★
Pickwick Hotel	9	9	10	8	★★★★★

▶ Hotel Monaco

· **위치** 700 F St. NW. 7번가와 F St. 교차하는 부근에 위치하며 Spy museum 바로 맞은편에 소재하고 있다. Gallery Place-Chinatown 메트로역에서 하차, 7번가와 F St.이 교차하는 방향의 출구로 나온 뒤, 교차로를 지나 대리석 기둥이 늘어서 있는 커다란 건물을 찾아 10분 정도 걸어내려 가면 된다.

· **객실요금** (Standard Room기준/싱글, 트윈 요금 동일). 주중 240~350달러, 주말 150~350달러이며 동반 투숙객이 있을 경우 1인당 20달러의 추가요금 (18세 이상)을 부과한다. 성수기/비수기에 따라 숙박료가 다른데, 시즌별 · 객실별 · 패키지별 숙박요금은 www.monaco-dc.com에서 검색 가능하다.

- **인터넷 사용** 모든 객실에서 개인 휴대 컴퓨터로 무료고속인 터넷 사용가능(무제한). 개인 컴퓨터가 없는 경우, 9.95달러만 지급하면 객실에 설치된 TV 세트를 통해 24시간 동안 고속 인터 넷 사용 가능. 각종 회의실에서는 무선 LAN과 고속인터넷 사용도 가 능하다.

- **각종 부대시설** 회의실로 사용 가능한 룸은 총 2개이며, 리셉션 등이 개최될 경우 최대 300명 가까이 수용 가능하다. 호텔 바로 옆에 Poste-Moderne Brasserie(실내외 좌석을 모두 합치면 170여 개)가 있어 약 20~30달러 정도 면 맛있는 소고기요리나 생선요리 등을 즐길 수 있다.

- **연락처** · 전화 800-202-5411, 202-628-7177 · 팩스 202-628-7277 · 이메 일 conciergedc@yahoo.com · 웹사이트 www.monaco-dc.com

▶ **One Washington Circle Hotel**

- **위치** One Washington Circle NW. 메트로를 타고 Foggy Bottom-George Washington University역에서 하차, 출구로 나와 23번가를 따라 북쪽으로 1 블록 정도 가면 Washington Circle이 나온다. 이 서클을 따라 시계 반대방 향으로 돌면 New Hampshire Avenue와 만나게 되는데 그 길로 내려가면 호텔에 도착한다.

- **객실요금** (Small Suite기준/싱글, 트윈 요금 동일) 주중에는 150~210달러, 주말에는 130~190달러이며, 동반 투숙객이 있을 경우 1인당 20달러의 추가 요금(13세 이상)이 부과된다. 성수기/비수기에 따라 숙박료가 다른데, 시즌 별 · 객실별 · 패키지별 숙박요금은 www.thecirclehotel.com에서 검색이 가 능하다.

- **인터넷 사용** 모든 객실에서 무료 고속인터넷 이용 가능. 각 회의실마다 고속 인터넷 시설이 구비되어 있으며, 비디오 텔레컨퍼런스(video teleconference)도 개최 가능하다.

- **각종 부대시설** 피트니스 센터, 야외 수영장 및 1일 완성 세탁/드라이클리닝 시설 구비. 지중해 분위기를 물씬 풍기는 레스토랑인 Circle Bistro가 호텔 내 위치. 5개의 회의실이 있고 최대 130명까지 수용이 가능하며, 회의장 이용 시 Circle Bistro catering 서비스 가능

· 연락처 · 전화 800-424-9671, 202-872-1680 · 팩스 202-887-4989 · 웹사이트 www.thecirclehotel.com
· 특이사항 George Washington University와 관계가 있을 경우, 할인 혜택이 주어질 수도 있으므로 예약시 반드시 언급할 필요가 있다.

▶ Red Roof Inn

· 위치 500 H St. NW, 5th St. Gallery Place-Chinatown 메트로역에서 하차, 7번가와 H St. 방향 출구에서 동쪽으로 5번가를 향해 2블록 걸으면 도착한다.
· 객실요금 (Standard Room기준/싱글, 트윈 요금 동일) 95~120달러. 시즌별 · 객실별 · 패키지별 숙박요금은 www.redroof-washington-dc-downtown.com에서 검색 가능
· 인터넷 사용 모든 객실에서 고속인터넷 이용 가능. T-mobile을 통해 인터넷 서비스가 공급, T-mobile 회원으로 등록할 경우 9.99달러만 내면 체류 기간 동안 무제한 사용이 가능하나 미등록시 추가 요금 부과

· 각종 부대시설 회의시설은 없다. MCI센터(음악회 등 공연 개최)와 Washington Convention Center와 매우 가깝고, 차이나타운이 인근에 위치해 점심이나 저녁식사에 편리하다.
· 연락처 · 전화 800-733-7663, 202-289-5959 · 팩스 202-289-0974 · 웹사이트 www.redroof-washington-dc-downtown.com
· 특이사항 밤9시 이후에는 호텔 밖으로 나가지 않는 것이 좋다.

▶ Hotel Harrington

· 위치 436 11th St. NW, E St. Metro Center 메트로역에서 하차, 11번가 방향 출구에서 E Parking을 향해 남쪽으로 2블록 정도 도보
· 객실요금 (Standard Room기준/싱글, 트윈 요금 동일). 105~125달러. 시즌별 · 객실별 · 패키지별 숙박요금은 www.hotel-harrington.com에서 검색 가능
· 인터넷 사용 모든 객실에서 고속인터넷 이용 가능
· 각종 부대시설 60명 정도를 수용할 수 있는 회의실이 있다. 호텔 내 레스토랑이 있으며 비교적 저렴한 가격에 식사가 가능하다.
· 연락처 · 전화 800-424-8532, 202-628-8140 · 팩스 202-347-3924 · 이메일 info@hotelharrington.com · 웹사이트 www.hotel-harrington.com
· 특이사항 상당히 인기가 많은 호텔로 예약이 어렵다. 출장 일정이 잡혔다면 즉시 예약 가능 여부를 체크해 보는 것이 좋다.

▶ Georgetown Suites

· 위치 1111 30th St. NW, 1000 29th St. NW. Foggy Bottom-George Washington University 메트로역에서 하차, 23번가를 따라 북쪽 방향으로 1

블록 도보, 서클을 따라 왼쪽으로 돌면 Pennsyl- vania Ave.가 나오는데 이 길을 따라 계속해서 왼쪽방향으로 5~6블록 정도 간 후 29번가나 30번가에서 왼쪽으로 돌면 된다. 메트로 역에서 Georgetown Connection Route 1 셔틀버스를 타거나 30 series 메트로버스를 탈 수도 있다.

- **객실요금** (Studio Room기준) 주중/주말 동일하게 155달러. 시즌별·객실별·패키지별 숙박요금은 www.georgetownsuites.com에서 검색 가능

- **인터넷 사용** 모든 객실에서 개인 휴대 컴퓨터로 무료고속인터넷 이용 가능하며 24시간 운영 비즈니스 센터가 호텔에 있어서 인터넷 사용 가능(유료).

- **각종 부대시설** 장기 투숙 출장자를 대상으로 한 호텔로 객실 내부에 취사시설이 구비. 30번가와 29번가에 2개 건물로 이뤄짐. 두 건물 내에 총 3개의 회의실이 있으며(소규모 회의실 1개), 최대 100명 수용 가능, LAN 연결이 가능하고, 각종 회의장비가 구비되어 있다. 호텔 내에는 별도의 식당이 없으나 번화가인 조지타운 내에 소재하고 있어 호텔 근처에 다양한 종류의 음식점이 즐비하다.

- **연락처** · 전화 800-348-7203, 202-298-7800 · 팩스 1-202-333-2019 · 이메일 info@georgetownsuites.com · 웹사이트 www.georgetownsuites.com

- **특이사항** 호텔 건물이 30번가와 29번가에 각각 1개씩 소재, 30번가에 소재한 건물이 호텔 메인 빌딩으로 로비와 스튜던트 라운지가 넓다.

≫ 실속 있는 호텔을 찾는다면

▶ Best Western Skyline

백악관에서 2마일 떨어진 곳에 있으며 Ronald Reagan Washington 국제공항에서 자동차로 10분 거리에 위치. 지하철 Navy Yard역에서 내리면 된다. 1박 약 97.31달러. 예약전화번호 202-488-7500

▶ Washington Plaza

백악관과 1마일 거리에 있으며 대사관 밀집지역, 컨벤션빌딩, 스미소니언박물관, MCI 센터, 대형 쇼핑점 등과 근접하다. 1박 약 107.36달러. 예약전화번호 202-842-1300

▶ Travelodge Gateway

워싱턴의 중심에 소재하며 Union역과 Capitol Hill에서 2마일, 백악관에서 3마일 거리에 위치. 조식(continental breakfast) 포함 1박 약 108.31달러. 예약전화번호 202-832-8600

▶ Holiday Inn Downtown

워싱턴 비즈니스 지구 중심에 위치. 1박 약 114.58달러. 예약전화번호 202-737-1200

▶ Holiday Inn Central

백악관에서 6블록 떨어진 15번가와 Rhode Island가에 위치해 교통편이 편리하다. 1박 약 117.12달러. 예약전화번호 202-483-2000

▶ Holiday Inn Georgetown

역사적인 건물과 다양한 도시의 명소들을 만날 수 있는 조지타운에 위치. Foggy Bottom역에 내려 1.5마일 거리. 1박 약 117.72달러. 예약전화번호 202-338-4600

호텔

Survival English in Washington 3

A: I left my key in my room.
B: What room number, Sir?
A: Room 302.
B: Here's a copy key.

A: 방에 열쇠를 두고 나왔습니다.
B: 방 번호가 어떻게 되죠?
A: 302호입니다.
B: 여기 보조키가 있습니다.

Tips leave one's key 열쇠를 두고 나오다 copy key 보조키

≫ 워싱턴 지역의 호텔 가격

- 최고급 호텔 싱글 300~350달러+세금 (14.5%)
- A급 호텔 싱글 100~200달러+세금 (14.5%)

〉〉 워싱턴 외곽 버지니아 지역의 호텔 가격

· **최고급 호텔 싱글** 200~300달러+세금
· **A급 호텔 싱글** 80~200달러+세금

 행정수도이며 경제수도인 워싱턴에는 대형 이벤트가 자주 있음을 감안하여 최소한 한 달 전에 예약을 하는 것이 안전하다.

호텔 예약, 이렇게 하라!

할인을 받을 수 있는지 먼저 물어보라 Rack rate(말 그대로 호텔 벽에 걸린 공식적인 숙박료)보다 저렴하게 호텔을 이용할 수도 있다. 투숙여부를 결정하기 전에 좀 더 저렴하거나 할인을 받을 수 없는지를 물어볼 경우, Rack rate보다 훨씬 저렴한 가격으로 숙박할 수 있기 때문이다.

예약 전화번호에 따라 가격이 다를 수 있다 호텔 예약을 toll free 전화번호(보통 '1-800'으로 시작하는 수신자 부담 전화번호)로 하느냐 로컬 전화번호로 하느냐에 따라서도 숙박요금이 다를 수 있다. 바가지를 피하기 위해서는 우선 두 전화번호 모두 사용하여 요금을 물어본 후 저렴한 쪽을 택하면 된다.

예약대행 사이트를 이용하라 www.hotelclub.net이나 www.expedia.com 등의 예약대행 사이트를 통해 호텔을 예약할 수도 있는데 이를 잘 활용할 경우 호텔에 직접 예약하는 것보다 더 저렴할 수 있다.

성수기·비수기를 구분하라 워싱턴은 3~6월과 9~11월 중순까지가 성수기이므로 이 시기에 호텔을 예약할 경우 숙박료가 비싸다. 한편 추수감사절(11월 마지막 목요일)부터 크리스마스까지와 7~8월, 주말은 모두 비수기로 비교적 저렴한 숙박료를 지불하게 된다.

●●● 식당

》 KOTRA가 추천하는 식당

▶ KOTRA 현지 식당 평가표

식당명	맛·위생	분위기	편의성	서비스	종합평가
The Caucus Room	9	10	9	10	★★★★★
Yee Hwa	9	9	9	9	★★★★
Galileo	10	10	9	9	★★★★★
Mr.K's	9	9	8	8	★★★★
Penang	9	7	9	8	★★★

식당 분류(용도에 따른 분류)
R1: 가벼운 런치나 간단한 식사 혹은 차를 즐길 수 있는 식당
R2: 비즈니스 미팅·상담에 적합한 조용한 식당
R3: 주류를 중심으로 접대에 적합한 식당
R4: 편안한 분위기에서 한식을 즐길 수 있는 식당
R5: 제대로 된 현지 음식을 맛볼 수 있는 식당

▶ The Caucus Room (R2)

- **위치** 401 9th St. NW(D St.에 위치)
- **주요메뉴** 스테이크와 해산물요리(서양식)
- **가격대** 앙트레, 메인, 디저트 포함한 1인당 50~60달러
- **연락처** · 전화 202-393-1300 · 웹사이트 www.thecaucusroom.com

▶ Yee Hwa (R4)

- **위치** 1009 21st St. NW.
- **주요메뉴** 전통 한식 및 일본식 우동
- **가격대** 1인당 15~20달러
- **연락처** 202-833-1244
- **특이사항** 다운타운 내 유일한 한식집

▶ **Galileo(R2)**

- **위치** 1110 21st St. NW(L과 M St. 사이에 소재)
- **주요메뉴** 파스타, 리조또 등 이탈리아 음식
- **가격대** 중식 기준 1인당 25~35달러, 석식 코스 기준 1인당 110달러부터
- **연락처** · 전화 202-293-7191 · 웹사이트 www.robertodonna.com
- **특이사항** 'Roberto Donna'라는 유명 이태리 요리사가 직접 경영하는 음식점으로 정통 이태리 음식을 맛볼 수 있다.

▶ **Mr. K's(R2)**

- **위치** 2121 K St. NW.
- **주요메뉴** 바다가재, 새우 등 해산물요리(중국식)
- **가격대** 1인당 35~40달러
- **연락처** 202-331-8868
- **특이사항** 다른 중국 음식점에 비해 크게 혼잡하지 않은 편으로 비즈니스 미팅시 권장

▶ **Penang(R1)**

- **위치** 1837 M St. NW
- **주요메뉴** 말레이시아 전통 해산물 요리
- **가격대** 1인당 15~20달러
- **연락처** 202-822-8770
- **특이사항** 손님이 많아 조용한 분위기는 아니지만 가볍게 오찬을 즐길 수 있고, 바로 옆에 스타벅스가 있어 디저트를 즐길 수 있다.

식당

Survival English in Washington 4

A: Can I bring you some more coffee?
B: No, thank you. May I have the check, please?
A: Yes, I'll be right back.

A: 커피 더 드시겠습니까?
B: 고맙지만 사양하겠습니다. 계산서 좀 주시겠어요?
A: 네, 바로 가져다 드리겠습니다.

Tips Can I bring~? ~을 더 가져다 드릴까요?
check 계산서

》》 워싱턴에서 한·중·일식을 먹어보자

▶ 한국식당

식당명	연락처
우래옥	703-521-3706(1500 Joyce St., Arlington)
한성옥	703-642-0808(6341 Columbia Pike, Falls Church)
후지	703-524-3666(2830 Wilson Blvd., Arlington)
희빈	703-941-3737(6231 Little River Tnpk. Alex.)
강서면옥	703-821-1110(8413-A Old Courthouse Rd. Vienna)

▶ 일본식당

식당명	연락처
Ginza	202-833-1244(1009 21st., NW Washington D.C.)
Hisako	202-944-4181(30th & K St., Washington Harbor)
Japan Inn	202-337-3400(1715 Wiscosin Ave., Washington D.C.)
Sushi-Ko	202-333-4187(2309 Wiscosin Ave., Washington D.C.)

▶ 중국식당

식당명	연락처
Mr. K	202-331-8868(2121 K St., Washington D.C.)
China Regency	202-944-4266(Washington Harbor, 30th & K)
Sichuan Pavilion	202-466-7790(1800 K St., Washington D.C.)
Peking Gourmet Inn	703-671-8088(6029 Leesburg Pike Falls Church)

● ● ● 비즈니스 관광

워싱턴은 거리 곳곳이 볼거리들로 가득 차 있다. 무료로 입장할 수 있는 스미소니언박물관(자연사 박물관 등을 포함한 총 16개의 박물관과 National Zoo를 보유), 백악관 및 국회의사당, 한국전쟁 등을 기리는 기념탑 등은 관광객들의 시선을 사로잡고 있다.

또한 외국인 관광객뿐만 아니라 미국인들도 자주 찾는 관광 명소 중 하나로, 2004년 한해만도 약 1,640만 명의 미국인들이 관광을 목적으로 워싱턴을 방문한 것으로 집계되었다. 이에 따라 워싱턴에는 미국인들이 운영하는 'Oldtown Trolley' 등의 일일 관광 프로그램뿐만 아니라 한국인이 운영하는 프로그램도 다수 있다. 마땅한 교통수단이 없는 출장자들이라면 이러한 프로그램 중 하나를 선택해 관광하는 것도 워싱턴의 진경을 즐길 수 있는 좋은 방법이 될 것이다.

》 KOTRA가 추천하는 관광지

▶ 백악관(White House)

펜실베니아 애비뉴와 1600번지에 위치한 백악관은 미국 정부의 대명사라고 할 수 있는 건물로 1800년 제2대 대통령 존 아담스가 첫 번째 주인이 되었다. 1814년의 대영전쟁에서 그 일부가 소각되었지만 곧 재건되었다. 이때 불에 그을린 외벽에 흰 페인트를 칠한 뒤부터 'White House'라는 이름이 붙여졌다. 백악관은 일반 관광객들에게 모두 공개하지는 않으나 가장 큰 리셉션 방인 East Room, 제퍼슨 대통령 재임 당시 Dining Room으로 사용했었고 작은 리셉션이 열리는 Green Room, 중요 귀빈 및 다른 국가의 원수들을 맞이하여 바깥 잔디밭으로부터 중앙계단을 통해 영접하는 Blue Room, 영부인이 주로 사용하는 Red Room, 그리고 140명의 손님을 모시고 만찬을 여는 State Dining Room이 일반인들에게 공개되고 있다.

▶ 링컨 기념관(Lincoln Memorial)

링컨 기념관은 그리스 신전을 모티브로 링컨 대통령이 생존해 있었던 1867년 계획하여 1922년에 완공되었다. 총 36개의 기둥으로 구성되어 있는데, 각각의 기둥에는 링컨 대통령 임기 중에 있던 36개의 미국 주 이름을 새겨 놓고 있다. 기둥 위로 보이는 위쪽은 1922년 완공을 기리며 미국 48개 주의 이름이 새겨져 있다.

▶ 국회의사당(The Capitol)

국회의사당 건물은 내셔널 몰이 내려다보이는 곳에 자리 잡고 있다. 미국에서 가장 유명한 건축물 중 하나로 의사당의 돔은 마치 건물이 왕관을 쓴 것 같은 모습을 하고 있다. 건물의 초석은 1793년 조지 워싱턴이 세웠다. 방문객들은 무료 가이드 투어에 참여해 의사당을 둘러보거나 개별적으로 둘러보며 웅장한 건물과 그 내부를 감상할 수 있다. 약 45분 정도가 소요된다.

▶ 국회도서관(Library of Congress)

이탈리아 르네상스풍의 장식이 많은 건물로, 장서가 7천3백만 부가 넘는 세계 최대의 도서관이다. 수많은 희귀한 책 중에서도 천만 권의 프린트와 사진, 6백만 개 이상의 악보 그리고 700만 개 이상의 마이크로필름이 소장되어 있다. 개관시간은 월~금요일은 오전8시30분~오후9시30분, 토, 일요일과 경축일은 오후6시까지이다.

▶ 국립미술관(National Gallery of Art)

연방의회의사당에서 서쪽으로 펼쳐진 몰에 면한 아름다운 건물. 13~19C의 유럽, 미국작품이 전시되어 있다. 르네상스부터 시작해서 인상파, 추상파에 이르기까지 세계의 유명한 그림들을 볼 수 있으며, 특히 피카소의 젊은 시절 작품을 볼 수 있는 곳이기도 하다. 개관시간은 월~토요일은 오전10시~오후9시, 일요일은 오후12시~오후9시, 겨울철은 오후5시까지이다. 관광가이드도 있다.

▶ 스미소니언박물관(Smithsonian Institution)

연간 관람객이 2천만 명 이상 되는 스미소니언박물관은 박물관이라기보다는 하나의 박물관단지라고 부를 수 있다. 스미소니언박물관에 소장되고 있는 소장품만도 억만 점이 넘는데 이중에 일반인들을 위해 전시해 놓은 것은 불과 1% 안팎이다. 본부는 몰의 남쪽에 있는 중세의 성 같은 느낌의 건물이다. 여기에서 각 박물관의 팸플릿이나 지도 등을 얻을 수 있다. 거의 대부분의 박물관의 개관시간은 오전10시~오후5시30분이다.

▶ **우주항공박물관** (National Air & Space Museum)

스미소니언의 박물관 중에서 최대 규모이며 가장 현대식 건물이다. 라이트형제의 모형기, 린드버그의 대서양횡단 비행기에서 달 로켓까지 항공의 발달사를 한눈에 보여주는 방대한 전시가 있다. 아이맥스 특수효과를 사용한 스페이스 아리움 극장도 볼 수 있다. 익스플로러 홀에는 미국지리학회의 본부로 지금까지 행해진 수많은 탐험, 고고학조사, 우주개발에 대한 전시가 있다.

▶ **미연방수사본부** (FBI)

TV나 영화를 통해 친숙해진 FBI는 1975년 이전에는 법무성 건물 안에 있다가 새로이 건물을 지어 1975년 출범하였다. 미전역에서 일어나는 범죄의 수사를 담당 한다. 내부에는 시카고 갱이었던 알 카포네리와 많은 범죄자 두목들의 사진이 있으며 요원들의 기관단총 연습장면을 볼 수 있다. FBI의 가이드가 관광안내를 한다.

▶ **케네디센터** (John F. Kennedy Center)

포토맥강을 내려다보고 서 있는 이곳 케네디센터는 미국의 35대 대통령인 존 F. 케네디를 기념하기 위해 건립한 예술의 전당으로 발레와 오페라공연장으로 사용되는 오페라하우스, 교향곡과 독주, 협주곡 등의 공연을 위한 콘서트홀, 영화 상영을 목적으로 하는 American Film Institute Theater, 그리고 교회음악과 작은 규모의 댄스, 뮤지컬 등의 공연을 위한 Terrace Theater 등이 있다.

관광

Survival English in Washington 5

A: This is the National Air & Space Museum!
B: Why are you so happy?
A: I wanted to be a spaceman when I was young.

A: 여기가 바로 우주 항공 박물관이군요!
B: 왜 그렇게 기뻐하세요?
A: 어렸을 때 우주비행사가 되고 싶어했거든요!

Tips National Air & Space Museum 워싱턴에 있는 우주 항공박물관 when I was young 어렸을 때

≫ 한국 여행사 이용 안내

시내소재 호텔이나 인근 호텔에는 외국인 여행사의 일일관광 안내서가 거의 빠짐없이 비치되어 있다. 한국인 여행사를 이용하려면 아래 회사별 웹사이트를 방문하거나 도착한 후 전화문의를 통해 안내를 받을 수 있는데, 비용도 적절한 수준으로 책정되어 있다. 대체로 1인당 비용은 성인 기준 60달러 정도로, 점심 식대와 가이드 팁(10달러)은 별도로 지불해야 한다. 관광 코스는 여행사마다 조금씩 다르나 알링턴 국립묘지, 제퍼슨 기념관, 스미소니언박물관(자연사 박물관이나 항공우주 박물관 중 택일), 백악관, 국회의사당, 링컨기념관 등으로 구성되어 있다.

▶ 한국인이 운영하는 주요 일일관광 여행사

여행사	전 화	소재도시	특이사항
워싱턴 가나 관광 여행사	703-658-5262	버지니아	일일관광 + 항공권 발급 (www.canatravel.com)
미주여행사	703-658-7724	버지니아	일일관광 + 항공권 발급
샤프여행사	703-941-2323	버지니아	일일관광 + 항공권 발급 (www.flysharptravel.com)
베스트여행사	703-924-9590	버지니아	일일관광 + 항공권 발급

●●● 비즈니스 쇼핑

워싱턴은 알려진 바와 같이 '행정도시'이기 때문에 지역 고유의 특산물이나 기념품 구매가 쉽지 않을 수도 있다. 그러나 공산품에 대한 수입관세가 상당히 낮기 때문에, 특산물 대신 의류나 가전제품 혹은 골동품을 선물로 구매하는 방법도 고려해볼 만하다.

▶ **더 숍스 앳 조지타운 파크**
  (The Shops At Georgetown Park)

유럽풍의 빅토리아풍으로 실내 장식된 고급 쇼핑 센터. 워싱턴의 Main Street인 M Street에 위치하며 폴로 랄프로렌을 포함한 100여 개의 유명 가게들이 모여 있는 곳.
- **주소** 3222 M Street, NW, Washington
- **전화** 202-298-5577

▶ **오시 아웃피터스 오브 조지타운**
  (Aussie Outfitters of Georgetown)

캐주얼 의류점으로 남녀, 어린이를 대상으로 한 다양한 의류 및 모자, 시계, 선글라스 등을 판매한다.
- **주소** 3285-1/2 M St. NW Washington, DC 20007
- **전화** 202-625-1993

Survival English in Washington 6

A: Let's drop into this souvenir shop.
B: Do you want to buy anything special?
A: I want to buy a postcard about Washington.

A: 기념품가게에 들러봅시다.
B: 특별히 사고 싶은 게 있나요?
A: 워싱턴에 관한 엽서를 살 생각입니다.

Tips drop into~ ~에 잠깐 들르다 souvenir shop 기념품 가게

▶ 브룩스 브라더스(Brooks Brothers)

남성 및 여성의 비즈니스웨어, 스포츠웨어, 정장 및 액세서리 등을 판매한다. 매일 9:30 a.m.~6 p.m.(목요일은 7 p.m.)까지 영업하며, 추수감사절 및 크리스마스에는 휴무다.

- **주소** 1201 Connecticut Ave. NW Washington, D.C. 20036
- **전화** 202-659-4650, 1-800-274-1815

▶ 버버리스(Burberrys)

세계적으로 유명한 버버리 숍으로 남성, 여성복 및 액세서리 등을 판매한다. 월요일부터 토요일은 9:30 a.m.~6 p.m.까지 영업하며 일요일은 정오부터 5 p.m.까지 영업한다. 대부분의 주요 공휴일에는 휴무다.

- **주소** 1155 Connecticut Ave. NW Washington, D.C. 20036
- **전화** 202-463-3000

▶ 캐피탈 이미지(Capital Image)

- **주소** 1331 Pennsylvania Ave. NW Washington, D.C. 20004
- **전화** 202-638-4412

▶ 코네티컷 커넥션(The Connecticut Connection)

워싱턴 중심부에 자리한 쇼핑 및 레스토랑 단지. 월요일부터 금요일까지 영업한다.

- **주소** 1101 Connecticut Ave. NW #802 Washington, D.C. 20036
- **전화** 202-833-9415

▶ 패션 센터 앳 펜타곤시티
  (The Fashion Center At Pentagon City)

백화점으로는 메이시즈(Macy's), 노드스톰(Nordstorm)과 극장까지 겸용한 쇼핑센터로 Army Navy Drive에 있다.

- **전화** 703-415-2400

▶ 페어팩스 스퀘어 앳 타이슨즈 코너(Fairfax Square At Tysons Corner)

유명 전문점이 모여 있는 곳으로 펜디(Fendi), 구치(Gucci), 허미스(Hermes), 티파니(Tiffany & Co), 그리고 모튼스 오브 시카고(Morton's Of Chicago)가 있다.

- **주소** 8065 Leesburg Pike, Tysons Coner, Va

▶ 타이슨즈 코너 센터(Tysons Corner Center)

워싱턴에서 9마일 정도 떨어진 곳에 위치하며 200여 개의 전문 상점들이 모인 쇼핑몰. 백화점으로는 헤치스(Hecht's), 노드스톰(Nordstorm), 블루밍데일스(Bloomingdale's)가 들어서 있다.

- **주소** 1961 Chain Bridge Road, Mclean, Va
- **전화** 703-893-9400

▶ 타이슨즈 갤러리아(Tysons Galleria)

타이슨즈 코너 센터 건너편에 위치한 쇼핑센터로 흔히 타이슨 II(Tysons II)라고 불리며 이곳에는 제이 크루(J. Crew)를 포함한 100개 정도의 전문점과 니만 마커스(Neiman Marcus), 메이시즈(Macy's), 삭스 핍스 애비뉴(Saks Fifth Avenue), 리츠 칼튼(Ritz-carlton) 등 유명 백화점들도 있다.

- **주소** 2001 International Drive, Mclean, Va
- **개점** 월-토 10:00~21:00 일 12:00~18:00

▶ 숍 앳 조지타운 파크(The Shops At Georgetown Park)

유럽풍의 빅토리아풍으로 실내 장식된 고급 쇼핑센터. 특히, 워싱턴의 메인 스트리트인 엠 스트리트(M Street)에 위치하며 폴로 랄프 로렌(Polo Ralph Lauren)을 포함한 100여 개의 유명 브랜드숍들이 모여 있는 곳이다.

- **주소** 3222 M Street, NW Washington
- **전화** 202-298-5577

Detroit
_디트로이트
》》

'자동차 매니아라면 디트로이트로 가라'는 말이 있을 만큼 디트로이트는 세계 최대의 자동차산업 도시이다. 제너럴모터스, 포드, 크라이슬러 등 자동차업계의 'Big 3' 공장들이 디트로이트를 비롯한 인접 지역에 밀집해 있다. 디트로이트는 자동차 시장의 경기 흐름에 따라 시 전체의 경기가 좌우될 만큼 자동차 산업의 메카이다.

18세기 초 프랑스 무역업자들에 의해 형성된 이 도시는 디트로이트강을 사이에 두고 캐나다의 윈저시와 마주하고 있다. 디트로이트의 산업은 전세계를 향해 뻗어가고 있다.

디트로이트에 대한 모든 것

디트로이트에 대해 잠깐!

미국 중부 미시건주에 위치한 디트로이트는 1701년에 프랑스 모피 무역업자에 의해 도시가 형성되었다. 면적은 370.2km² 이며 인구는 약 95만 명이다. 세계적인 자동차산업과 음악시장의 중심지로 Motor City, Motown이라는 별명을 갖고 있다.

어떻게 갈까?

》 인천에서 디트로이트까지

인천~디트로이트 간에는 직항이 없으며, 보통 Northwest항공이나 American항공을 이용해 동경을 경유해 디트로이트로 오는 노선을 많이 이용한다. 대한항공 ~Northwest(시카고, LA 등 경유) 노선은 매일 3~4회 운행되고 있으며, 비행시간 (경유지 포함)은 약 18시간 정도 소요된다.

교통

Survival English in Detroit 1

A: How much longer will it take to get to Main Street?
B: We're here. That will be 22 dollars.
A: Can I have a receipt?

A: Main Street까지 얼마나 더 가야죠?
B: 다 왔습니다. 요금은 22달러입니다.
A: 영수증을 받을 수 있나요?

Tips We're here 다 왔습니다, 여기입니다. receipt 영수증

〉〉 공항에서 디트로이트 시내까지

Metro Airport 택시(시내까지 39달러)나 조금 더 고급스러운 택시인 Metro Car(48달러)를 타면 시내까지 들어갈 수 있다.

- Metro Airport Taxis 800-745-5191
- Metro Cars 800-456-1701

디트로이트 메트로 공항(Detroit Metro Airport)
- 주소 LC Smith Terminal - Mezzanine Detroit, MI 48242
- 연락처 734-247-7678
- 홈페이지 www.metroairport.com

디트로이트에서 남서쪽으로 32km 떨어진 곳에 위치하고 있으며 매년 3천 5백만 명의 승객이 이용하고 있다. 6개의 Terminal이 있다.

시차

한국과 디트로이트의 시차는 14시간이며 디트로이트가 14시간 느리다. 서머타임 실시 기간의 시차는 13시간이다.

 한국 오전 9시 → 디트로이트 그 전날 오후 7시

Business Hours

일반회사의 근무시간은 오전9시~오후3시(토/일은 휴무)이며, 대부분의 은행은 월~금 9시~4시30분이다. 오후5시까지 영업하는 곳도 있고, 토요일 오전에 영업을 하는 지점도 있다. 일반 소매점은 오전10시~오후9시, 대형 할인점은 오전10시~오후10시까지 영업한다. 레스토랑은 오전11시~오후10시까지 영업하는데 오후2~5시 사이에는 운영하지 않는 곳도 많다.

기후

디트로이트는 한국과 마찬가지로 4계절이 뚜렷하며, 4월부터 10월말까지 따뜻한 기후가 계속된다. 이에 비해 겨울이 짧은 편으로 눈보다는 비가 많이 내린다.

월	1	2	3	4	5	6	7	8	9	10	11	12
온도	-5.1	-3.4	2.1	8.5	14.7	19.8	23.4	21.4	17.3	10.7	4.6	-2.1

한국의 휴대폰에 전화할 때
통신사 번호 중 맨 앞의 0을 생략해야 한다. 010-123-1234의 경우 011-82-10-123-1234로 해야 통화가 가능하다.

통신

〉〉 휴대폰

디트로이트 메트로 공항에는 휴대폰 임대 서비스 업체가 입주해 있지 않으며, 시내에 있는 통신사 대리점에서 임대가 가능하다. 그러나 통신사 대리점 위치를 찾기가 쉽지 않으므로 가급적 한국에서 로밍서비스를 신청하는 것이 좋다.

〉〉 전화

공중전화는 어렵지 않게 찾아볼 수 있으며, 동전 투입 후 번호를 누르면 된다. 미국 내 통화의 경우에도 국가 번호인 1을 누르고 난 후 목적지의 번호를 눌러야 통화가 가능하다.

- 시외전화 1+(지역번호)+전화번호
- 국제전화 011+82(한국)+2(서울)+전화번호

〉〉 인터넷

디트로이트에 있는 대부분의 호텔은 객실, 비즈니스 센터, 로비 등에서 인터넷을 이용할 수 있게 되어 있으며, 많은 호텔들이 유·무선 인터넷과 연결 케이블을 무료로 제공하고 있다. 그러나 인터넷 사용료를 부과하는 호텔도 있으므로, 예약이나 체크인 시 프론트에 미리 물어보는 것이 좋다. 디트로이트 시내에서 인터넷 카페를 찾는 것이 매우 어려우나 최근에는 무선 인터넷을 무료로 제공하는 커피숍, 레스토랑 등이 빠르게 확산되고 있다.

디트로이트에서 전화카드를 구입하려면
전화카드는 한국식당, Meijer, Farmer Jack 등 식료품점에서 구입 가능하다.

알아두면 편리한 디트로이트

교통

》》 대중교통

디트로이트의 버스는 DDOT와 SMART가 담당하고 있다. DDOT 버스는 주로 디트로이트 외곽까지 운행한다. 또한 People Mover라는 전철 시스템이 있으나 요금이 비싼 것이 흠이다. 시카고, 앤 하버, 그리고 미시건주의 다른 도시로 이동할 경우에는 Amtrak을 이용하는 것이 좋다.

》》 택시

택시는 주로 콜택시 형식으로 이용하여야 하며, 거리에 따라 일정한 요금(마일당 약 2달러)이 정해져 있다. 미국 내에서는 거의 모든 서비스에 약 10~15%의 팁을 주는 것이 일반적이다.

디트로이트 시내 주요 콜택시 전화번호

- Yellow 24 Hr Oakland 24 hr Cab 800-320-1683
- A Abbey Taxi Cab &Airport Service 248-851-3399
- A 1 Oakland Cab Co 248-544-1600
- Metro Cars Inc Detroit Metro Airport 734-946-5700

〉〉 렌터카

공항이나 시내에서 렌트가 가능하며 렌트비는 렌터카 회사, 차종 및 기간에 따라 차이가 있으나 보통 하루에 60달러 정도이다.

KOTRA 디트로이트 무역관

〉〉 무역관안내

주소 2000 Town Center, Suite 2850, Southfield, MI 48075
전화 248-355-4911/3
팩스 248-355-9002
이메일 detroit@kotradtt.org

〉〉 찾아가는 방법

택시를 탈 경우 택시기사에게 무역관 주소를 보여주면 쉽게 찾아갈 수 있다. 메트로 공항에서 약 30분 정도 거리이며, 택시 요금은 약 60달러(팁 포함) 정도이다.

렌터카를 이용할 경우 디트로이트 메트로 공항에서 Merriman Rd. 북쪽 방향으로 나와 디트로이트로 향하는 I-94 East 고속도로를 탄다. I-94 East 상에서 약 5마일 지나 Freeway 39번(Southfield Frw)로 가는 Ramp에서 39 North로 갈아탄다. 39 North 상에서 약 14마일 지나 John C Lodge Freeway(MI-10)로 가는 Ramp에서 John C Lodge Freeway(MI-10) North로 갈아탄다. 약 0.5마일 지나 Evergreen Road(10Mile Road) Exit로 나와서 Northwestern Hwy를 타고 약 0.5마일을 더 가

공공장소에서는 음주금지!
공공장소에서 술을 마실 수 없다. 위반시 벌금이 부과된다. 거리에서도 주류 상표가 드러난 채로 음주하는 것은 금지되어 있으므로, 주류판매점에서 봉투에 술병을 담아줌.

면 오른편에 바로 타운센터빌딩 단지로 통하는 출입구를 만난다. 타운센터는 1000, 2000, 3000, 4000의 4개 빌딩이 있으며, Westin 호텔 우측에 윗부분이 계단처럼 생긴 빌딩이 무역관이 있는 2000 타운센터이다.

옷차림

디트로이트는 직사광선이 강하므로, 선글라스와 자외선 차단제를 준비하는 것이 좋다. 겨울에는 기온이 낮고 눈이 많이와 한국보다 춥지만, 출장자의 경우 걸어다닐 일이 거의 없으므로 일반적인 겨울 의복만으로도 충분하다. 봄~가을의 날씨는 한국과 거의 비슷하므로 한국에서 입는 옷을 그대로 준비해도 무방하다.

교통

Survival English in Detroit 2

A: How can I get to Town Center in Detroit?
B: Just tell a taxi driver the address.
A: How much I pay tip for a driver here?
B: About 10~15%.

A: 디트로이트에 있는 Town Center에는 어떻게 가죠?
B: 택시기사에게 주소만 말하세요.
A: 여기서는 팁을 얼마나 주죠?
B: 10~15% 정도면 됩니다.

Tips address 주소 about 약, 대략

치안

디트로이트 지역은 야간 행보에 주의할 필요가 있으며, 차량을 렌트한 경우 차안에 가방이나 기타 귀중품을 절대로 두어서는 안 된다. 특히 다운타운 근처는 디트로이트에서 가장 불안한 지역으로 저녁시간에 한적한 거리를 혼자 다니지 않은 것이 좋다.

기타

110V의 전기규격으로 콘센트의 구멍이 3개인 Y타입의 플러그를 사용하고 있어 한국 전기제품을 직접 사용할 수는 없기 때문에 휴대용 변압기를 준비하는 것이 좋다.

디트로이트의 수돗물은 식수로 사용해도 문제가 없지만 석회질이 섞여 있어 보통 간단한 정수를 해서 먹거나 구입해서 먹는 것이 일반적이다.

주요 연락처

〉〉 항공사
- 노스 웨스트 항공 800-441-1818
- 아메리카 에어 800-433-7300
- 유나이티드 에어 800-241-6522

〉〉 여행사
- 아메리칸센터여행사 517-592-1030
- 동서여행사 248-352-2525

KOTRA와 함께 하는 '디트로이트 경제는 지금'

세계 자동차 산업의 메카
세계 최대의 완성차업체인 GM을 비롯하여 Ford, DaimlerChrysler의 Chrysler Group 본사가 소재한 세계 자동차산업의 메카이다. 디트로이트가 속한 미시건주는 미국 내 승용차 총생산량의 약 30%, 버스와 트럭 총생산량의 약 23%를 생산하고 있으며, 산업체 고용자 중 약 1/3이 자동차산업 관련 생산직에 종사하고 있다.

대형 자동차부품 공급업체 밀집
완성차 제조업이 발달한 관계로 자동차 부품, 특히 완성차 조립용 부품(OEM부품) 산업이 구축되어 세계 최대의 자동차부품 공급업체인 Delphi사를 비롯하여 세계 3위의 Visteon, 5위의 Lear, 6위의 Johnson Controls사 등이 소재하고 있다. 미국, 캐나다, 멕시코를 포함한 북미 지역 OEM(Original Equipment Manufacturing) Supplier 상위 150개사 가운데 85개사가 미시건주에 있으며, 상위 20대업체 중에서는 80%에 해당하는 16개사가 미시건주에 본사를 두고 있다.

디트로이트의 주요 산업
자동차산업 이외의 제조업(기계류, 가공금속, 1차 금속제품, 식품가공업, 화공품 및 약품, 가구 제조, 가정용 세제 등), 금융·보험업(약 16,000개의 금융·보험 기관 소재), 관광업(5대호 중 4개의 호수를 포함한 11,000여 개의 자연호수들과 많은 하천들이 미시건 관광산업의 주요 자원임)

현지 진출을 위한 필요조건
QS 9000 인증 획득, 과거 OEM 공급 경력, 매출액, 적시공급(Just In Time Delivery) 체제의 구축, 생산 Capacity, 북미지역의 연락사무소 또는 대화창구, 전문 마케팅 에이전트(Sales Rep)를 통한 마케팅 활동 강화

알아두면 즐거운 디트로이트

●●● 호텔

》 KOTRA가 추천하는 호텔

▶ KOTRA 현지 호텔 평가표

호텔명	접근성	쾌적성	안전성	부대시설	종합평가
Amerisuites Auburn Hills	8	9	10	8	★★★★
Fairfield Inn By Marriott Detroit Farmington Hills	7	10	10	9	★★★★
Towneplace Suites by Marriott Detroit Livonia	9	9	10	9	★★★★★
SpringHill Suites Detroit/Southfield	9	10	8	10	★★★★★
Hampton Inn Southfield	9	8	8	8	★★★
Hawthorn Suites LTD Detroit Warren	9	9	9	9	★★★★
Drury Inn & Suites Troy	8	10	10	9	★★★★★

▶ Amerisuites Auburn Hills

- **위치** 1545 N Opdyke Rd Auburn Hills. 디트로이트 메트로 공항에서 40마일 거리에 있으며, 약 50분 소요. 공항에서 I-94 도로 동쪽 → I-75 도로 북쪽 → 59번 도로 동쪽에서 Opdyke Road로 내려와 북쪽으로 향하다보면 우측에 위치. 택시 이용시 요금은 약 90달러 소요(팁 10% 포함)

- **객실요금** 금, 토요일 75달러, 그 외 109달러

- **인터넷 사용** 객실, 로비에서 유/무선 인터넷 연결 무료 제공. 유선 인터넷 사용할 경우 케이블 제공

- **각종 부대시설** 2003년에 리노베이션, 실내 수영장과 피트니스를 갖추고 있으며 128개 객실 전체가 스위트룸이다.

- **연락처** · 전화 248-475-9393 · 팩스 248-475-9399 · 웹사이트 www.amerisuites.com

- **특이사항** 2마일 내 DaimlerChrysler 본사, GM, Johnson Control, Behr Systems, Borg Warner, Alps Automotive, Cooper Tools, Valeo, Siemens, Takata 등 소재. Pontiac Silverdome에서 1마일 거리

▶ Fairfield Inn By Marriott Detroit Farmington Hills

- **위치** 27777 Stansbury Blvd Farmington Hills. 디트로이트 메트로 공항에서 30마일 거리에 있으며, 약 40분 소요. 공항에서 I-94 도로 서쪽 → I-696 도로 동쪽 → Orchard Lake Road 북쪽 → 12 Mile Road에서 우회전 하면 우측에 위치. 택시 이용 시 약 65달러 소요(팁 포함)

- **객실요금** 94달러

- **인터넷 사용** 객실, 로비에서 유/무선 인터넷 연결 무료 제공. 유선 인터넷 사용할 경우 케이블 제공

- **각종 부대시설** 실내 수영장, 스파 튜브, 피트니스. 자체 레스토랑은 없으며, 주변 식당 이용(아침 식사는 자체 해결). 2마일 반경 내 퍼블릭 골프장(18홀) 2개 위치

- **연락처** · 전화 248-442-9800 · 팩스 248-442-9563 · 웹사이트 www.marriott.com

- **특이사항** 2마일 내 Dana Corporation, Allied Signal, Ford Proving Ground(자동차 시험장), Calsonic 등 소재. 인근 Orchard Lake Road에 다양한 식당 및 편의 시설 다수 소재

▶ Towneplace Suites by Marriott Detroit Livonia

- **위치** 17450 Fox Drive, Livonia. 디트로이트 메트로 공항에서 20마일 거리에 있으며, 약 25분 소요. 공항에서 I-94 도로 서쪽 → 275도로 북쪽 → Exit 170(6 Mile Road)으로 나와 좌회전 → 6 Mile Road 서쪽으로 가다가 Fox Drive로 우회전하면 Fox Drive가 끝나는 지점에 위치. 택시 이용시 약 50달러 소요(팁 포함)
- **객실요금** 100달러
- **인터넷 사용** 객실, 로비에서 무선 인터넷 연결 무료 제공
- **각종 부대시설** 실외 수영장, 피트니스 시설. 95개 전 객실이 스위트룸. 인근에 3개의 18홀 골프장 소재
- **연락처** · 전화 734-542-7400(ext. 2101) · 팩스 734-542-7401 · 웹사이트 www.marriott.com
- **특이사항** 3마일 내 Ford 본사, BASF, Ford Transmission, Dynat다 등 소재. 캐나다 Windsor Casino까지 3마일

▶ SpringHill Suites Detroit/Southfield

- **위치** 28555 Northwestern Highway Southfield. 디트로이트 메트로 공항에서 25마일, 약 30분 소요. 공항에서 I-94도로 서쪽 → M-39 도로 북쪽 → M-10 북쪽으로 갈아타면 잠시 후 도로명이 M-10에서 Northwestern Highway로 바뀌고, 호텔은 좌측에 위치. 택시 이용시 약 60달러 소요(팁 포함)
- **객실요금** 94달러
- **인터넷 사용** 객실, 로비에서 무선 인터넷 연결 무료 제공
- **각종 부대시설** 실내수영장, 스파 튜브, 피트니스 시설. 4마일 내에 2개의 퍼블릭 골프장 소재
- **연락처** · 전화 1-248-352-6100 · 팩스 1-248-352-6116 · 웹사이트 www.marriott.com

· **특이사항** 3마일 내 BASF, EDS, Federal Mogul, Plante & Moran, Denso International, Goodyear, Lear, Sumitomo, Bethlahem Steel, Dana, Dow Chemical, Siemens, Eaton Corporation 등 소재

▶ Hampton Inn Southfield

· **위치** 27500 Northwestern Highway, Southfield. 디트로이 메트로 공항에서 22마일 거리, 약 35분 소요. 공항에서 I-94 동쪽 → Telegraph Road(24번 도로) 북쪽 → Northwestern Highway(10번 도로)를 타고 가다가 우측에 현대/기아 딜러샵이 보이면 첫 번째 신호에서 우회전(유턴과 비슷함) 후 진행하면 좌측에 위치. 택시 이용시 약 60달러 소요(팁 포함)

· **객실요금** 금 · 토요일 77달러, 그 외 93달러

· **인터넷 사용** 객실, 로비에서 무선 인터넷 연결 무료 제공

· **각종 부대시설** 실내수영장, 피트니스 시설. 한국식당(뉴서울가든) 도보 5분 거리. 2마일 내에 9홀 퍼블릭 골프장 소재

· **연락처** · 전화 248-356-5500 · 팩스 248-356-2083 · 웹사이트 hamptoninn.hilton.com

· **특이사항** 3마일 내 BASF, EDS, Federal Mogul, Plante & Moran, Denso International, Goodyear, Lear, Sumitomo, Bethlahem Steel, Dana, Dow Chemical, Siemens 등 소재

▶ Hawthorn Suites LTD Detroit Warren

· **위치** 7601 Chicago Road, Warren. 디트로이트 메트로 공항에서 10 마일 거리, 약 25분 소요. 공항에서 I-94 동쪽 → I-75 북쪽 → I-696 동쪽 → Van Dyke Avenue exit으로 나와 북쪽으로 진행 → Chicago Road(13 Mile Road)에서 좌회전하면 좌측에 위치. 택시 이용시 약 30달러 소요(팁 포함)

- 객실 요금 79달러
- 인터넷 사용 객실, 로비에서 무선 인터넷 연결 무료 제공
- 각종 부대시설 실내수영장, 피트니스 시설. 전 객실 스위트룸. 60명 수용 가능한 회의실 1개
- 연락처 · 전화 586-264-8800 · 팩스 586-264-8189 · 웹사이트 www.hawthorn.com
- 특이사항 2마일 내 GM Tech Center, DaimlerChrysler Assembly & Stamping, TRW, Collins & Aikman, Johnson Controls, TACOM 소재, 5마일 거리에 Ford의 Sterling Assembly Plandt 소재

▶ Drury Inn & Suites Troy

- 위치 575 (West) Big Beaver Road, Troy. 디트로이트 메트로공항에서 35마일 거리, 약 45분 소요. 공항에서 I-94 동쪽 → I-75 북쪽 → I-75 도로의 69번 exit 동쪽으로 나와 Big Beaver Road에서 우회전하면 우측에 바로 위치. 택시 이용시 약 80달러 소요(팁 포함)
- 객실요금 금 · 토요일 90달러, 그 외 100달러
- 인터넷 사용 객실에서는 유선인터넷(케이블 제공), 로비에서는 무선인터넷 연결 무료 제공
- 각종 부대시설 실내수영장, 피트니스 시설. 2마일 내 미시간 최대 규모의 쇼핑 타운 소재
- 연락처 · 전화 248-528-3330 · 팩스 248-528-3330 · 웹사이트 www.drury.com
- 특이사항 3마일 내 Delphi, Altair Engineering, Behr America, EDS, Thyssen Krupp Company 등 소재

호텔

Survival English in Detroit 3

A: SpringHill Suites Detroit. How may I help you?
B: I'd like to make a reservation.
A: What is the date of your arrival?
B: December 5th.

A: SpringHill Suites Detroit 호텔입니다. 무엇을 도와드릴까요?
B: 방을 예약하고 싶습니다.
A: 언제 묵으실 예정이죠?
B: 12월 5일입니다.

Tips make a reservation 예약하다
the date of arrival 도착날짜

〉〉 호텔예약시 참고 사항

KOTRA가 소개하는 호텔은 가격대비 경쟁력이 있는 호텔들로, 더블베드(2인 기준)으로 100달러 내외의 호텔을 소개하였으나 그 외 특급 호텔 및 더욱 저렴한 호텔들도 다수 있다.

각 호텔 홈페이지에 각종 프로모션이 제공되어 있고, 상기 호텔들의 경우 모두 온라인 예약이 가능하므로 예약 전 홈페이지를 참조하는 것이 더욱 저렴한 가격에 숙박할 수 있는 방법이다. 호텔들이 대부분 여행 및 숙박 안내 사이트들과 제휴가 되어 있으며, 사이트를 통한 추가 할인이 가능하다.

〉〉 KOTRA에게 호텔예약을 의뢰할 경우

주로 무역관 근처에 소재한 호텔에 예약 가능하다. 디트로이트 호텔 예약 사정이 좋지 않아 사전 예약이 필요하므로 출장계획을 잡자마자 호텔예약을 요청하는 것이 좋다. 특히 하절기와 비수기를 제외하고는 호텔사정이 더욱 좋지 않다는 것을 주의해야 한다.

객실요금
1 싱글 : 80~150달러/1박(조식 및 세금 별도)
1 트윈 : 80~180달러/1박(조식 및 세금 별도)

〉〉 실속 있는 호텔을 찾는다면

▶ **Comfort Inn Metro Airport**

94번 주간 고속도로와 연결되며 Detroit Metro 공항과도 가깝다. 1박 약 89.06달러. 예약전화번호 734-326-2100

▶ **Wingate Inn**

Auburn Hills 비즈니스 지구 중심지에 위치. 1박 약 89.06달러. 예약전화번호 248-334-3324

 식당

》》 KOTRA가 추천하는 식당

▶ KOTRA 현지 식당 평가표

식당명	맛·위생	분위기	편의성	서비스	종합평가
Tribute Restaurant	10	10	9	10	★★★★★
New Seoul Garden	10	9	8	8	★★★★
Shiro Restaurant	10	9	9	9	★★★★
Meriwether's	8	8	10	10	★★★★
Little Italy	9	10	9	9	★★★★
Big Rock	10	10	8	10	★★★★★
Hong Hua	10	10	9	8	★★★★

▶ **Tribute Restaurant(R2)**

- **위치** 31425 (West) 12 Mile Road
- **주요메뉴** 각종 양식
- **가격대** 71달러(코스 제외, 1인 기준)
- **연락처** · 전화 248-848-9393 · 홈페이지 www.tributerestaurant.com
- **특이사항** America's Best Restaurants Award 연속 5회 수상 등 각종 수상. 종류를 불문하고 애피타이저 17달러, 주 요리(스테이크 제외) 39달러, 디저트 15달러. 여러 종류의 요리를 맛볼 수 있는 코스는 100달러, 150달러 두 가지가 있다.

식당 분류(용도에 따른 분류)
R1: 가벼운 런치나 간단한 식사 혹은 차를 즐길 수 있는 식당
R2: 비즈니스 미팅·상담에 적합한 조용한 식당
R3: 주류를 중심으로 접대에 적합한 식당
R4: 편안한 분위기에서 한식을 즐길 수 있는 식당
R5: 제대로 된 현지 음식을 맛볼 수 있는 식당

▶ New Seoul Garden(R4)

- **위치** 27566 Northwestern Highway, Southfield
- **주요메뉴** 한식 및 일식
- **가격대** 점심 10~15달러, 저녁 10~20달러(1인 기준)
- **연락처** · 전화 248-827-1600 · 홈페이지 www.newseoulgarden.com
- **특이사항** Hampton Inn에서 도보로 5분 거리에 위치

▶ Shiro Restaurant(R1)

- **위치** 43180 (West) 9 Mile Road, Novi
- **주요메뉴** 일식, 프랑스 요리
- **가격대** 점심 10~20달러, 저녁 25~40달러(1인 기준)
- **연락처** · 전화 248-348-1212 · 홈페이지 www.shiro-restaurant.com
- **특이사항** 오후 2시30분~5시는 문을 닫으며 일요일은 휴점

▶ Meriwether's(R2)

- **위치** 25485 Telegraph, Southfield
- **주요메뉴** 해산물, 스테이크
- **가격대** 35~50달러(1인 기준)
- **연락처** · 전화 248-358-1310 · 홈페이지 www.muer.com
- **특이사항** 해산물 요리를 주종으로 하는 체인점

▶ Little Italy(R1, R5)

- **위치** 227 Hutton Northville
- **주요메뉴** 이태리 음식
- **가격대** 점심 15~20달러, 25~40달러
- **연락처** · 전화 248-348-0575 · 홈페이지 www.littleitalynorthville.com

▶ Big Rock(R5)

- **위치** 245 (South) Eton Street, Birmingham
- **주요메뉴** 양식(Filet Mignon, Steaks, Lamb chops, Sandwiches)
- **가격대** 점심 20~30달러, 저녁 35~50달러
- **연락처** · 전화 248-647-7774 · 홈페이지 www.bigrockchophouse.com

식당

Survival English in Detroit 4

A: What do you recommend for us?
B: Try veal.
A: Veal?
B: Right. I've had it before at this restaurant.

A: 어떤 요리가 좋을지 추천 좀 해주시겠어요?
B: 송아지고기를 먹어보세요.
A: 송아지고기요?
B: 네, 이곳에서 먹어봤었어요.

Tips try 한번 먹어보다   veal 송아지고기

▶ Hong Hua(R3)
- **위치** 27925 Orchard Lake Road, Farmington Hills
- **주요메뉴** 중식
- **가격대** 점심 15~20달러, 저녁 25~35달러
- **연락처** 전화 248-489-2280 · 홈페이지 honghuafinedining.com

》 디트로이트에서 가볼 만한 한식당

▶ 우리가든 식당
- **주소** 29267 Southfield Rd., Southfield, MI 48076
- **전화** 248-569-0105

▶ 미락식당
- **주소** 23043 Beech Rd., Southfield, MI 48034
- **전화** 248-356-2155

▶ 서울가든
- **주소** 2101 15 Mile Rd, Sterling Heights, MI 48310
- **전화** 810-264-4488

 다른 한국업소 정보는 '코리언저널 미시건' 웹사이트에서 검색할 수 있다. www.kjmi376.com

●●● 비즈니스 관광

》 KOTRA가 추천하는 관광

디트로이트는 자동차의 도시(Motor City)라는 별명에서 알 수 있듯이 전통적인 공업도시로, 다른 도시들에 비해 관광지가 많지 않다. 디트로이트의 가장 유명한 볼거리는 포드가 처음 자동차를 만든 Dearborn 지역에 있는 포드박물관과 미국의 민속촌이라 할 수 있는 그린필드 빌리지(Greenfield Village)이다. 포드박물관과 그린필드 빌리지는 모두 비영리 재단인 헨리 포드 재단에서 운영하고 있다. 이외에도, 그린필드 빌리지 인근의 Ford Rouge 공장 견학, 다운타운의 GM 건물 방문 등의 관광이 가능하다.

▶ 포드박물관

미국 역대 대통령들의 리무진, 과거 미국의 주요 운송수단, 비행기, 그리고 각종 자동차 등 다양한 전시물들을 갖추고 있으며, 박물관을 모두 둘러보는 데는 약 3~4시간 정도 소요된다. 입장료는 14달러이다.

▶ 그린필드 빌리지

1933년 헨리 포드가 설립했으며, 미국의 역사적 인물들의 생가를 포함하여 약 100여 개의 역사적 건물들이 모여 있다. 이 건물들은 헨리 포드가 미국 전역에서 옮겨오거나 원형을 본떠 재건축한 것들이다. 미국 초기의 대표적인 집, 공공건물, 공예품 가게 등의 건축물들도 볼 수 있다. 11월 1일~12월 31일은 금, 토, 일요일에만 운영한다. 입장료는 20달러이다.

▶ 모타운 역사박물관

'모타운(Motown)' 음악의 역사를 알 수 있는 곳. 'Hitsville USA'라는 명칭으로도 알려져 있다. 일요일과 월요일은 휴무다. www.mo towntmuseum.org

▶ 폭스극장

2002년에 재개관되어 다시 많은 관광객을 불러 모으고 있는 극장. 1928년에 세워졌다. 가장 아름다운 극장 중 하나로 평가받는다.

▶ 디트로이트 인스티튜트 오브 아트

디트로이트의 대표적인 아트센터이다. 계절에 따라 다양한 전시회와 이벤트를 기획하고 있다. www.dia.com

Survival English in Detroit 5

A: Henry Ford Museum is famous in Detroit.
B: How long does it take see the whole thing?
A: About 3~4 hours.

A: 헨리 포드 박물관이 디트로이트에서는 유명해요.
B: 전부 둘러보는 데 얼마나 걸릴까요?
A: 3~4시간은 걸릴 거예요.

Tips Henry Ford Museum 헨리 포드 박물관(디트로이트 소재) the whole thing 전체

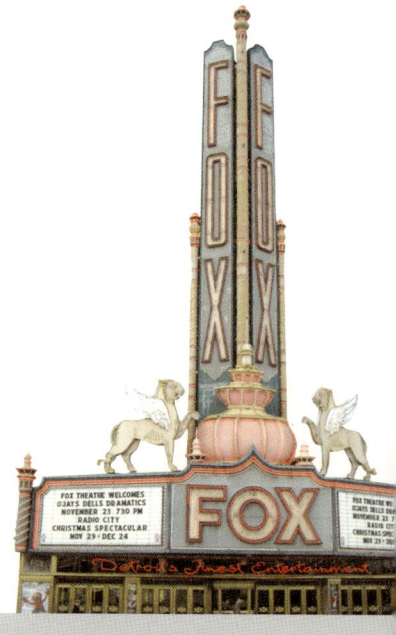

●●● 비즈니스 쇼핑

전자제품을 구입할 때 전자제품은 한국보다 저렴한 제품도 있고, 비싼 제품도 있으므로 구입시 주의해야 하며, 특히 전압이 다르므로 코드를 사용하는 제품은 구입하지 않는 편이 좋다. 전자제품의 경우 Best Buy(www.bestbuy.com)와 같은 전자제품 전문 매장에 가서 구입하는 것이 좋다. 모든 공산품, 식품 구입시 판매세 6%가 추가로 청구되므로 유의해야 한다.

의류와 신발이 저렴 디트로이트 지역은 한국과 비교해 브랜드 의류, 신발류 등이 저렴한 편이다. 또한 세일이 매우 잦기 때문에 약간만 발품을 팔면 비교적 저렴한 가격에 선물을 구입할 수 있다. 특히 신발류의 경우 한국보다 약 30% 이상 저렴하다. 치수와 규격이 한국과 다르기 때문에 의류나 신발을 구입할 때 미리 수치를 변환해오는 것이 좋다.

디트로이트 쇼핑몰 지역 디트로이트 메트로공항에서 약 40분 정도 떨어진 Troy 지역에는 미시간 최대 규모의 쇼핑몰(백화점 4개가 밀집)이 소재해 있으며, 약간 더 북쪽에 소재(공항에서 약 1시간 거리)한 한국의 문정동 로데오거리처럼 브랜드 할인점이 밀집되어 있는 Great Lakes Crossing 지역(www. shopgreatlakescrossing. com)에서 브랜드 의류를 저렴한 가격에 구입할 수 있다.

》 쇼핑몰

▶ 프라임 아울렛(Prime Outlets)

2005년 가을에 문을 연 대형 쇼핑몰이다. 폴로 랄프 로렌, 아디다스, 보세, 나이키 등 170개가 넘는 브랜드가 입점한 미시건 최대 규모의 아울렛 매장이다. 소매가에서 25~65%까지 할인된 가격으로 구입할 수 있다.

- **위치** 12240 S. Beyer Road, Birch Run, MI 48415
- **전화** 989-624-6226

▶ 렌 켄 숍스(Ren Cen Shops)

디트로이트 다운타운 최고의 쇼핑몰이다. GM 르네상스센터 내에 있다. www.shoprencen.com

- **위치** Downtown Detroit, Michigan, on Jefferson Avenue between I-375
- **전화** 313-567-3126

▶ 페어레인 타운 센터(Fairlane Town Center)

마샬 필즈, JC 페니, 로드 & 테일러, 시어스 등 180여 개의 상점이 있는 쇼핑몰이다.

- **위치** 18900 Michigan Ave. at Michigan Avenue and Evergreen Road, Dearborn, MI 48126
- **전화** 800-992-9500

Survival English in Detroit 6

A: Will you go shopping on the weekend?
B: Yes, I need something for my boss and co-workers.
A: You can find something at Great Lakes Crossing.

A: 주말에 쇼핑하려구요?
B: 네, 사장님과 동료들을 위한 선물을 살까 해요.
A: Great Lakes Crossing에 가면 살 수 있을 거예요.

Tips go shopping 쇼핑하러 가다 co-worker 동료

▶ **소머셋 콜렉션(Somerset Collection)**

미시건주의 대표적인 쇼핑몰이다. 구찌부터 갭(GAP)까지 180여 개의 브랜드가 입점해 있으며 4개의 주요 백화점을 한꺼번에 보는 느낌을 주는 것이 특징이다. www.thesomersetcollection.com

- **위치** 2880 W. Big Beaver Road, Troy, MI 48084
- **전화** 248-643-6360

〉〉 선물 & 기념품

▶ **퓨어 디트로이트(Pure Detroit)**

디트로이트의 기념품을 구입하기에 적합한 곳이다.

- **위치** Guardian Building lobby, 500 Griswold, Detroit, MI 48226
- **전화** 313-963-1440

▶ **스모키스 파인 시거(Smoky's Fine Cigars)**

'디트로이트 뉴스' 지로부터 최고의 시거 숍으로 선정된 곳이다. 다양한 시거를 구입할 수 있다.

- **위치** 16705 Middlebelt Road, Livonia, MI 48154
- **전화** 734-513-2622

Dallas
_댈러스

>>

미국인을 비롯한 전 세계인들에게 댈러스는 케네디 대통령이 암살된 도시로 기억되고 있다. 1963년 11월 케네디 대통령이 이곳에서 암살되면서 유명해진 것이다.
그러나 오늘날의 댈러스는 단순히 역사적인 도시로만 머물러 있지 않다. 상업, 공업, 무역업이 발달되어 있어 'Big D'로 불리고 있다. 특히, 항공, 금융, 패션 등이 발달하면서 전세계인들의 관심을 다시 한 번 불러 모으고 있다. 이제 댈러스는 끝없이 펼쳐진 땅 위에 많은 것들이 발전하고 있는 현재형의 도시이다.

댈러스에 대한 모든 것

댈러스에 대해 잠깐!

미국에서는 9번째, 텍사스주에서는 3번째로 큰 도시로 인구는 약 12만 명이다. 댈러스 포트 워스 국제공항은 세계에서 3번째로 분주한 공항으로 댈러스를 'Airport City'라는 별명을 가져다 주기도 했다.

어떻게 갈까?

〉〉 인천에서 댈러스까지

인천~댈러스 간 대한항공이 직항으로 운항하고 있다. 대한항공은 주 3회 운항(인천~댈러스: 화, 목, 토, 댈러스~인천: 화,목,토 출발)하고 있다. 비행시간은 인천~댈러스 12시간 반, 댈러스~인천은 14시간 30분이 소요된다.

미국의 타도시에서 댈러스로 비행기로 가려면

휴스턴에서 1시간, 뉴올리언스에서 1시간30분, 시카고에서 약 2시간, 샌프란시스코에서 약 4시간, 로스앤젤레스에서 약 3시간30분, 뉴욕에서 약3시간 정도 소요된다. 댈러스 다운타운에서 가장 가까운 러브필드공항이 있는데 주로 가까운 도시로 연결되는 사우스웨스트항공의 국내선이 운항된다.

›› 공항에서 댈러스 시내까지

택시를 탈 경우 각 터미널(A,B,C,D,E)의 밖으로 나오면 택시 정류장이나 콜택시를 부르는 장소가 있다. 요금은 30~40달러 (거리/시간 병산제)/야간에는 20% 정도 할증된다. 요금의 10%는 별도 Tip이다.

렌터카를 이용할 경우 각 터미널의 지하 1층(구별이 명확치 않으나 제일 낮은 층임)으로 가면 렌터카 센터로 가는 버스가 수시로 오며 그것을 타고 5분 정도 가면 공항입구 근처의 렌터카 센터가 나온다.

DFW 공항내 렌터카 회사
- Alamo 800-327-9633
- Avis 972-574-4130
- Budget 800-527-0700
- Dollar 866-434-2226
- Enterprise 972-586-1100
- Hertz 972-453-4600

위의 렌터카회사와 연락이 잘 안 될 경우는 무역관으로 연락을 하면 된다.

Survival English in Dallas 1

A: What is the best way to get to the Fairmont from the airport?
B: Just tell the taxi driver you need get to Fairmont on Akard St.
A: Thank you.

A: Fairmont 호텔로 가는 가장 좋은 방법이 뭐죠?
B: 택시기사에게 Akard St.에 있는 Fairmont 호텔로 가자고 말하면 돼요.
A: 고마워요.

Tips the best way 가장 좋은 방법 just tell ~라고만 말하다

댈러스 소재 공항

댈러스의 경우 Dallas-Fortworth Airport(DFW)와 Love Field Airport 등 2개의 공항이 있으며 국제선의 경우 대부분 DFW 공항을 이용한다.

- **DFW Airport** 댈러스시와 포스 워스(Forth worth)시의 중간에 위치하며 댈러스 시내를 기준으로 북서쪽에 있다. American Airline의 주공항이며 미국에서 3번째로 큰 공항이다.
- **Love Field** 댈러스 시내에 위치한 주로 국내선 공항(Southwest Airline의 주공항)

시차

댈러스는 센트럴 타임권(Central Time Zone)에 속하여 서울보다 15시간 느리다. 서머타임 기간에는 14시간의 시차를 보인다.

 서울 오전9시 → 댈러스 전날 오후6시

Business Hours

일반회사의 근무시간은 보통 오전9시~오후5시이며, 토·일요일은 휴무이다. 대부분의 은행의 경우 4시30분에 마감한다.

기후

1~3월 : 한국의 초겨울날씨
4~10월 : 한국의 여름날씨
11~12월 : 한국의 가을 및 겨울날씨

통신

〉〉 휴대폰

댈러스는 아직까지 휴대폰 임대서비스는 없다. 하지만, 한국에서 사용하는 핸드폰에 국제 로밍을 설정하고 가면 미국에서 사용하는 데 전혀 지장이 없다. 따라서 휴대폰이 필요한 경우는 한국에서 요금을 사전에 파악하고 신청하는 것이 바람직하다.

》》 국제전화

011+국가번호+도시번호+전화번호를 누르면 된다.

 서울 011+82+2+전화번호

》》 시내전화

댈러스내의 시내전화는 25센트(Quarter)로 걸 수 있으며 시간이 경과하면 추가로 동전을 넣어야 한다. Quarter는 전화, 주차 요금 등과 같이 매우 요긴한 동전이기 때문에 가능한 소지하고 있는 것이 좋다. 수신자 부담(Collect) 전화는 1-800-collect로 하면 된다. 이 경우 공중전화에 동전을 넣지 않아도 걸 수 있으며 수신자가 수신을 승낙하면 통화할 수 있다.

》》 시외전화

미국 내 시외전화는 1번을 돌리고 전화번호를 눌러야 한다. 같은 지역 코드라 할지라도 1번과 지역코드를 포함한 모든 전화번호를 눌러야 한다.

알아두면 편리한 댈러스

교통

》 대중교통

댈러스는 대중교통이 전혀 발달되어 있지 않으며, 자동차나 기차를 이용하는 것이 일반화되어 있다. 보행자를 위한 횡단보도 등이 드물 뿐만 아니라, 다운타운을 제외하고는 건물 간의 거리도 꽤 멀어서 5분 이상을 도보하는 것이 사실상 불가능하다. 이럴 경우 콜택시 이용이 가능하며, 거리에 따라 요금이 계산된다.

Dallas Area Rapid Transit(DART)가 댈러스의 대중교통전체를 관할하고 있다. 현재 두 개 노선의 전철(Blue/Red Line)을 운행 중이다.

Red Line와 Blue Line은 오크 클리프의 8th&Corinth역과 노스 댈러스의 Mockingbird역에서 교차하기 때문에 위 역에서 환승하면 된다.

》 택시

시내를 돌아다니는 것을 잡기는 어려우니 호텔 등에서 전화로 불러서 이용하는 것이 좋다. 처음 1마일은 2.7달러이고, 1마일당 1.2달러씩 증가한다.

KOTRA 댈러스 무역관

》 무역관 안내

주소 3030 LBJ Freeway Suite 1150, Dallas, TX 75234
전화 972-243-9300
팩스 972-243-9301
이메일 ktcdfw@swbell.net
위치 댈러스를 동서로 관통하는 635도로(LBJ Road)와 Web Chapel Lane이 만나는 지점으로 댈러스의 서북부에 위치, 댈러스 시내와 약 20분 거리

》 찾아가는 방법

DFW 공항의 북쪽 출구(North Exit)로 나와서 635(LBJ) 도로를 타고 동쪽으로 약 20분쯤 달려 35E 고속도로를 통과한 뒤, Josey Exit에서 빠진다. 택시를 탈 경우 기사에게 "Take the 635 east, exit Josey lane right after the 35East"라고 알려주면 된다.
Exit으로 나온 뒤, 635번 고속도로와 평행하게 서비스로를 달리면서 Josey lane을 지나서 100m쯤 가면 길 옆 오른쪽에 17층짜리 유리건물 두 개가 나오는데 동쪽에 무역관 소재 건물이 보인다. 'CLUB CORP' 라는 글씨가 써 있는 건물이며, 11층 1150호.

댈러스에서는 대중교통보다는 렌터카를

댈러스의 경우 대중교통수단이 발달하지 않아 이동시 차량이 필수적이며 따라서 공항에서 차량을 렌트 혹은 택시를 이용해야 한다. 지하철이 없으며, 버스도 구간이 한정되어 있고 배차간격이 넓어 이용이 어렵다.

Survival English in Dallas 2

A: Could I return the car a day late?
B: Sure, but you have to pay surcharge fee.
A: Okay. See you.

A: 차를 하루 늦게 반납해도 됩니까?
B: 네, 그렇지만 추가요금은 내셔야 합니다.
A: 알겠습니다. 내일 뵙죠.

Tips return the car 렌트한 차를 반납하다
pay surcharge 추가요금을 내다

옷차림

영하 이하로 기온이 떨어지는 경우는 별로 없으나 바람이 많이 불어 체감온도가 훨씬 떨어지며 11~3월까지 날씨의 변동이 심하므로 외투를 반드시 준비해야 한다.

LoveField 공항을 이용할 경우
DFW 공항에서 찾아가는 방법보다 어렵니다. 무역관에 사전에 문의를 하는 것이 좋다.

치안

댈러스는 미국의 타 대도시에 비하여 치안이 안전한 지역이나 다운타운에서 밤늦게 차를 타지 않고 걷는 것은 위험하다. 대부분의 댈러스 도심은 비교적 안전하다. 그러나 다운타운 근처 몇 곳과 주요 관광명소들을 포함한 몇몇 지역은 안전하지 않다. 댈러스 동물원 주변 South Oak Cliff의 일부 지역, Fair Park와 South Dallas의 일부 지역 등은 어두워진 후에는 특히 주의해야 한다.

주요 연락처

· 휴스턴 총영사관 713-961-0186
· 댈러스 한인회 214-350-6666
· 댈러스 한인상공회의소 214-358-2226
· 댈러스 경제인협회 214-634-0308
· KAL 댈러스 지사 214-637-2444

KOTRA와 함께 하는 '댈러스 경제는 지금'

댈러스가 위치한 텍사스주는 총인구가 약 2,000만 명으로 미국에서 두 번째로 인구가 많은 주이며 인근 멕시코 및 라틴아메리카 시장과 연결되어 거대한 소비시장을 형성하고 있다. 일반 소비제품들의 경우 무역보다는 국내의 LA, 뉴욕 등지에서 재수입하는 경향이 많아 바이어의 수가 미국의 타 도시에 비해 상대적으로 적다.

미 동·서부지역을 통한 소싱(Sourcing) 관행

텍사스 특히 댈러스의 경우 내륙에 위치한 관계로 일반 소비제품의 경우 외국에서 직수입하는 바이어의 수가 많지 않다. 따라서 Warehouse를 갖춘 동·서부지역(LA, 뉴욕, 샌프란시스코 등)의 무역업체를 통한 간접구매가 성행하고 있어 외국 수출업체로 하여금 동지역의 직접 진출을 어렵게 하는 요인이 되고 있다.

유통산업의 발달

60년대부터 '오일 머니'를 기초로 대형 쇼핑몰이 잘 구축되어 있으며 특히 댈러스의 경우 미국도시 중 개인당 쇼핑면적이 2위임. 또한 쇼핑몰에 대형 백화점, 할인점들이 모여 있기 때문에 한국의 많은 업체들이 견본 수집을 위하여 쇼핑이 편리한 댈러스를 방문하고 있다.

텍사스에 본사를 두고 있는 유통채널로는 디스카운트 스토어 50-OFF Stores, Solo Serve Corp, Auchan USA 등이 있고, 백화점은 JC Penney, Foleys, Neiman Marcus 등 그리고 일반 전문점으로 National store, MJ Design, Garden Ridge Inc, Container Store 등이 있다.

첨단산업의 발달

텍사스는 휴스턴을 중심으로 한 석유화학 산업 및 농·축산업만 발달한 것으로 알려져 있으나 80년대 말부터 댈러스-오스틴-휴스턴을 첨단산업 3각지대로 육성하여 통신, 컴퓨터, 반도체, 항공산업 등이 많이 발달했다. 특히 댈러스 지역에는 전 세계 굴지의 통신회사 등이 300여 개가 모여 있는 Richardson Corridor가 통신 산업의 메카로 유명함

멕시코와의 국경무역 성행

미국과 멕시코 국경지대는 멕시코의 마킬라도라 산업을 배경으로 많은 노동집약 생산 시설이 위치하고 있으며 이와 함께 멕시코 및 중남미를 겨냥한 국경무역이 성행하고 있음.

전시회를 통한 상거래 활성화

연간 5천여 회에 달하는 전시회를 통해 판매자와 구매자 간 실질거래가 형성되는 시장이다.

텍사스에 본사를 두고 있는 첨단산업체
· Texas Instrument(댈러스)
· CompUSA(휴스턴)
· Dell Computer(오스틴)

알아두면 즐거운 댈러스

●●● 호텔

〉〉 KOTRA가 추천하는 호텔

▶ KOTRA 현지 호텔 평가표

호텔명	접근성	쾌적성	안전성	부대시설	종합평가
Fairmont	10	10	10	9	★★★★
Westin Park	9	10	10	9	★★★★
New Radisson	10	9	8	9	★★★★
Omni Park West	10	8	9	8	★★★★
Embassy Suites Park	7	9	9	7	★★★

▶ **Fairmont**

고층빌딩의 현대도시에서 웅장함과 고귀함의 기념물로 자리매김을 한 이 호텔은 댈러스 예술지구에 위치하여 금융 지구 및 쇼핑으로 알려져 있다. 웨스트엔드 역사 지구와 문화활동을 즐기기에 적합한 곳에 위치하고 있는 유럽형 스타일의 25층 호텔이다.

· **연락처** · 주소 1717 North Akard St. Dallas, TX 75201 · 전화 214-720-2020 · 팩스 214-720-5269 · 웹사이트 www.fairmont.com
· **총 객실수** 550

- **객실요금** (Standard Room 기준, 조식포함) 일반적으로 200달러부터 시작해서 300달러까지 시즌별, 객실 종류별 숙박 요금은 호텔 홈페이지에서 직접 일자를 입력하면 객실 유무와 요금 검색 가능

- **인터넷 사용** 모든 객실에서는 인터넷 사용이 가능함. 각종 회의실에서는 무선과 DSL 등 고속인터넷 접속가능(사용료와 설치비가 별도 청구됨)

- **각종 부대시설** 특급 호텔로 휴식을 위한 헬스클럽과 스파 시설을 갖추고 있음. 커피샵, 칵테일 라운지, 로비 바와 엔터테인먼트 시설이 있어 다양한 여가를 즐기기에 적합하다.

▶ Westin Park Central

댈러스 시내와 컨벤션 센터에서 근접한 거리에 있으며 갤러리아, 텍사스 스타디 같은 명소도 차로 이동하면 가깝다.

- **연락처** · 주소 12720 Merit Drive Dallas, TX 75251 · 전화 972-385-3000 · 팩스 972-991-4557 · 웹사이트 www.westin.com

- **총 객실수** 536

- **객실요금** (Standard Room 기준, 조식포함) 일반적으로 190달러부터 시작해서 250달러까지. 시즌별, 객실 종류별 숙박요금은 호텔 홈페이지에서 직접 날짜를 입력하면 객실 유무와 요금 검색이 가능하다.

- **인터넷 사용** 모든 객실에서는 인터넷 사용이 가능함. 각종 회의실에서는 무선과 DSL 등 고속인터넷 접속가능(유료)

- **각종 부대시설** 객실마다 데이터 포트, 미니바, 음성 응답기와 케이블 TV, 헨리 침대를 갖추고 있다.

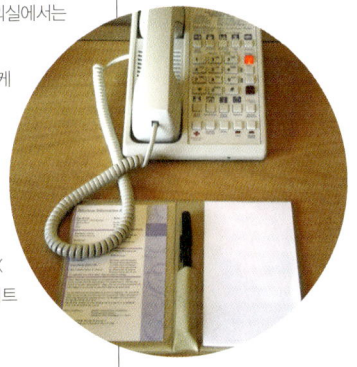

▶ New Radisson Dallas Lovefield

댈러스 비즈니스 업무지구의 중심지에 위치하고 있으며 전통 스타일로 꾸며진 넓고 편안한 348개의 객실을 보유하고 있다.

- **연락처** · 주소 1241 West Mockingbird Lane Dallas, TX 75247 · 전화 214-630-7000 · 팩스 214-640-9221 · 웹사이트 www.radisson.com

- **총 객실수** 348

- **객실요금** (Standard Room 기준, 조식포함). 일반적으로 130달러부터 시작해서 275달러까지임. 시즌별, 객실 종류별 숙박요금은 호텔 홈페이지에서 직접 날짜를 입력하면 객실 유무와 요금 검색이 가능하다.

- **인터넷 사용** 모든 객실에서는 인터넷 사용이 가능하다. 각종 회의실에서는 무선과 DSL 등 고속인터넷 접속가능(유료)

- **각종 부대시설** 비즈니스와 레저를 즐기는 고객에게 이상적인 서비스를 제공하고 있으며 근처에 쇼핑과 위락시설이 밀집하고 있어 여가를 즐기기에 적합하다.

▶ Omni Park West

Fort Worth 국제공항에서 11마일 거리에 위치하고 있으며 호수와 공원 주위에 자리하고 있는 신고전주의 스타일 호텔이다.

· **연락처** · 주소 1590 LBJ Frwy, Dallas, TX 75234 · 전화 972-869-4300 · 팩스 972-869-3295 · 웹사이트 www.omnihotels.com

· **총 객실수** 337

· **객실요금** (Standard Room 기준, 조식포함) 일반적으로 165달러부터 시작해서 230달러까지임. 시즌별·객실 종류별 숙박요금은 호텔 홈페이지에서 직접 날짜를 입력하면 객실 유무와 요금 검색이 가능하다.

· **인터넷 사용** 모든 객실에서 인터넷 사용 가능. 각종 회의실에서는 무선과 DSL 등 고속인터넷 접속 가능(유료).

· **각종 부대시설** 모든 객실에는 욕실을 비롯하여 전화기, 데이터 포트, 라디오, TV, 64개 비디오 게임 및 책상과 의자 그리고 다리미와 다리미대를 갖추고 있다. 호텔 내에 비즈니스 센터, 선물가게, 헬스클럽, 사우나, 수영장과 미팅 시설 등을 운영하고 있어 편안한 휴식처와 비즈니스 환경을 제공하고 있다.

▶ Embassy Suites Park Central

분주한 일상생활에서 벗어나 평화로운 시간을 가질 수 있는 호텔이다.

· **연락처** · 주소 13131 North Central, Dallas, TX 75243 · 전화 972-234-3300 · 팩스 972-437-9863 · 웹사이트 www.embassysuites.com

· **총 객실수** 279

· **객실요금** (Standard Room 기준, 조식포함). 일반적으로 125달러부터 시작해서 230달러까지임. 시즌별, 객실 종류별 숙박요금은 호텔 홈페이지에서 직접 날짜를 입력하면 객실 유무와 요금 검색이 가능하다.

· **인터넷 사용** 모든 객실에서는 인터넷 사용이 가능. 각종 회의실에서는 무선과 DSL 등 고속인터넷 접속 가능(유료)

· **각종 부대시설** 객실마다 2대의 전화기와 TV, 다리미와 다리미대를 갖추고 있

으며 고객의 여가를 위하여 수영장과 사우나, 피트니스와 미팅룸을 운영하고 있다.

》 실속 있는 호텔을 찾는다면

▶ **Best Western Dallas North**

댈러스 Fort Worth 공항과 근접하며 댈러스의 주요 명소와도 근접하다. 1박 약 71.98달러. 예약전화번호 972-241-8521

▶ **Amerisuites Hidden Ridge**

댈러스 Fort Worth 공항에서 7마일 거리에 위치. 1박 약 75.64달러. 예약전화번호 972-970-0302

▶ **Best Western Market Center**

웨스트 엔드 마켓플레이스와 근접한 곳에 위치. 1박 약 82.96달러. 예약전화번호 214-741-9000

▶ **Sheraton Dallas Brookhollow Hotel**

댈러스 다운타운에서 4마일, 댈러스 Fort Worth공항에서 12마일 거리에 위치. 1박 약 82.96달러. 예약전화번호 214-630-7000

▶ **Holiday Inn Select North**

댈러스 Fort Worth 공항에서 13마일, 시내 중심과는 12마일 거리에 위치. 1박 약 85.40달러. 예약전화번호 972-243-3363

▶ **Quality Inn Dallas Market Center**

웨스트 엔드 마켓플레이스와 근접한 곳에 위치. 1박 약 87.84달러. 예약전화번호 214-747-9551

▶ **La Quinta Inn and Suites Addison Galleria Area**

댈러스 Fort Worth 공항에서 17마일, 시내 중심에서 12마일 거리에서 위치. 1박 약 91.50달러. 예약전화번호 972-404-0004

Survival English in Dallas 3

A: Would you like a smoking or non-smoking room?
B: Smoking, please.
A: Okay. It's 98 dollars per night.

A: 흡연실과 비흡연실 중 어느 쪽을 원하세요?
B: 흡연실로 주세요.
A: 알겠습니다. 1박에 98달러입니다.

Tips smoking room 흡연실 non-smoking room 금연실 per night 1박에

식 당

❯❯ KOTRA가 추천하는 식당

▶ KOTRA 현지 식당 평가표

식당명	맛·위생	분위기	편의성	서비스	평점
수라	9	9	10	10	★★★★★
조선갈비	9	8	10	9	★★★★
영동회관	9	9	10	8	★★★★
동보성	8	7	8	9	★★★
Tokyo One	9	10	9	9	★★★★★

▶ 수라

- **위치** 코마트1호점(대형 한인마트) 옆 건물에 위치함. 35번 고속도로와 Royal Ln 사이
- **주소** 2240 Royal Ln., Dallas, TX 75229
- **주요메뉴** 한식(갈비, 도시락전문)
- **가격대** 1인당 점심메뉴는 10달러, 저녁은 20달러(고기포함은 40달러 선)
- **연락처** 972-243-5656
- **특이사항** 서구적인 인테리어로 레스토랑 분위기가 난다. 한인타운의 중심지에 위치하고 있으며, 2층에는 연회석 완비, 200명 이상 연회가능. 대형 한국 쇼핑센터가 근처에 위치하여 식료품 및 원스톱 쇼핑이 가능하다.

▶ 조선갈비

- **위치** Royal Ln과 Harry Hines 사이
- **주소** 2560 Royal Ln., Dallas, TX 75229
- **주요메뉴** 한식(쌈밥, 갈비 전문)
- **가격대** 점심 8달러, 저녁 19달러(고기포함 40달러 정도)
- **연락처** 972-406-0087
- **특이사항** 한인상가에 위치함. 고기류의 맛이 뛰어나며 점심으로는 보리밥, 쌈밥 등이 별미다.

▶ 영동회관

- **위치** Harry Hines와 Royal Ln 남서쪽 코너
- **주소** 2598 Royal Ln., Dallas, TX 75229
- **주요메뉴** 한식, 일식(스시바), 도시락 전문
- **가격대** 점심 12달러, 저녁 25달러(고기포함 45달러 선)
- **연락처** 972-243-0434
- **특이사항** 댈러스에서 가장 오래된 정통 한·일식 전문점. 사거리에 위치하여 외국인들에게 가장 널리 알려져 있다.

▶ 동보성

- **위치** Harry Hines와 Denton 사이
- **주소** 11180 Harry Hines Blve #108 Dallas, TX 75006
- **주요메뉴** 중식
- **가격대** 1인당 15달러, 코스요리 30달러, 단체 코스요리 250달러(10명)
- **연락처** 972-484-0808
- **특이사항** 댈러스에서 가장 유명한 중식집. 바이어 대접이나 비즈니스 미팅에 적합한 단체 코스요리와 음식을 제공한다.

▶ **Tokyo One**

- 위치 75 South와 Beltline 사이
- 주소 4350 Beltline Rd., Addison, TX 75244
- 주요메뉴 일식, 뷔페
- 가격대 점심 15달러, 저녁 25달러
- 연락처 972-386-8899
- 특이사항 일식전문 뷔페로 조용하고 고급스러운 실내분위기가 음식맛을 한층 업그레이드시켜준다.

》 댈러스에서 가볼 만한 한식당

- 서울가든 972-484-6090 2502, Royal Ln.
- 남강 972-620-0800, 11445 Emerald St., #115
- 개나리식당 972-620-0305, 1142 2 Harry Hines Blvd., #120
- 아서원(중식) 972-488-8282 2560, Royal Ln.

Survival English in Dallas 4

A: Could I get a table by the window?
B: Of course, Sir. Come this way.
A: Thank you.

A: 창가쪽 자리가 있나요?
B: 물론입니다, 손님. 이쪽으로 오세요.
A: 감사합니다.

Tips by the window 창가쪽 this way 이쪽

●●● 비즈니스 관광

〉〉 KOTRA가 추천하는 관광지

▶ 존 F. 케네디 메모리얼 광장

- 댈러스에서 저격당한 케네디를 기념하는 곳으로 실제 케네디 대통령을 암살 현장과는 약 200m 정도 떨어진 곳에 위치한다. 광장 내에는 시민들의 기부금으로 만들어진 케네디 기념비가 위치해 있다.

▶ 댈러스 월드 아쿠아리움

- **위치** 1801 N. Griffin Street, Dallas, TX 75202
- **요금** 어른 15.95달러 어린이 8.95달러
- 아마존의 열대우림 환경을 그대로 옮겨놓은 곳이다. 재규어, 큰부리새, 원숭이, 악어, 뱀, 흡혈박쥐 등의 다양한 열대 동물들을 보유하고 있으며, 특히 대형 수족관의 상어, 가오리, 해파리, 그루퍼 등이 볼만 하다. 30만리터 이상의 바닷물을 옮겨놓았다. www.dwazoo.com

▶ 댈러스자연사 박물관(Dallas Museum of Natural History)

- **위치** 3535 Grand Avenue in Fair Park, Dallas, TX
- 스테이트 페어 공원 내부에 위치한 이 박물관은 댈러스에서 가장 인기 있는 박물관 중 하나이다. 자연사와 지질학에 관련된 예술, 유품들과 텍사스에서 서식하고 있는 동물과 식물의 도감과 더불어 공룡화석 등이 전시되어 있다. www.dallasdino.org

---

Survival English in Dallas 5

A: Why has Dallas become famous?
B: John F. Kennedy was assassinated in this city.
A: I see.

A: 왜 댈러스가 유명하죠?
B: 케네디 대통령이 암살된 도시라서 그래요.
A: 그렇군요.

Tips be assassinated 암살되다

▶ 올드 시티 공원(Old City Park)

- **위치** 1515 S. Harwood Dallas, TX 75215
- '살아 있는 댈러스의 역사'로 불리는 곳이다. 댈러스의 남쪽에 위치한 공원으로 넓은 면적에 댈러스의 역사를 그대로 보여주는 38개의 건축물들을 복원해 1840년대부터 1910년대까지의 풍경을 생생하게 보여준다. 오래된 교회, 학교, 주택, 공장 등 미국 남부의 개척시대의 모습을 보여준다.

▶ 웨스트 엔드 역사 지구(West End Historic District)

- **위치** 208 N. Market Street, Suite A, Dallas, TX 75202
- 18세기에 세워진 이후, 많은 창고, 사탕 & 아이스크림 회사들이 모여들기 시작하면서 형성된 지구이다. 많은 이들이 찾고 있으며 지금은 레스토랑과 상점들로 가득 차 있다.

▶ 리유니언 타워(Reunion Tower)

- **위치** 300 Reunion Blvd.
- 리유니언 타워는 유니언역에 2분 거리에 있는 타워로 댈러스의 상징적인 건물이라고 한다. 고층 건물이 많이 있는 댈러스에서도 단연 눈에 띄는 건물이다. 댈러스의 전경을 한눈에 조망해 볼 수 있는 곳으로 타워 전망대도 있다.

》 가볼 만한 댈러스 명소

▶ 텍사스 교과서 창고(Texas School Book Depository)

- 1963년 암살범인 오스왈드가 이 건물 6층에서 캐네디 대통령을 암살하였다. 당시 상황을 그대로 재현해 놓은 곳이다.

▶ Dallas Museum of Art

- 18세기부터 현대에 이르는 예술가들의 작품을 소장한 미술관

▶ Pioneer Park

• 다운타운 남쪽에 위치, 들소를 모는 광경을 재현한 세계 최대 규모 조소작품

▶ 댈러스 및 주요 도시 – 일일관광 주요 프로그램

프로그램	주요 경유지 및 관광지	비용(1인)
댈러스 일일관광	댈러스 다운타운, 케네디 대통령 암살 장소, 파이오니어 공원, 댈러스 시청건물, West End, Reunion Tower 등 댈러스의 주요 건물과 명소	100달러
휴스턴, 오스틴, 샌안토니오(1박2일)	오스틴광장, 알라모 유적지, 리버워크, 아메리칸 타워, 휴스턴 나사, 갈베스톤 바닷가, 무디정원 등 3개 도시의 명소	200달러
Grand Hyatt	리무진으로 1일 골프 코스 및 리조트 안내, 식당, 스파, 피트니스 및 엔터테인먼트 패키지	180달러

▶ 주요 한국인 운영 여행사

여행사	전 화	소재도시	특 이 사 항
한진관광	972-247-5477 214-325-7763	리차드슨	일일관광, 1박2일 관광 등 댈러스를 비롯해 미국 전역 관광상품을 판매하고 있음. 자체 관광버스 보유
대한관광	972-243-6515 800-248-2113 (미국내 무료전화)	댈러스	일일관광, 패키지 관광, 호텔 및 렌터카 무료 예약, 한인타운에 위치해 편리함
세계여행사	972-243-4421 800-839-0203 (미국내 무료전화)	댈러스	일일관광, 패키지 관광, 버스대절 서비스(52,48,25,15,7인승), 호텔 및 렌터카 예약 무료서비스, 한인타운에 위치해 편리함
썬 여행사	972-406-0499 877-688-8666 (미국 내 무료전화)	어빙	일일관광, 패키지관광을 비롯해 호텔 및 렌터카 무료서비스

●●● 비즈니스 쇼핑

일반 백화점이나 한인상가가 밀집해 있는 **Royal Lane**에는 한인들이 운영하는 백화점과 귀국선물 쇼핑센터가 자리잡고 있어 선물 구입에 도움을 주고 있다.

가전제품을 구입할 경우에는 백화점이나 **Circuit City, CompUSA, Best Buy** 등과 같은 체인점에서 구입해야 정품을 믿고 구입할 수 있다. 가전제품 구입시 **Free Voltage**인지를 반드시 확인해야 한다. 미국은 일반적으로 110V이기 때문에 110V만을 사용하도록 제조된 제품들이 많다. 따라서 이런 제품을 구입하면 한국에서 강압기(전압을 낮추는 것)를 사용해야 하는 불편함이 있다.

생고기류, 채소류 등은 한국 세관에서 통관이 되지 않으므로 구입하지 않는 것이 좋다. 가공된 식품류는 통관에 문제가 없다.

Survival English in Dallas 6

A: Could I get this gift-wrapped?
B: Yes, but that costs one dollar extra.
A: Okay. Wrap it in a red paper.

A: 선물 포장이 되나요?
B: 네, 1달러를 추가로 내시면 됩니다.
A: 좋습니다. 빨간 포장지로 싸주세요.

Tips gift-wrapped 선물포장하다 extra 추가로

▶ **Valley View Shopping Mall**
• 백화점 2개와 전문점 150개가 모여 있는 쇼핑몰
• **주소** Preston Rd & LBJ Expressway

▶ **Frest Wood Town Center**
약 160개의 전문 상가가 밀집해 있으며 식당가, 아이스링크 등을 갖춘 대형 쇼

핑몰로 선물을 다양하게 고를 수 있다.

- **주소** 53011 Belt Line Rd.
- **영업시간** 월~토요일 10:00am~21:00pm 일요일 12:00am~17:00pm
- **전화** 214-980-4275

▶ Grapevine Mills Mall

하이웨이 121을 타고 DFW 공항 북쪽 약 3km 거리에 위치. 주로 소매점들과 레스토랑이 들어서 있다.

- **영업시간** 월~토요일 10am~9:30pm 일요일 11am~8pm
- **주소** FM 2499, Grapevine Hills Parkway

▶ The Galleria

댈러스에서 가장 큰 실내몰이자 관광명소이기도 하다. 4층으로 되어 있으며 200개의 상점(Saks Fifth Avenue, Macy's, Marshall Field, Tiffany's, Gucci 등)이 입점해 있다. 또 이곳에는 식당가, 멀티스크린극장, 아이스링크 등이 있다. 댈러스 북쪽 파크웨이에 위치.

- **영업시간** 월~토요일 10am~9pm, 일요일 정오~6pm

▶ Casa Mexicana

멕시코 예술가가 만든 민속공예품, 미술품을 구할 수 있다.

- **영업시간** 화~토 10am~6pm, 일요일 정오~5pm
- **주소** 2616 Elm St. in Deep Ellum
- **전화** 214-747-7227

Miami
_마이애미

>>

아열대성의 따뜻한 날씨, 푸른 색의 시원한 바다, 야자수 그리고 호텔과 리조트들로 많은 미국인들과 지구촌 사람들을 끌어들이고 있는 마이애미는 해변에서 여유를 즐기고 싶은 사람들이라면 한 번쯤 가보고 싶어 하는 휴양도시이다.

마이애미를 중심으로 34개의 지역으로 구성된 대도시권(Great Miami)이 형성되어 있으며 남미와 인접해 1960년대 이후 쿠바인들의 대이주로 이색적인 라틴문화가 공존하고 미국과 중남미를 잇는 교두보 역할을 하면서 경제와 문화면에서 'capital of Americas(전미대륙의 수도)'로 불리기도 한다.

미국 주요 도시에 마이애미까지 가는 데 걸리는 시간

뉴욕에서 3시간, LA에서 4시간 50분, 애틀랜타와 뉴올리언스에서 1시간 40분, 댈러스에서 2시간 40분, 올랜도에서는 1시간이 소요된다.

마이애미에 대한 모든 것

마이애미에 대해 잠깐!

플로리다주 남동부 비스케인만을 향해 있는 도시로, 세계적인 휴양지로 평가받는다. 인구는 약 36만 명이며, 마이애미를 포함 34개 지역으로 형성된 '그레이터 마이애미(Greater Miami)'의 인구는 5백만 명이 넘는다. 1년 내내 관광객이 끊이지 않는 활기찬 도시이다.

어떻게 갈까?

〉〉 인천에서 마이애미까지

직항편은 없으며 미국 주요 도시에서 마이애미행 국내선 비행기로 갈아타야 한다.

〉〉 공항에서 마이애미 시내까지

버스를 탈 경우 메트로버스 7번 버스를 타면 공항에서 다운타운까지 간다. 주중에는 오전 5시 30분~오후 9시까지 40분 간격으로, 주말에는 오전 6시 30분~오후 7시 30분까지 40분 간격으로

운행한다. 요금은 1.25달러

리무진을 탈 경우 마이애미에는 100여 개 이상의 리무진 회사가 있지만 영업여부의 변동이 심한 편이다. 코랄 게이블즈의 빈티지 롤스 로이스 리무진즈(전화 305-662-5763)가 타운에서 가장 오래된 회사들 중 하나이다. 24시간 예약데스크를 운영하며 렌터카가 아닌 개인 소유의 자동차를 운전해줄 운전기사도 제공한다.

렌터카를 탈 경우 렌터카 회사들이 마이애미 국제공항의 배기지 클레임 근처에 부스를 차지하고 있다. 이곳에 상주하고 있는 렌터카 회사들은 다음과 같다.

· Avis 800-831-2847
· Dollar 800-800-4000
· National 800-227-7368
· Alamo(알라모 코리아) 080-725-6891
· Budget 800-527-0700
· Hertz 800-654-3131
· Value 800-468-2583

택시를 탈 경우 마이애미 국제공항이나 마이애미 항구(Port of Miami)에서 출발하는 택시 요금은 '마일당 1.7달러+사용세 1달러'로 계산된다. 마이애미 국제공항에서 다운타운까지 요금은 15~20달러 정도가 나온다.

> **마이애미 국제공항(Miami International Airport)**
> 다운타운에서 6마일가량 떨어진 곳에 위치한 마이애미 국제공항(MIA)은 마이애미의 유일한 민간공항이다. 149개 항공사가 세계 각지 180여 개 도시를 운항하고 있다. MIA에는 118곳의 항공기 게이트와 8개의 홀이 있으며 공항단지 내 263개 객실을 갖춘 마이애미 국제공항 호텔이 있다. 공항에 관광객 정보센터가 있어 도움을 얻을 수 있다.
>
> · 주소 Miami-Dade County Aviation Department P.O. Box 592075 Miami, FL 33159
> · 전화 305-876-7077

교통

Survival English in Miami 1

A: Stop over there, please
B: Sure thing.
A: Could you help me with my luggage?

A: 저기에 좀 세워주시겠어요?
B: 그러죠.
A: 짐 꺼내는 것 좀 도와주시겠어요?

Tips stop over there 저기에 세우다 luggage 짐

마이애미 공항에서 중남미 국가로 갈 경우, 짐을 반드시 랩으로 포장할 것!
랩 포장 서비스는 공항에서 쉽게 찾을 수 있으며, 랩 포장비는 6달러이다. 랩포장은 마이애미 공항을 통해 밀반입·반출되는 마약거래를 막기 위한 것이다.

시차

서울과의 시차는 14시간이며 마이애미가 14시간 느리다. 서머타임 실시 기간에는 13시간 차이가 난다.

Business Hours

일반회사의 근무시간은 보통 오전9시~오후5시이며, 토·일요일은 휴무이다. 대부분의 은행은 4시30분에 마감한다.

기후

마이애미 지역은 아열대 기후로 4~10월까지는 섭씨 30도를 웃도는 고온 다습한 기후이나 11~3월까지는 쾌적한 한국의 가을 날씨와 비슷하다.

통신

〉〉 휴대폰

다운타운에 소재한 관광객 대상 가게들에서 선불카드(Pre-paid Card) 구입이 가능하다. 가격은 20~30달러. 일반 휴대폰의 경우 임차보다 구입이 저렴하며 Metro PCS가 가장 저렴하다.

〉〉 국제전화

한국으로 전화를 걸 때는 011-82-2(서울)-상대방 전화번호를 된다. 다른 도시로 전화할 경우 지역번호가 305 이외의 지역은 먼저 1을 누르고 번호를 누르면 된다.

〉〉 인터넷

호텔 객실 및 비즈니스 센터에서 사용가능하며, 최근 공항 및 카페 등에서 무선 인터넷 사용이 가능한 장소가 증가하고 있다.

알아두면 편리한 마이애미

교통

〉〉 지하철

Metrorail은 Miami Dade County를 남북으로 종단하는 전철 노선이다. 운행지역이 한정되어 있어 외부인이 이용하는 데는 어려움이 있다. Metromover는 다운타운 지역을 운행하는 모노레일로 무료 이용할 수 있다.

〉〉 버스

Miami Dade County를 거미줄처럼 운행하는 시내버스인 Metrobus를 이용할 수 있다. 초행자가 이용하는 데는 어려움이 있다.

Survival English in Miami 2

A: I am in an accident.
B: That's too bad. Where are you?
A: I am at Miami Beach.
B: Is everything okay?

A: 사고가 났어요.
B: 이런, 지금 어디에 있죠?
A: 마이애미 비치에 있어요.
B: 다치지는 않았나요?

Tips be in an accident 사고가 나다
Is everything okay? 괜찮나요?

》》 택시

택시는 주로 콜택시 형식으로 이용해야 하며, 거리에 따라 일정한 요금이 정해져 있다. 기본요금 1.70달러(첫 1/11마일)이고, 1/11마일마다 20센트가 추가된다. 요금의 15~20%를 팁으로 내는 것이 관례이다.

마이애미 시내 주요 콜택시

- 메트로 택시캡 컴퍼니 전화 305-888-8888
- 옐로우 캡 컴퍼니 전화 305-444-4444

》》 렌터카

공항이나 시내에서 렌트가 가능하며 렌트비는 렌터카 회사, 차종 및 기간에 따라 다르지만 보통 하루 60달러 정도이다.

KOTRA 마이애미 무역관

》》 무역관 안내

주소 One Biscayne Tower, Suite 3770, Miami, FL 33131
전화 305- 374-4648
팩스 305- 375-9332

》》 찾아가는 방법

무역관은 마이애미국제공항에서 동남쪽으로 약 6km 떨어진 시내 중심가인 Flagler Street와 Biscayne Blvd 코너에 위치한 One Biscayne Tower 빌딩의 37층에 위치하고 있다. 무역관을 찾아갈 때는 택시를 이용하는 것이 가장 좋다. 택시요금은 대략 20~25달러 정도이며 소요시간은 15~20분 정도이다. 공항에서 무역관으로 바로 가는 버스나 철도는 없다.

치안

밤이 되면 대체로 거리에 인적이 뜸해지는데 이는 치안이 불안해서라기보다는 많은 사람들이 가족들과 저녁시간을 보내기 때문이며, 마이애미 전체적으로 치안은 상당히 안정적인 편이다. 마이애미 북서쪽에 위치한 하이얼리어시는 히스패닉 집단 거주 지역으로 치안이 불안하므로 통행에 유의할 필요가 있다.

마이애미 시내에 빈민층 거주구역이 몇 군데 있다. 다운타운 북쪽은 인적이 드문 공터가 많고 노숙자들의 거처로 사용되고 있으나 비즈니스 출장자의 경우 이들 구역을 걸어서 통행해야 할 일이 거의 없으므로 크게 주의할 일은 없다. 마이애미 비치를 제외하고는 야간에 개업하는 유흥가는 거의 없으므로 특별한 일이 없는 경우 야간 외출은 삼가는 것이 좋다.

소매치기를 주의할 것

출장차 방문한 경우, 외국 관광객을 노린 소매치기 사례가 가끔 있어 각별한 주의가 요구된다. 특히 다운타운 근처는 마이애미에서 가장 불안한 지역으로 저녁시간에 한적한 거리를 혼자 다녀서는 안 된다.

주요 연락처

〉〉 한인회 및 관련기관

- 한인회 전화 954-967-0001 팩스 954-967-3112
- 한인상공회의 전화 305-436-6000 팩스 305-436-5070
- 한인경제인협회 전화 305-576-1229 팩스 305-573-1230
- 마이애미지역 교역자협의회 전화 305-248-3292
- 마이애미 문화원 전화 305-865-0704

》》 여행사
- 코람여행사 954-746-5051
- 연합여행사 305-770-1010

》》 항공사
- 아메리카 에어 800-433-7300
- 유나이티드 에어 800-241-6522

》》 그레이터 마이애미 컨벤션 & 관광 사무국
- 주소 701 Brickell Ave., Suite 2700, Miami 33131
- 전화 305-539-3063, 800-283-2707

》》 새틀라이트 관광정보센터
- 주소 401 Biscayne Blvd., Miami 33132
- 전화 305-539-2980
- 베이사이드 마켓플레이스(Bayside Marketplace)에 위치한다.

》》 마이애미비치 상공회의소
- 주소 1920 Meridian Ave., Miami Beach 33139
- 전화 305-672-1270

플로리다 주간 한겨레저널
· 마이애미, 올랜도, 탬파 지역 한인 관련 정보 수록
· www.koreanewsfl.com

마이애미연합여행사(Loveboat plus)
· 마이애미에 위치한 유람선 전문 여행사
· http//loveboatplus.com/

KOTRA와 함께 하는 '마이애미 경제는 지금'

중심 사업은 정보통신산업
중남미 시장의 교두보로 마이애미 인구의 56% 정도가 히스패닉계로 이들을 통한 대중남미 중계무역이 활발하다. 교통, 항만, 통신 등 인프라가 잘 갖추어져 있고, 금융 등 서비스 산업이 발달해 있음.

2001년 기준, 플로리다주의 10대 수출국 중 9개국이 중남미 국가이며, 10대 수입국 중 7개국이 중남미 국가로 플로리다 총 교역의 62%를 차지하고 있는 마이애미의 대중남미 교역을 위한 전략적 중요도는 더욱 높아지고 있다.

치열해진 경쟁시장
최근 멕시코처럼 지정학적으로 가까운 중남미 지역으로의 생산기지 이동 및 이들 지역으로부터의 수입을 통해 제품가격을 낮추고 있고, 중국제품의 저가 공세가 더해져 가격경쟁이 치열해지고 있다. 따라서 일반 소비재의 경우 한국제품의 경쟁력 확보가 쉽지 않은 상황이다. 고가품의 경우 유명 브랜드 제품의 강세로, 브랜드를 가지지 못한 디자인이나 기능이 특이하지 않은 제품의 경우 시장 진출 및 확대에 어려움을 겪고 있다.

중계무역에 따른 프로세스 이해 필요
마이애미 소재 바이어의 경우, 미국 자체 시장보다는 중남미 또는 카리브해 연안국으로 재수출하는 경우가 많다. 따라서 재수출 고객으로부터 대금결제를 받아 원수출자의 대금결제를 하는 경우가 많으며 이에 따른 위험도 있다.

현지 문화 이해 필요
마이애미 인구의 56%가 히스패닉계이며, 특히 무역업에 많이 종사하고 있다. 따라서 간단한 스페인어 구사능력은 거래성사에 많은 도움이 된다. 언어 구사능력 외에 비교적 다혈질인 라틴계의 문화를 이해하는 것도 중요하다.

※ 알아두면 즐거운 마이애미

●●● 호텔

》 KOTRA가 추천하는 호텔

▶ KOTRA 현지 호텔 평가표

호텔명	접근성	쾌적성	안전성	부대시설	종합평가
Miami Intercontinental	8	10	10	10	★★★★★
Intercontinental West Miami	7	9	10	9	★★★★
Courtyard Miami Downtown	8	8	9	7	★★★
Best Western Miami Airport West Inn & Suites	7	8	10	7	★★★
Hyatt Regency Miami	8	10	10	10	★★★★★

▶ Miami Intercontinental

- **위치** 100 Chopin Plaza, Miami, FL 33131. 마이애미 공항에서 차로 20분, 시내 Metromover Bayfront역에서 도보 1분 거리로 다운타운 중심부 바닷가에 위치
- **객실요금** (Standard Room기준/싱글, 트윈 요금 동일). 175달러(비수기: 3~9월), 265달러(성수기: 10~2월). 시즌별, 객실 종류별 숙박요금은 홈페이지에서 검색 가능
- **인터넷 사용** 모든 객실과 각종 회의실에서 고속인터넷 사용 가능(유료)
- **각종 부대시설** 마이애미 최고의 특급호텔로 Gym, Spa, 실외풀장, 뷔페식당 등 모든 시설 구비
- **연락처** · 전화 305-577-1000 · 팩스 305-577-0384 · 이메일 miami@interconti.com · 웹사이트 www.miamihotels.intercontinental.com

▶ Intercontinental West Miami

- **위치** 2505 Northwest 87th Ave., Miami, FL 33172. 마이애미 공항에서 차로 10분, 시내에서 30분가량 소요되며 마이애미 공항 서쪽에 위치
- **객실요금** (Standard Room기준/싱글, 트윈 요금 동일). 100달러(비수기), 152달러(성수기)
- **인터넷 사용** 모든 객실에서 고속인터넷 이용 가능(29달러, 무제한). 각종 회의실에서 고속인터넷 사용 가능(사용료 별도 청구)
- **각종 부대시설** 비즈니스센터, Gym, 실외풀장
- **연락처** · 전화 305-468-1400 · 팩스 305-468-1370 · 이메일 inter.mia@gruporeal.com · 웹사이트 www.miamihotels.intercontinental.com

Survival English in Miami 3

A: Do you have any open rooms tonight?
B: Hold on. Let me check.
A: Okay.
B: I'm sorry. We're all filled up.

A: 오늘 묵을 방이 있나요?
B: 잠시만요. 체크를 해보겠습니다.
A: 네.
B: 죄송합니다만, 방이 꽉 찼네요.

Tips hold on 잠깐만 기다리다 be filled up 방이 꽉 차다

▶ **Courtyard Miami Downtown**

- **위치** 200 SE Second Avenue, Miami, Florida 33131. 마이애미 공항에서 차로 20분가량 소요되며 시내 Metromover Knight Center역 하차
- **객실요금** (Standard Room기준/싱글, 트윈 요금 동일). 109달러(비수기), 179달러(성수기)
- **인터넷 사용여건** 모든 객실에서 유선인터넷 이용 가능(무료). 각종 회의실에서 무선인터넷 사용 가능(유료)
- **각종 부대시설** 비즈니스센터, 회의실, 실외풀장 등
- **연락처** · 전화 305-374-3000 · 팩스 305-374-4061 · 이메일 miami@interconti.com · 웹사이트 marriott.com/courtyard/default.mi

▶ **Best Western-Miami Airport West Inn & Suites**

- **위치** 3875 NW 107th Avenue, Miami, Florida 33178-3640. 마이애미 공항에서 차로 15분가량 소요되며 비즈니스 중심지인 공항서부 지구에 위치
- **객실요금** (Standard Room기준/싱글, 트윈 요금 동일). 95달러(비수기), 119달러(성수기)
- **인터넷 사용** 모든 객실에서 인터넷 이용 가능(유료)
- **각종 부대시설** 비즈니스센터, 회의실, 실외풀장, 공항셔틀운행(무료)
- **연락처** · 전화 305-463-7195 · 팩스 305-463-7154 · 웹사이트 www.bestwestern.com

▶ **Hyatt Regency Miami**
- **위치** 400 SE 2nd Avenue, Miami, Florida, 33131-2197. 마이애미 공항에서 차로 20분가량 소요되며 옆 다운타운 중심부에 위치
- **객실요금** (Standard Room기준/싱글, 트윈 요금 동일). 199달러(비수기), 315달러(성수기)
- **인터넷 사용** 모든 객실 및 회의실에서 인터넷 이용 가능(유료)
- **각종 부대시설** 비즈니스센터, 회의실, 실외풀장, 뷔페식당, Gym
- **연락처** · 전화 305-358-1234 · 팩스 305-358-0529 · 웹사이트 miamiregency.hyatt.com

》 KOTRA에 문의하세요!

마이애미 출장시 무역관에 호텔 문의를 하면 주로 무역관 근처에 소재한 호텔에 예약해준다. 마이애미 시내 호텔사정이 좋지 않아 사전 예약이 필요하기 때문에 출장계획 수립직후 호텔예약을 하는 것이 좋다. 특히 겨울 성수기엔 호텔사정이 더욱 좋지 않다.

객실요금

- 1 싱글 : 80~150달러/1박(조식 및 세금 별도)
- 1 트윈 : 80~180달러/1박(조식 및 세금 별도)
 (호텔과 무역관의 계약에 따라 약 30% 할인율 적용)

》 실속 있는 호텔을 찾는다면

▶ **Ocean Surf Hotel**

북쪽 해변의 조용한 거리에 위치하고 있다. 세계적으로 유명한 사우스 비치가 5마일 떨어져 있다. 1박 약 58.56달러. 예약전화번호 305-866-1648

▶ **Fairwind Hotel & Suites**

Ocean Drive와 해변에서 1블록 거리에 위치. 1박 약 62.22달러. 예약전화번호 305-531-0050

▶ **Clarion Hotel & Suites Downtown**

마이애미 컨벤션센터 바로 옆에 위치, 대중교통도 편리하다. 1박 약 63.44 달러. 예약전화번호 305-374-5100

▶ **Best Western Thunderbird Resort Hotel**

마이애미 해변과 Fort Lauderdale 사이에 위치. 1박 약 64.66달러. 예약전화번

호 305-931-7700

▶ Sleep Inn - Miami Airport

마이애미국제공항뿐만 아니라 마이애미의 많은 관광지와도 근접해 있다. 1박 약 65.88달러. 예약전화번호 305-871-7553

▶ Days Inn Oceanside

Art Deco District에서 가까운 마이애미 비치에 위치. 1박 약 68.32달러. 예약전화번호 305-673-1513

▶ Holiday Inn Coral Gables

Coral Gables의 비즈니스 중심지역에 위치하며 마이애미국제공항에서 3마일 거리에 있다. 1박 약 74.42달러. 예약전화번호 305-443-2301

▶ Riande Continental Bayside

대서양과 마이애미항구가 내려다보이는 비스케인 대로에 위치. 1박 조식(continental breakfast 2인) 포함 약 75.01달러. 예약전화번호 305-358-4555

●●● 식 당

〉〉 KOTRA가 추천하는 식당

▶ KOTRA 현지 식당 평가표

식당명	맛·위생	분위기	편의성	서비스	종합평가
Rusty Pelican	9	10	8	9	★★★★
Crab House	9	8	7	8	★★★
경주식당	8	9	7	8	★★★
사쿠라	8	9	7	8	★★★
Porcao	9	10	9	9	★★★★★

▶ Rusty Pelican

- **위치** 3201 Rickenbacker Causeway Key Biscayne, FL 33149 마이애미 다운타운 남쪽으로 Rickenbacker Causeway를 건너 왼쪽에 위치
- **주요메뉴** 해산물 요리(Crab, Lobster)
- **가격대** 약 50달러/1인
- **전화번호** 305-361-3818
- **특이사항** 마이애미의 최고급 음식점으로 바다 건너에서 바라보는 마이애미 시내의 야경이 일품이다.

▶ Crab House

- **위치** 1551 79th St. Cswy, Miami, FL 마이애미 다운타운 북쪽으로 US 1번 도로를 북상(약 8마일), 79st에서 우회전, 다리를 건너 왼쪽에 위치

- **주요메뉴** 해산물 요리(Crab, Lobster)
- **가격대** 약 25~45달러/1인
- **전화번호** 305-868-7085
- **특이사항** 비교적 저렴한 가격대에 현지 해산물 요리를 즐길 수 있는 식당

▶ **경주식당**

- **위치** 400 NE 167th St., N. Miami Beach, FL 33162 마이애미 다운타운에서 I-95 고속도로를 타고 약 10마일 정도 북진하다가 Exit 12B로 빠져 동쪽으로 가면 오른쪽에 나타난다.
- **주요메뉴** 한식(갈비, 비빔밥, 찌개 및 전골류, 자장면 등)
- **가격대** 20달러/1인
- **연락처** 305-947-3838

▶ **사쿠라**

- **위치** 9753 NW 41St., Miami, FL 33178 공항 서쪽으로 836번 고속도로를 타고 87 Ave에서 빠져 북상, 36 St를 만나 좌회전하여 97 Ave를 지나 바로 오른쪽 상가 내에 있다.
- **주요메뉴** 한식 및 일식
- **가격대** 20~30달러/1인
- **연락처** 305-477-4477

▶ **Porcao**

- **위치** 801 Brickell Bay Drive, Miami, FL 다운타운에서 US 1을 타고 남하, 다리를 건너 SE 8 St에서 좌회전 후 다시 첫 번째 사거리에서 우회전하면 왼쪽에 있다.
- **주요메뉴** 브라질식 바비큐
- **가격대** 50달러/1인
- **연락처** 305-373-2777
- **특이사항** 갓 구운 바비큐 요리를 브라질식으로 서빙해주는 깔끔한 분위기이다.

Survival English in Miami 4

A: I'd like to make a dinner reservation for four at 7.
B: Four at 7 p.m. Right?
A: We'd like a non-smoking section.

A: 7시에 네명에 대한 저녁식사 예약을 하고 싶습니다.
B: 7시에 네명, 맞습니까?
A: 금연석으로 주세요.

Tips dinner reservation 저녁식사 예약
non-smoking section 금연석

●●● 비즈니스 관광

》 KOTRA가 추천하는 관광

▶ **마이애미 비치**

마이애미 다운타운에서 비스케인만을 건너면 도착하는 유명한 해변으로 남국의 정취를 느낄 수 있다.

▶ **Vizcaya Museum & Garden**

마이애미의 초기 정착인이 건립한 저택이다. 입장료 12달러.

▶ **비스케인만 유람선**

1시간반가량 마이애미 앞바다를 항해하며 저명인사 및 부호들의 저택 등을 구경할 수 있다. 요금은 15달러 정도

▶ **에버글레이즈 국립공원**

남부 플로리다의 자연생태를 그대로 간직하고 있는 습지대로 악어 및 각종 조류 등의 야생동물이 서식한다.

▶ **키웨스트**

미국의 최남단 지점이며, 헤밍웨이가 저작 활동을 했고, 세븐마일 브릿지로 유명한 드라이브 코스. 마이애미에서 160마일, 하루가 소요된다.

한국여행사

· 연합여행사 (전화 305-693-9095, 팩스 305-693-9946)
· 코람여행사 (전화 954-746-5051, 팩스 954-746-5658)

Survival English in Miami 5 〈관광〉

A: Do you plan to go sightseeing around Miami?
B: Yes. Could you recommend an attraction?
A: How about going to Miami Beach?

A: 마이애미관광을 할 계획인가요?
B: 네, 가볼 만한 곳 하나만 추천해주시겠어요?
A: 마이애미 비치에 가보는 게 어때요?

Tips go sightseeing 관광하다
attraction 근사한 곳, 매력적인 것

▶ 마이애미 매트로동물원

이 동물원에는 240여 종, 700여 마리의 동물들이 정글에서 서식하고 있다. 우리가 없는 동물원으로는 미국 최대 규모이다. 포유류, 파충류, 조류 등 거의 모든 종의 동물을 볼 수 있다.

▶ 패로트 정글(앵무새공원)

12에이커의 열대원 안에 120마리 이상의 잉꼬, 플라맹고, 앵무새가 있다. 이곳에서의 구경거리는 앵무새인데 앵무새가 자전거, 롤러 스케이트를 타기도 하며 포커를 하는 쇼를 보여준다. 장소는 다운타운에서 남쪽으로 약 20km 떨어져 있다.

▶ 페어차일드 트로피칼 가든(Fairchild Tropical Garden)

1938년 83에이커 면적에 조성된 세계적으로 유명한 식물원 가운데 하나이다. 야자수, 소철, 덩굴 등의 다양한 종류의 희귀 열대식물이 자라고 있다. 가이드 투어가 제공된다. www.ftg.org

▶ 게임웍스(GameWorks)

게임웍스는 게임기로 유명한 세가(SEGA)와 테마파크 디자인을 맡은 유니버셜 스튜디오, 드림웍스 S.K.G(DreamWorks S.K.G)가 공동으로 참여했고 스티븐 스필버그의 감독으로 만들어진 게임 테마파크이다. www.gameworks.com

▶ 마이애미 과학박물관(Miami Museum of Science)

사우스 마이애미 애버뉴에 위치. 살아 있는 듯한 느낌을 주는 공룡을 비롯해 가상현실 체험공간 등을 고루 갖춘 과학박물관이다. 입장료 어른 10달러, 학생 8달러, 어린이 6달러. www.miamisci.org

● ● ● 비즈니스 쇼핑

▶ **블루밍데일즈(Bloomingdale's)**

- **주소** 8778 SW 136th St. Miami, FL 33176(Falls Shopping Center)
- **전화** 305-252-6300
- **영업시간** 월~토요일 10:00 am ~ 9:30 pm 일요일 12:00 am ~ 6:00 pm
- **위치** Kendall

▶ **비제이스 홀세일 크럽(BJ's Wholesale Club)**

- **주소** 7817 NW 103rd St. Hialeah Gardens, FL 33016
- **전화** 305-822-6050
- **위치** Hialeah Gardens

▶ **어벤추라 몰(Aventura Mall)**

- **주소** 19501 Biscayne Blvd. Aventura, FL 33180
- **전화** 305-935-1110
- **위치** 어벤추라 남부 플로리다에 자리한 대규모 몰. 블루밍데일즈, 메이시즈, 로드&테일러, JC 페니, 시어스를 포함 250여 개 이상의 전문점, 레스토랑, 극장 등이 있다.

▶ **베이사이드 마켓플레이스(Bayside Marketplace)**

- **주소** 401 Biscayne Blvd., R-106 Miami, FL 33132
- **전화** 305-577-3344
- **위치** 마이애미항 입구와 베이프런트 공원 사이에 위치한 다운타운의 중심지. 야외 마켓, 소매점, 식당, 오락시설 등이 들어가 있는 복합단지. 의류, 신발,

Survival English in Miami 6

A: Do you have these shoes in 270 mm?
B: 270 mm? You mean size 13. I'll have to go check.
A: Do you have them in brown?

A: 이 신발 270mm 있나요?
B: 270mm라구요? 13호를 찾으시는 군요. 확인해보겠습니다.
A: 갈색으로 찾아주세요.

Tips size 13 한국 신발치수로는 270 mm go check 확인하다

핸드백, 가죽 소품, 액세서리 등도 판매한다.

▶ **마이애미 인터내셔널 몰(Miami International Mall)**
- **주소** 1455 NW 107th Ave., Suite 596 Miami, FL 33172
- **전화** 305-593-1777
- **위치** 공항지역

▶ **다운타운 코랄 게이블즈 & 미라클 마일**
- **주소** 224 Miracle Mile Coral Gables, FL 33134
- **전화** 305-569-0311
- **위치** Coral Gables

▶ **다운타운 마이애미 쇼핑 디스트릭트**
- **주소** Biscayne Blvd. to 3rd Ave. & SE 1st St. to NE 3rd St. Miami, FL 33131
- **전화** 305-379-7070
- **위치** 마이애미 중심가

▶ **버딘즈(Burdines)**
- **주소** 22 E. Flagler St. Miami, FL 33131
- **전화** 305-577-2311
- **위치** Downtown Miami

▶ **소그래스 밀스(Sawgrass Mills)**
- **전화** 954-846-2350
- 250여 개의 할인점이 들어서 있는 초대형 아울렛 매장

》전문점 & 기념품

▶ 빌즈 파이프 & 타바코(Bill's Pipe & Tobacco)
- **주소** 2309 Ponce de Leon Blvd., Coral Gables, FL 33134
- **전화** 305-444-1764
- **위치** Coral Gables

▶ 킹스 트레저 타바코(King's Treasure Tobacco)
- **주소** Bayside Marketplace 401 Biscayne Blvd., S-142 Miami, FL 33132
- **전화** 305-374-5593
- **위치** Coral Gables

▶ 마카비 시가즈(Macabi Cigars)
- **주소** 628 SW 22nd Ave., Miami, FL 33135
- **전화** 305-541-6400
- **위치** Airport Area

▶ 르 쇼콜렛티어(Le Chocolatier)
- **주소** 1840 NE 164th St., North Miami Beach, FL 33162
- **전화** 305-944-3020
- **위치** North Miami Beach

▶ 퍼퓸매니아(Perfumania)
- **주소** Bayside Marketplace 401 Biscayne Blvd., Miami, FL 33132
- **전화** 305-577-0032
- **위치** Downtown Miami

Canada
_캐나다

>>

캐나다는 살기 좋은 나라, 이민가고 싶은 나라로 손꼽히는 나라다. 세계에서 두 번째로 넓은 면적으로, 한반도 면적의 46배가 넘는 큰 땅덩어리에 인구는 4천만 명이 안 되는 여유로움이 느껴지는 곳이다. 또한 천혜의 자연으로 많은 사람들의 동경의 대상이 되어왔다.

캐나다인들은 반드시 '하나'와 '통일'을 추구하지는 않는다. 그들은 오래전부터 다양성의 힘을 체험해왔는데 이는 캐나다를 다인종, 다민족, 다문화가 공존하는 나라로 만들었다. 캐나다의 경제발전은 대부분의 선진국과는 달리 수출입에 크게 의존해 왔다. 캐나다의 교역은 미국에 크게 의존하고 있기 때문에 미국의 경제동향은 캐나다의 경제에 즉각 영향을 미친다. 거의 모든 소비재를 수입에 의존하는 만큼 전세계 국가들이 비즈니스 상대국으로 꼽고 있기도 하다.

캐나다에 가기 전에 알아두자!

캐나다 비자는 어떻게 받을까?

›› 6개월 미만 머무르는 경우

1994년 5월 1일 체결된 한국과 캐나다 간의 비자면제 협정에 따라 6개월 미만의 관광이나 비즈니스의 목적으로 캐나다를 방문하는 경우에는 비자 없이 입국허가서를 받으면 된다.

캐나다 입국허가서는 입국시 출입국 관리소에서 발급받을 수 있으며 입국허가서를 받은 후에는 추가서류나 신체검사 없이 최대 6개월까지 캐나다에 체류할 수 있다.

›› 6개월 이상 머무르는 경우

6개월 이상 장기간 머무를 때는 비자를 발급받아야 한다. 비자 종류에 관계없이 여권, 신청서, 여권용 사진 2매, 귀국용 항공권, 1년 동안의 근로소득세 원천징수 영수증 원본 및 영문본 각 1통씩의 구비서류를 제출해야 한다.

비자는 언제 신청할까?

출발 예정일로부터 최소한 1주일 전에 비자를 신청하는 것이 권장되며 취업 또는 파견근무의 경우에는 비자수속 소요기간이 많이 걸리므로 최소 2개월 전에는 신청하는 것이 좋다. 일반적인 비자수속 소요기간은 3일이 대부분이나 관용비자나 현지체재 기간이 1년 이상일 경우는 2주 이상 걸리기도 한다.

복수비자를 받으려면?

캐나다 재입국이 필요하면 비자 신청서에 복수입국(Multiple Entry) 계획을 명기하고 증빙서류와 함께 비자 발급처에 제출한다. 담당관이 이를 인정하면 복수입국 비자를 받을 수 있다.

주한캐나다대사관

- 전화 02-3455-6000
- 팩스 02-755-0686, 02-776-0974(이민, 비자과)

출입국 절차는 어떻게 될까?

보통 다른 나라에 가게 되면 입국 수속을 하게 되는데, 직항편 탑승시, 해당 공항 도착 후 갈아타는 경우에는 최초 도착 공항(또는 항구)에서 입국 수속을 한다.

》》출국 절차

- 항공편 체크인
- 이민국 출국 심사(여권·항공권·탑승권 제출)

》》입국 심사(Immigration)

기내에서 사전 배부된 입국카드(세관신고서 포함)를 작성한 후 여권, 항공권과 함께 캐나다 공항의 입국 심사관에게 제출한다. 입국 심사관의 방문목적과 체류기간, 휴대품 등에 대한 질문에 답변하여 입국허가인을 받고 탁송 화물대에서 본인이 부친 수하물을 찾은 후 세관통과대로 가서 관세물품 여부 심사를 받는다.

》》세관 검사(Custom Inspection)

세관신고서에 명시된 신고사항이 없는 경우, 별도로 마련된 검사대를 통과한다. 식품류, 농산물, 가축 등은 세관원으로부터 별도의 통관허가를 받는다.

통화와 환율을 알아두자

》》통화

기본 화폐 단위는 캐나다달러(C$). 1C$는 100 Cent이다.

지폐 C$5, C$10, C$20, C$50, C$100 총 5종으로 캐나다의 화폐는 액면가에 관계없이 크기가 모두 일정하다.

의외로 반입이 까다로운 품목들
캐나다는 식료품 반입이 다른 나라에 비해 까다롭다. 계란, 유제품, 과일 및 야채 등은 가급적 가져가지 않는 것이 좋다. 반입하려면 식품검역소를 거쳐야 한다.

위조지폐 조심!
최근 캐나다에서는 위조지폐가 많이 사용되면서 50달러와 100달러 지폐를 받지 않는 곳이 늘고 있다. 각별히 주의해야 한다.

캐나다달러가 부족하다면?
환전해 놓은 캐나다 달러가 충분하지 않을 경우 대부분의 호텔, 상점, 레스토랑 등에서 VISA, Master, American Express 신용카드를 사용할 수 있다.

동전 C$2, C$1, 25 Cent(Quarter), 10 Cent(Dime), 5 Cent(Nickel), 1 Cent(Penny) 총 6종으로 동전의 경우 보통 가치가 낮을수록 크기가 작은 것이 일반적인데 예외적으로 10 Cent 동전은 5 Cent 동전보다 크기가 작다.

》 환전은 이렇게!

환전서비스를 받을 수 있는 곳 공항, 호텔, 은행 또는 환전소에서 당일 환율에 따라 받을 수 있다. 주요 환전소로는 Thomas Cook, Western Union 등이 있으며 시내 곳곳과 주요 호텔 내에 지점이 있어 편리하게 이용할 수 있다. 특히, 환전소는 은행과는 달리 대부분의 경우 주7일 영업하고 있다. 공항 환전소 역시 주7일 영업한다.

어디에서 환전하는 것이 유리할까? 환전시에는 2% 내외의 환전 수수료가 징수되는데 환전기관에 따라 약간의 차이가 있다. 은행에서 환전하는 것이 유리한 환율을 받을 수 있으므로 캐나다 입국 후 공항에서는 당장 필요한 약간의 돈만 환전하고 시내에 들어간 후 가까운 은행에서 환전하는 것이 좋다.

원화를 직접 환전하려면? 최근에는 캐나다 현지 환전기관에서 원화의 환전도 취급하고 있으므로 현지에서 원화를 미화 또는 캐나다화로 환전할 수 있다. 또한, 원화환전은 토론토와 밴쿠버에 소재한 한국외환은행의 캐나다 지점에서도 가능하다.

알아두면 힘이 되는 비즈니스 정보

일반적으로 우리나라의 기업들은 캐나다 시장의 규모를 과소평가해서 수출시장개척에 적극적인 자세를 취하지 않았던 것이 사실이다. 캐나다의 인구는 2005년 4월 현재 미국에 비해 1/7 수준이며 경제규모 역시 캘리포니아주보다 작아 미국 총 경제규모의 1/10 수준밖에 되지 않는다. 그렇지만 캐나다를 미국의 1/10밖에 안 되는 주변국가라고 생각한다면 또 하나의 대형시장의 개척기회를 놓치는 일이 될 것이다. 이제 단순히 살기 좋은 나라라는 인식에서 벗어나 비즈니스적인 시각으로 캐나다를 들여다보자.

캐나다의 주요 수출품목
캐나다는 천연자원 생산량의 3/4 이상과 제조업 제품의 반 이상을 수출하고 있으며, 서비스산업의 수출도 급속도로 증가하고 있다.

시장 특성

》 G7 국가 중 가장 높은 무역 의존도

캐나다는 3천2백만 명의 적은 인구에도 불구하고 세계 여러 국가들 중 가장 큰 규모의 무역이 이루어지는 국가들 중 하나이다. 2004년 캐나다는 수출 3,165억 미국달러와 수입 2,730억 미국달러를 기록, 국가총생산(GDP)에서 국제무역이 차지하는 비율이 70%에 달해 G7국가 중 가장 무역의존도가 높은 것으로 집계됐다.

》 미국에 대한 높은 무역 의존도

캐나다의 총 수출입 중 대미수출은 85%, 대미수입은 60%를 각각 차지하고 있어 미국이 캐나다의 가장 큰 교역상대국이라는 사실이 분명하게 나타나고 있다. 지리적으로 가까이 위치한다는 사실 이외에도 미국에 대해 지나치게 큰 무역의존도를 가지고 있기 때문에 캐나다 경제는 미국 경제의 직접적이고 절대적인 영향을 받고 있다.

》 높은 소득수준과 구매력

캐나다인의 소득수준과 구매력은 매우 높은 편으로 최근 평균 가계소득은 45,486 미국달러 정도이며 구매력은 미국에 이어 세계 2위를 기록, 세계에서 가장 부유한 국가 중 하나로 지목되고 있다. 소득 중 투자의 목적으로 지출하는 비용의 비율은 현재 13%를 차지하고 있으며 계속 증가추세에 있다. 정부가 보조하는 퇴직금 및 연금은 소득의 17%를 차지한다. 개인의 명목소득은 최근 매년 평균적으로 2~3% 증가하고 있다.

캐나다 소비자들은 매년 상품과 서비스의 구입에 약 5,000억 미국달러를 소비한다. 소비 지출의 절반 이상은 서비스 부분의 지출이 차지하고 있으며 그 중 가장 비율을 차지하는 것이 바로 주택구입에 소비되는 지출이다. 비내구성 소비재는 소비지출의 25%를 차지하고 있으며 식품의 구입에 소비되는 지출이 전체의 10%를 차지한다. 내구 소비재의 지출은 15%를 차지하고 있는데 그 중 가장 큰 것은 자동차 구입에 관한 지출이다.

어떤 국가로부터 수입을 많이 할까?
미국이 가장 큰 거래처이며, 그 외에도 일본, 한국, 대만, 홍콩, 브라질, 멕시코, 중국, 인도 등으로부터의 수입이 늘고 있는 추세이다.

〉〉 다민족·다문화 사회의 영향으로 인종별 소비패턴 차이

각기 다른 민족으로 구성된 이민사회인 만큼 캐나다 내에서는 인종에 따라 다른 소비패턴을 쉽게 목격할 수 있다. 특히 최근 투자이민이 급증하고 있는 홍콩계 중국인들의 경우 아직 이민역사가 짧은 관계로 각종 레저와 문화활동에 관련된 소비지출이 높지 않은 반면 주택이나 사업체, 자동차의 구입 등 고액의 투자를 요하는 부문에서는 활발한 소비활동이 진행, 간접적으로 캐나다 경제발전에 큰 영향을 끼치고 있다.

〉〉 거의 모든 소비재를 수입

캐나다에서는 소비재 상품은 거의 생산되지 않는다. 농산물, 수산물, 에너지 자원, 광산물, 중간 원재료 등이 수출되며 기계류를 포함한 다양한 경공업품과 일상용품 등이 수입되고 있다. 소비재 상품의 수입은 주로 백화점이나 소매점 등의 구매 담당자가 담당하고 있는데 이들이 공급대상을 선택할 때 가장 먼저 고려하는 요소는 가격경쟁력이다. 가격경쟁력이 우선 검토된 후에 상품의 품질, 디자인, 다양성 등의 요소가 구매결정에 복합적인 영향을 끼친다.

〉〉 미국시장의 시범마켓으로 활용 가능한 시장

캐나다와 미국 시장은 문화적, 사회적 분위기, 소비자들의 선호 동향 등이 비슷함은 물론 수입품에 대한 각종 규격이나 비슷하거나 동일하므로 상대적으로 적은 투자로 자사 제품의 북미 시장성을 확인하기 위한 시범 마켓으로 활용하기 좋은 조건을 구비하고 있다.

캐나다인의 소비습관을 알아두자

›› 근검절약하는 실용적 생활습관

높은 소득수준과 구매력을 자랑하는 캐나다이지만 대부분의 국민들은 실용주의에 바탕을 둔 선조들의 근면성을 그대로 물려받아 근검절약을 중시하는 생활습관을 지니고 있다. 이들은 고가의 사치품이나 보석, 의류 구입보다는 연극이나 오페라 관람 등의 문화생활이나 골프와 스키 등의 각종 스포츠 활동에 시간과 비용을 적극적으로 할애하는 경향이 있다. 또한 환경보호정책의 일환으로 각종 폐품을 재활용하는 'Recycling 운동'에도 적극 참여하고 있다.

›› 세련된 매장보다는 저렴한 창고에서

최근 소비자들 사이에서 많은 인기를 누리고 있는 창고 판매방식은 실내장식과 판매요원 관리에 소요되는 막대한 경비를 줄이고 대신 제품 가격을 인하시켜 실용주의를 중시하는 캐나다인들에게 큰 인기를 누리고 있다.

세련된 장식의 매장 대신에 대형 물품창고에 상품을 쌓아 놓은 상태로 소비자에게 판매하는 Warehouse 세일에 많은 소비자들이 할인 가격으로 상품을 구입하기 위해 새벽부터 줄을 서서 기다린다.

유행보다는 실속을!
대부분의 캐나다인들은 작은 물건을 구매할 때에도 충분한 검토과정을 거친다. 또한 유행에 민감한 편이 아니며 실용적인 제품에 대한 선호도가 높은 편이다.

〉〉 사후 서비스와 품질보증을 우선한다

물건을 구입할 때 캐나다 소비자들은 정시배달과 확실한 사후 서비스 여부를 중요하게 여기며 대부분의 내구 소비재의 경우 장기간의 품질보증을 매우 당연한 것으로 여긴다. 과거에는 브랜드 상품에 대한 선호도가 높은 편이었지만 최근 몇 년간 대형 할인매장의 영향으로 유명회사에서 제조되지 않은 제품들도 가격경쟁력을 앞세워 점차 점유율을 높여가고 있다.

〉〉 집에는 아낌없이 투자한다

캐나다인들의 소비지출 특성은 주택, 자동차, 가구집기, 식기 등 주택과 관계된 부문에는 필요한 지출을 아끼지 않는다는 것이다. 이는 1년 중 절반 이상을 차지하는 추운 겨울의 영향으로 주택을 단순한 거주지로만 간주하는 것이 아니라 생존에 필요한 가장 필수적인 요소라는 생각이 반영된 것이라고 할 수 있다. 또한 스포츠용품 및 레저용품의 수요가 늘어나고 있다는 점 역시 최근의 소비 경향이다.

꼭 알아두어야 할 비즈니스 관행

믿고 외상거래를 한다

해외무역에 익숙한 많은 캐나다 바이어들은 대부분의 공급업자들이 계약 체결시 L/C나 T/T를 원하는 것을 알고 있기는 하지만 해외업체들에게 보통 외상거래를 요구하는 경우가 많다. 특히 몇 차례 거래 실적이 있는 경우에는 거래업체에게 신용을 바탕으로 외상거래를 요구하는 일이 많은데 수출업체의 입장에서는 매우 위험한 거래가 아닐 수 없다.

그러나 미국과 캐나다의 높은 교역 의존도는 바로 양국 간에 신용거래가 빈번히 존재하고 있기 때문이며 그만큼 캐나다 바이어들이 미국과의 거래를 선호하는 이유가 되기도 한다. 그러나 몇 차례 거래가 성사된 사실 하나만을 근거로 하여 수입업체의 외상거래 요청을 들어줄 수는 없으므로 미리 바이어와 업체에 대한 신용조사를 한 후 상황에 따라 적절히 대처하는 것이 최상의 방책이다.

재고는 'No'!

한국 기업이 캐나다 업체와 거래를 시작할 때 가장 큰 애로사항으로 꼽히는 문제 중 하나가 바로 한국 기업이 주장하는 '최소주문량'이다. 수출업체의 입장에서는 당연히 최소한의 주문 물량을 보장받고 싶어 하지만 캐나다 바이어들은 오히려 재고 축적의 가능성을 부담스러워하는 경향이 있다.

특히 캐나다 수입업자들 중에는 소규모 영세업체가 많기 때문에 최소 주문량을 처음부터 맞추기 힘든 경우가 많고 현지 마케팅을 통해 시장성 유무 여부를 먼저 확인하기 위해 소량만 주문하기를 원하는 경향이 있다. 그러나 한국의 수출업체 측이 처음부터 많은 물량을 수출을 주장해 협상이 진행되어가다 틀어지는 경우도 있어 주의할 필요가 있다. 그러나 여러 업체와 소규모의 거래를 시작한 후 한두 업체를 최종 선정, 본격적인 거래 관계를 구축하여 집중 공략을 시도한다면 캐나다와 미국시장 공략을 위한 든든한 발판을 마련하는 계기가 될 것이다.

바이어들은 보수적이다

캐나다 바이어들은 보수적인 성향을 가진 편으로 처음 거래를 성사시키기 위해서는 막대한 노력이 요구된다. 특별한 불만이나 이유가 있지 않는 한 기존 거래선을 신규 거래선으로 쉽게 교체하려 하지 않으며 위험성이 없는 검증된 거래를 선호하기 때문이다. 특히 기존 거래처와의 거래를 매우 중요시 여기고 있어 가격조건이 좋다고 무조건 거래처를 바꾸는 경우는 드문 편이다.

상품은 어떻게 유통되는가?

품목에 따라 차이가 있지만 대체로 '수입상(혹은 생산자) → 공급업자 → 소매상'의 순서로 유통되는 체계가 유지되고 있다. 국내외 기업을 막론한 대부분의 기업들이 폭넓은 판매망을 확보하고 있는 현지 공급업자들과의 유대관계를 통해 물품을 유통하고 있다. SEARS나 Wal-Mart 같은 미국의 대형 유통체인들은 직매장을 갖추고 있으나 중소기업체의 경우에는 캐나다 현지 판매상이나 공급업체들을 통한 유통방식을 이용하는 것이 일반적이다.

▶ 유통단계별 마진율

유통단계	마진율
Buying Agent	FOB 가격의 1.5~10%
수입업자 · 도매업자	현지 인도가격(Landed Duty Paid Price)의 30~40%
상설할인판매점	판매가격의 35~40%
일반백화점	판매가격의 40~75%
슈퍼체인점	판매가격의 15~60%
일반소매점	판매가격의 50~100%

※ 유통단계별 마진율은 제품 및 업체 별로 큰 차이가 있음.

대금 결제 방식

대부분의 캐나다 바이어들은 L/C 개설보다 Term 거래에 의한 T/T 송금방식을 선호하고 있다. 따라서 은행이자와 환율변동에 의한 환차손 등에도 미리 대비해 두어야 한다.

국내 주요 바이어들은 주로 1년 중 판매활동이 가장 부진한 2월에 집중하여 공급업체들과의 구매계약을 체결한다. 섬유류와 같은 계절의 변화에 민감한 제품은 계절별로 구매계약이 이루어지지만 소량주문을 위주로 하는 일반 소비 제품은 1년치 구매를 선호하는 경향이 있다.

비즈니스 상담에서 성공하기

성공적인 상담 10계명

품목에 관계없이 일반적으로 캐나다 바이어와의 상담이 효율적으로 이루어지기 위해 준비해야 할 사항들을 정리해보면 아래와 같다.

첫시도가 중요하다 보수적 성향을 지닌 캐나다 바이어들이 회사와 상품에 대한 사전 지식이 전무한 상태에서 단순한 거래제안 팩스나 이메일 등을 진지하게 고려할 가능성은 거의 없다고 해도 과언이 아니다. 성공적으로 거래를 진행시키기 위해서는 최초 접촉을 시도할 때부터 회사소개서, 카탈로그, 샘플, 가격표 등의 모든 자료를 제공하는 것이 필수적이다.

담당자와 직접 컨택하라 캐나다 바이어와의 성공적인 거래를 원한다면 담당자의 정확한 직함과 이름을 파악한 후 그 담당자에게 직접 자료나 편지를 보내야만 진지하게 검토될 가능성이 있으며, 그렇지 않은 경우에는 편지와 자료가 담당자에게 전달되지도 못한 채 버려지게 될 확률이 더욱 커진다. 담당자의 이름을 모를 경우 담당부서의 이름을 정확하게 쓰는 것이 좋다.

> **퀘벡주의 바이어와 접촉할 때는 불어를!**
> 대도시 몬트리올이 위치하고 있는 퀘벡주는 대표적인 불어사용 지역이다. 캐나다에서 판매되고 있는 모든 제품의 포장에는 영어와 불어가 함께 병기되는 것이 원칙이다.

영어자료는 필수이다 구매의사를 타진하기 위해 캐나다 바이어들을 접촉해서 회사와 제품을 설명하는 자료를 제공할 때 영어로 된 자료를 제공하는 것이 무엇보다 필수적인 요소이다. 또한 영어와 불어를 모두 공식 언어로 채택하고 있는 캐나다에서는 회사가 위치하고 있는 지역에 따라 영어자료보다 불어자료가 더욱 효과적인 경우가 있다.

자료 송부 확인이나 검토결과 문의는 팩스로 자료를 바이어에게 송부한 후 접수확인 및 검토결과를 문의할 때에는 팩스를 통한 접촉이 효과적이다. 담당자의 이메일 주소를 알고 있는 경우라도 이메일 교신에 대한 사전교감이 없었다면 문의사항을 이메일로 보내지 않는 것이 바람직하며 바이어의 이메일 사용에 관한 선호도를 확인하고 난 후 이메일 사용을 결정하는 것이 좋다. 바이어가 이메일을 선호하는 것으로 확인된 경우 이메일 교류는 사적인 친밀감과 회신의 편의성을 제공하며 보다 자세한 진행상황을 단시간 내에 아는 데 효과적이다.

바이어들의 지역적인 성향을 파악하라 문화적인 차이로 인해 불어 사용권인 퀘벡주의 바이어들의 경우 이메일에 대한 거부감을 가지는 경우도 있으므로 사전 확인 후 이메일을 사용하는 것이 좋다.

기업소개 자료 준비는 철저히 합작투자나 거래 파트너를 선정할 경우에는 가급적이면 상대편 회사의 신용도 검증을 위해 전문 자문기관에 의뢰하는 것이 가장 안전한 방법이지만 여건이 허락하지 않는 경우에는 그 회사의 거래업체나 고객들을 대상으로 하여 간접적인 신용도 측정을 하는 것이 좋다. 이는 한국업체 역시 캐나다 기업과의 성공적인 상담을 위해서는 회사의 취급상품뿐 아니라 매출실적, 거래업체, 캐나다 규격 인증 취득여부 등을 포함한 총괄적인 기업소개 자료를 준비해야 하는 것을 의미한다.

명확하지 않은 사항은 그냥 넘기지 말라 상담시 명심해야 할 사항 중 하나는 상담에 임하는 쌍방간에 오해의 소지가 없어야 한다는 것이다. 이를 위해서는 상담 진행 중에 명확하지 않은 사항이 있으면 그 즉시 의문을 제기하여 확실하게 의문점을 해결해야만 다음 상담 또는 거래진행 과정에서 빚어질 수 있는 오해의 소지를 미리 없앨 수 있다.

현지 시장에 대한 기본적인 사전조사는 필수 수출하고자 하는 제품의 전반적인 캐나다 내 시장성을 파악해 두는 것이 좋다. 기본적인 수출입 현황이나 관련단체 동향, 주요 뉴스 등을 미리 검색하여 내용을 익히고 상담에 임하면 바이어와의 상담이 더욱 활기차질 수 있으며 바이어에게도 상담 전 준비를 철저히 했다는 인상을 심어주기 때문에 높은 신뢰를 얻을 수 있다.

현지 통역원에게 제품에 대한 기본적 지식 교육 필요 한국 기업의 출장자가 영어구사에 자신이 없을 경우 주로 현지 교포나 유학생을 통역원으로 고용하게 된다. 그렇지만 이들은 영어 구사력은 능통하지만 제품에 대한 정확하고 구체적인 지식은 갖추지 않은 경우가 대부분이며, 각종 무역관련 용어를 완벽하게 숙지하지 못하고 있을 가능성도 염두에 두어야 한다. 따라서 통역원이 정해지면 전화 또는 이메일로 제품의 정보를 전달한 후 기업과 제품에 대한 정보를 습득할 수 있도록 교육하는 것이 필요하다.

꾸준한 사후관리가 중요 상담이 끝난 후에는 인내를 가지고 신용장이 올 때까지 바이어에 대한 사후관리(Follow-up)을 해 나가야 한다. 너무 참을성 없이 단기에 신용장을 요구하거나 상담 후 거래가 신속적으로 진척되지 않는다고 쉽게 포기하는 것은 바이어 확보를 위한 바람직한 방법이 아니다. 캐나다 바이어들은 보수적인 성향을 가진 편으로 사전지식이 없는 신규 업체와의 거래를 시작하기 위해서는 여러 방면의 검토 작업을 거치는데 이에 소요되는 시간은 한국에서 통상적으로 걸리는 시간보다 훨씬 긴 편이다. 현지 기업인의 의견에 따르면 캐나다 바이어들이 통상적으로 거래를 결정하는 데 걸리는 시간은 미국 바이어들에 비해서 2배 이상 길다고 한다. 따라서 캐나다 바이어들과의 첫거래를 성사시키기 위한 방법은 인내심을 가지고 제품과 회사의 홍보에 최선을 다하는 것임을 명심해야 한다.

상담시 비즈니스 매너 및 유의사항

문화적 금기사항을 알아두자

특별하게 규정된 문화적 금기사항은 존재하지 않지만 캐나다는 다민족으로 이루어진 이민국가인 만큼 인종, 민족, 성, 종교, 신체적 조건 등에 대한 차별을 하지 않는 것이 원칙으로 되어 있다. 특히 개인적인 농담의 수용여부가 한국과는 사뭇 다르기 때문에 한국 사회에서는 용납되는 수준의 농담이 캐나다에서는 실례로 받아들여지는 경우도 있어 이 역시 각별한 주의를 필요로 한다. 개개인의 인격을 침해하지 않는 선에서 적극적으로 대화를 이끌어 나가는 것이 캐나다인과의 대화에 있어 가장 기본적인 요소라고 할 수 있다.

약속시간은 철저히

바이어와의 상담 약속시간은 반드시 지켜야 하

금요일 오후 약속은 피하라

대부분의 기업체들이 금요일 오후에는 업무를 일찍 끝내는 경향이 있으므로 충분한 상담진행과 Follow-up을 위해서는 금요일 늦은 오후에 상담 일정을 잡거나 연락하는 것은 피한다.

며 면담 장소까지 걸리는 시간을 계산할 때는 교통체증이나 러시아워 등을 충분히 고려해 두어야 한다.

약속시간을 엄수하는 것은 철칙으로 여겨지고 있는데 피치 못할 사정으로 약속에 늦을 경우에는 정중하게 사과를 하며 양해를 구하는 것이 바른 매너로 통용된다. 만약 20분 이상 늦게 되면 최대한 신속하게 전화로 상황을 설명하고 약속시간을 재조정하는 것이 바람직하다.

기본 에티켓을 알아두자

사업상 갖게 되는 미팅은 남성과 여성을 불문하고 주로 악수로 시작한다. 명함의 교환은 미팅 중 언제라도 가능하지만 다른 나라의 경우처럼 공식화된 절차로 여겨지는 것은 아니다. 만약 방문하는 회사에 비서가 있을 경우에는 비서에게 명함을 전달하는 것이 좋다.

기관들을 방문할 때는 보안을 위해 실시되는 신분 검사를 거치는 것이 필수적인 경우가 많다. 따라서 정부 기관을 방문할 때는 가능한 한 이를 감안해서 시간적 여유를 가지고 이동하는 것이 좋다. 신분 검사 이후에는 약속된 장소로 이동하면 된다.

〉〉 식사 에티켓

점심 식사는 사업 상대와의 격의 없는 미팅을 위한 좋은 기회이지만, 첫만남의 장소로는 다소 부적합하고, 저녁 식사가 잠재 사업 상대와의 공식적인 만남을 위한 시간으로 보다 적절한 편이다. 사업 상대와 저녁 식사 미팅을 가질 경우 비용은 초청한 측이 지불하는 것이 관례이다. 또한 사교석상일지라도 과음은 피하는 것이 좋다.

〉〉 개인적인 질문은 결례

캐나다 사람들은 외국인들에게 비교적 친절한 것으로 널리 알려져 있기는 하지만 개인 신상에 관한 질문(나이, 체중, 소득 수준 등)을 자세하게 하는 것은 큰 결례로 여기기 때문에 이를 유념해 두어야 한다.

KOTRA Tip

캐나다 문화, 이것만은 주의하자

인종과 종교에 대해서는 각별히 주의
한국 기업들의 출장이 잦은 토론토나 밴쿠버 등의 대도시에는 세계 각지에서 모여든 다양한 인종, 문화, 종교적 배경을 가진 이민자들이 많이 거주하고 있다. 따라서 제품수출을 위해 상담을 할 때도 소수민족 출신 바이어와 만나게 될 경우도 많다. 이런 경우 특정 인종이나 종교에 대한 농담이나 자신의 개인적인 의견을 나타내는 것은 절대 피해야 한다. 또한 바이어에게 작은 선물을 할 경우나 식사대접을 할 경우에도 문화, 종교적 특성을 고려하는 것은 필수적이다.

미국과의 성급한 비교는 금물
캐나다 국민들은 인접국인 미국과 여러 면에서 비교되거나 동일한 취급을 받는 것에 불쾌함을 나타내는 경향이 있다는 점을 주의해야 한다. 그렇기 때문에 개인적인 대화를 할 때나 물론 비즈니스 상담시에도 가격조건이나 주문량 등을 미국기업과 비교해서는 안 된다. 제품을 소개하는 홍보물에 가격을 미화뿐 아니라 캐나다화로도 표기하면 바이어로부터 호응을 얻을 수 있다.

담배를 피우기 전에 반드시 먼저 양해를 구할 것
대부분의 캐나다인은 자신 앞에서 흡연하는 것을 큰 실례로 생각하며 불쾌하게 여기기 때문에 담배를 피우기 전에는 "담배를 피워도 괜찮겠습니까?"라고 묻는 것이 올바른 에티켓이다.

》 사업장 대부분이 금연

사무실과 회의실과 같은 대부분의 캐나다 사업장에서는 금연이 일반적이며 식당에서의 흡연은 특별히 지정된 좌석에서만 가능하다. 일부 호텔의 경우 지정된 층에서는 흡연을 금하는 경우가 종종 있다. 지정된 렌터카나 모든 여객기의 국내선, 기차, 버스에서는 금연이다. 하지만 담배를 피우기 위해 잠시 자리를 비우는 것은 예의에 어긋나는 행동이 아니다.

》 초대를 받았을 때

캐나다에서는 사업 상대가 자신의 집으로 초대하는 것을 개인적인 친분을 나타내는 행동으로 여기기 때문에 만약 초대를 받았을 경우에는 정중하게 받아들여야 한다. 방문시에는 선물이 꼭 필요한 것은 아니지만 꽃이나 와인, 한국에서 가지고 온 물건 등을 선물하는 것이 좋다.

》 정직이 가장 큰 미덕

다소 고지식하다고도 할 수 있는 캐나다 바이어들은 사업거래뿐 아니라 대부분의 인간관계에서 정직을 가장 큰 미덕으로 여긴다. 아무리 작은 일이라도 한번 부정직한 언행이나 행동을 보인 사람은 상대방으로부터 신용을 잃게 되기 때문에 여러 면에서 불이익을 받을 수 있다. 이에 따라 비즈니스 상담시 바이어가 대답하기 곤란하거나 확실한 답변이 어려운 질문을 할 때 대답을 회피하려는 태도를 보이거나 거짓말을 하는 것보다는 솔직하게 대답하는 것이 바이어의 신용을 얻는 데 도움을 준다.

》 상담시 휴대폰 사용은 최대한 자제

바이어와의 상담을 시작하기 전 휴대폰의 전원을 꺼 놓거나 중요한 연락을 기다리는 경우에는 벨소리를 무음 또는 진동으로 변경해 놓는 것이 좋다. 상담 도중 갑자기 휴대폰 벨소리가 울릴 경우 상담의 원활한 진행에 차질이 생길 수도 있다. 반드시 받아야 하는 전화를 기다리고 있다면 상담을 시작할 때 미리 바이어에게 알리고 사전 양해를 구하는 것이 좋다.

▶ 주요 연락처(한국기관)

기관명	대표자	전화번호	웹사이트
주 캐나다 한국대사관(오타와)	대사 임성준	613-244-5010	www.emb-korea.ottawa.on.ca
토론토총영사관	총영사 김성철	416-920-3809	www.consulatekorea-tor.org
몬트리올총영사관	총영사 이수택	514-845-2555	www.koreanconsulate.qc.ca
밴쿠버총영사관	총영사 최충주	604-681-9581	www.mofat.go.kr/ek/ek_a002/ek_caba/ek_02.jsp
토론토무역관	관장 박재규	416-368-3399	www.kotra.ca
밴쿠버무역관	관장 윤원석	604-683-1820	www.kotra.or.kr
한국관광공사 (토론토)	지사장 강옥희	416-348-9056	http://english.tour2korea.com/toronto
대한광업공사 (토론토)	사무소장 채성근	416-929-8183	www.kores.or.kr

Toronto
_토론토

>>

인디언어로 '만남의 장소'를 뜻하는 토론토는 그 이름답게 여러 문화가 공존하는 '멀티 컬쳐(Multi Culture)'의 도시이다. 영국, 아일랜드, 중국, 이탈리아, 프랑스, 독일 등 각국에서 몰려든 사람들이 이 글로벌 시티를 구성하고 있다. 토론토는 또한 캐나다 재정의 중심지일 뿐만 아니라 캐나다의 문화, 예술, 과학을 움직이는 '엔진'이다.

토론토 사람들이 이 도시에 대한 자부심을 갖는 이유 중 또 하나가 바로 낮은 범죄율이다. 토론토는 많은 인구와 발전상에도 불구하고 낮은 범죄율로도 잘 알려져 있다. 토론토의 범죄율은 거의 모든 미국 주요도시보다 낮고 캐나다에서도 가장 낮아 '평화로운 도시'로 일컬어진다.

토론토에 대한 모든 것

토론토에 대해 잠깐!

토론토는 캐나다 온타리오 지역에 있는 캐나다 최대의 도시이다. 인구는 약 2백50만 명(토론토 광역지역은 5백20만 명)이다. 캐나다를 움직이는 엔진 역할을 할 뿐만 아니라 전 세계의 관심을 받고 있는 글로벌 도시로 계속 성장해 나가고 있다.

어떻게 갈까?

〉〉 인천에서 토론토까지

대한항공이 주 3회(성수기 기준, 비수기에는 주 2회 운항) 토론토 운항을 한다. 시카고나 뉴욕을 경유하여 토론토로 갈 수도 있다. Air Canada는 2005년 7월부터 성수기에 토론토와 서울을 연결하는 직항편을 주 3회 운항하기 시작했다.

 교통

Survival English in Toronto 1

A: How many cities does Air Canada travel to?
B: More than 640 destinations.
A: Then it must travel to Seoul.

A: Air Canada가 몇 도시에 취항할까요?
B: 640개 도시 이상에 취항하고 있습니다.
A: 그럼 서울에도 분명 가겠군요.

Tips travel 취항하다 Air Canada 캐나다 최대 규모의 항공사

〉〉공항에서 토론토 시내까지

택시를 탈 경우 24시간 이용 가능하며 공항에서 시내까지 약 30분 정도 걸린다. 요금은 25~30달러 내외인데, 통상적으로 캐나다달러, 미국달러, 혹은 신용카드로 결제가능하다.

리무진을 탈 경우 시내까지는 공항 리무진 버스 '에어포터'를 타면 편하다. 새벽 6시30분부터 다음날 오전12시 10분까지 15분 간격으로 운행하며 국내 및 국제선 도착 터미널에서 출발한다. 요금은 성인기준 편도 12달러, 왕복 18달러이다. 밴쿠버 시내의 주요 호텔을 경유하는 것이 특징이다.

토론토 국제공항
(Lester B. Pearson International Airport)

주소 P.O. Box 6031, 3111 Convair Drive, Toronto AMF, ON, L5P 1B2 (Greater Toronto Airports Authority, 광역 토론토 관리공단, GTAA)

관리공단 416-766-3000(관리공단)
제1, 2터미널 416-247-7678
제3터미널 416-776-5100

토론토 시내에서 서쪽으로 약 32km 지점에 위치해 있으며 총 3개의 터미널을 보유하고 있는데 각 터미널마다 여러 국가의 항공사가 주재해 있다. 그 중 한국 방문객들의 이용빈도가 가장 높은 터미널은 한국의 대한항공이 주재하고 있는 제3터미널이다.

- 제1터미널: Air Canada 및 일부 국제 항공사
- 제2터미널: Air New Zeland, Air Wisconsin, 미국노선 및 미국항공사
- 제3터미널: 기타 국제항공사(대한항공 포함)

시차

토론토는 Eastern Standard Time이 적용되며 한국보다 14시간이 느리다. 매년 여름에는 서머타임이 실시되어 13시간 차이가 난다.

 한국 오전9시 →토론토 전날 오후7시

Business Hours

일반 기업들의 근무시간은 보통 오전9시~오후5시이며 토·일요일은 휴무이다. 공공기관은 대부분 오전8시30분~4시30분까지 근무한다. 은행은 오전9시~오후4시 근무가 대부분이나 최근

에는 토요일도 정상 근무하는 은행의 수가 증가하고 있으며, 도심지역에는 직장인들의 편의를 위해 오전8시에 개점하는 은행도 많다.

기후

해양성기후를 보이는 서해안과 동해안 지역은 겨울에 흐리고 비가 오는 날이 잦은 반면, 중부 내륙지방은 여름에 강우량과 습도가 높은 편이나 우리나라에 비하면 더 건조하고 추운 겨울이 6개월(11~4월) 정도로 매우 긴 편이다.

통신

〉〉 휴대폰

캐나다에서는 아직까지 손쉽게 휴대폰 렌트 서비스를 찾아보기 어렵다. 일부 특급호텔 중 투숙객에게 렌트 서비스를 제공하는 곳이 있기도 하지만 아직 초기단계에 머물러 있어 단기간 캐나다를 방문할 때는 한국에서 사용하는 휴대폰에 로밍 서비스를 신청하는 것이 가장 편리하다. 휴대폰을 구입하기 위해서는 시내 각지 및 대형 쇼핑센터 내에 위치한 이동통신업체 대리점이나 가전제품 판매점을 방문해야 한다. 구입 즉시 서비스를 개통할 수 있으며 전화나 인터넷으로도 가능하다.

〉〉 시내전화

캐나다의 시내 공중전화의 기본 요금은 0.25달러이다. 공중전화에서 일반전화 또는 휴대폰으로 전화하는 경우 요금의 차이는 없다.

캐나다의 기후는 지역에 따라 크게 5개의 기후로 나뉜다.
- 태평양 연안: 온기 있는 따뜻한 온대성 기후
- 대서양 해안/5대호 부근/세인트로렌스 연안 저지대: 해양성 기후
- 북극권: 한대성 기후
- 중부 내륙: 대륙성 기후
- 내륙 평원지대: 건조하며 기온 차이가 심하다.

〉〉 시외통화

처음에 0(지역에 따라 다르므로 확인 필요)을 누르고 지역번호와 전화번호를 계속 누르면 교환원이 처음 3분간의 요금을 알려준다. 3분이 경과되면 통화 중에 교환원이 필요한 요금을 말해주는데 그때 추가요금을 집어넣는다. 공중전화가 아닌 일반전화일 경우 1+지역번호+전화번호 순으로 누르면 된다.

》 국제통화

일반적으로 캐나다에서 한국으로 국제전화를 걸기 위해서는 011+82+지역번호+전화번호를 누르면 된다. 지역번호를 누를 때 첫 자리의 '0'은 누르지 않는다. 한국 전화번호가 02-123-4567일 경우 캐나다에서는 011+82+2+123+4567을 눌러야 통화가 가능하다. 그렇지만 이러한 방법을 사용하면 높은 통화비용이 청구되기 때문에 보다 저렴하게 국제전화를 사용하기 위해서는 시중에서 판매하는 장거리 전화카드를 구입하여 사용하는 것이 좋다.

》 인터넷

대부분의 호텔 객실에 초고속 인터넷 서비스가 제공되고 있으며 무선 인터넷 서비스를 이용할 수 있는 호텔도 있다. 도심지역에 위치한 호텔들은 인터넷 사용시 대부분 추가요금을 부과하고 있는 반면, 공항 인근을 포함한 외곽지역 호텔 중에는 무료로 인터넷 서비스를 제공하고 있는 곳도 많아 사전에 호텔 측에 이를 확인하는 것이 좋다.

알아두면 편리한 토론토

TTC에 관한 정보는 여기서!
전화 416-393-4636
홈페이지 www.ttc.ca

교통

〉〉 지하철

토론토의 대중교통은 TTC(Toronto Transit Commission) 시스템이 관리한다. 토론토 지하철은 Yonge, Bloor, Scarborough, Sheppard 4개의 노선이 운행된다. 정해진 시간 내에 지하철에서 버스나 전차로 갈아탈 경우 지하철역 내에 위치한 빨간색 Transfer 발급기에서 티켓을 뽑아 환승시 운전기사에게 제출해야 한다. 반대로 버스나 전차에서 다른 운송수단으로 갈아탈 경우 운전기사에게 직접 환승을 요청하면 된다.

지하철을 타려면 역 입구에서 토큰을 구입하여 투입기에 넣고 탑승하면 되며 하차시에는 그냥 내리면 된다. 버스나 전차를 이용할 경우 미리 지하철역이나 지정

Survival English in Toronto 2

A: How much is the subway fare in Toronto?
B: 2.5 dollars for adults.
A: Can I use tokens or passes, too?
B: Sure.

A: 토론토의 지하철 요금이 얼마죠?
B: 어른이 2.5달러예요.
A: 토큰이나 패스를 사용할 수 있나요?
B: 네.

Tips adult 성인 token 토큰 pass 승차권, 패스

판매소에서 구입한 토큰이나 현금을 지불하여 탑승하면 된다. 요금은 현금 탑승시 어른 2.5달러, 학생과 노인 1.7달러이다. 현금이나 토큰 외에 패스를 구입해서 사용할 수도 있는데 토큰이나 패스를 5개, 10개 단위로 사면 할인받을 수 있다. 데이 패스 (Day Pass)를 사면 월~금요일까지 무제한적으로 이용할 수 있으며 8달러이다.

〉〉 택시

시내의 경우 택시는 특별히 따로 승강장이 없이 도로에서 자유롭게 잡을 수 있으며 호텔 등에서는 콜택시를 부를 수도 있다. 그렇지만 도심을 벗어난 주택가나 교외지역에서는 도로에서 택시를 잡는 것이 쉽지 않아 미리 전화로 택시를 부르는 방법이 널리 이용되고 있다.

택시요금은 시간/거리 병산제이며, 토론토의 경우 시내 이동시 대체로 5~15달러면 이용이 가능하다. 팁은 미터기에 나타난 금액에 10% 정도를 더하여 지불하면 되는데, 영수증을 요구하면 발급해준다.

〉〉 렌터카

상담 예정된 업체가 대중교통이 불편한 도심 외곽지역에 위치해 있는 경우는 렌터카 서비스를 이용하는 것이 좋다. 공항 청사와 주요 도심 호텔에 렌터카 회사의 지점이 있어 신속하고 편리하게 서비스를 받을 수 있다. 또한 렌터카 회사의 웹사이트를 통해 방문 전 미리 렌터카를 예약할 수 있다.

토론토 주요 렌터카 회사

· Hertz: www.hertz.ca
· Discount: www.discountcar.ca
· Budget: www.budget.ca
· National Car Rental: www.nationalcar.ca
· Avis: www.avis.ca

토론토를 포함한 대부분의 도시가 바둑판 모양으로 정비되어 있기 때문에 방문하려는 곳의 정확한 주소만 알면 지도만으로 쉽게 목적지를 찾을 수 있다. 지도는 주로 호텔의 안내데스크나 관광안내소에서 쉽게 얻을 수 있으며 대부분의 편의점에서도 판매된다. 그러나 주의해야 할 점도 있다. 토론토 시내를 렌터

차를 렌트할 때 필요한 것
토론토에서 렌터카 서비스를 이용하기 위해서는 국제운전면허증과 신용카드가 있어야 하며 만 25세 이하의 운전자에게는 추가비용이 부과된다.

지도검색 전문 웹사이트를 이용하면 편리
지도검색 전문 웹사이트를 이용하면 목적지의 위치는 물론 자세한 약도와 예상 소요시간까지 편리하게 알 수 있다. (www.mapquest.ca)

카로 운전할 경우 잡한 도심지역에는 무단횡단을 하는 보행자가 많아 이를 항상 대비해야 하며 자전거 이용자도 많아 운전에 불편할 수도 있다. 또한, 시내 중심지에는 좌회전이나 우회전이 금지된 교차로와 일방통행 지역이 많아 사전에 목적지로 가는 정확한 약도를 준비하는 것이 좋다.

KOTRA 토론토 무역관

>> 무역관 안내

주소 65 Queen St., West, Suite 600, Toronto, Ontario, Canada M5H 2M5
전화 416-368-3399(국가번호는 미국과 동일하게 '1'이다.)
팩스 416-368-2893
이메일 info@kotra.ca
위치 시내 중심가인 Queen St.와 Bay St.의 교차지점에 위치한 Thomson 빌딩의 6층으로 토론토 시청과 쉐라톤호텔이 인근에 위치한다.

>> 찾아가는 방법

택시를 이용할 경우 피어슨 공항 밖에 있는 택시정류장에서 운전기사에게 무역관주소를 주면 무역관 입주 빌딩 앞까지 안내해 준다.
택시는 미터기를 사용하는 일반택시와 일률적인 요금을 부과하는 공항택시 두 종류가 있는데 요금은 약 35달러(24미국달러)로 거의 비슷함. 일반적으로 이용요금의 10%를 팁으로 준다.

공항버스를 이용할 경우 Airport Express 공항버스는 보통 30분 간격으로, 러시아워(3:00pm~9:15pm)때는 20분 간격으로 운영된다. 피어슨 공항 밖에 있는 Airport Express 버스매표소나 버스운전기사에게 다운타운의 쉐라톤호텔까지 가는 표를 구입해 승차한다. 정거장 3개를 거쳐서 쉐라톤호텔에 내리면 길(Queen St.) 건너 양 손바닥을 감싼 모양의 쌍둥이 빌딩 두 개(토론토시청) 및 분수대(겨울엔 스케이트장으로 사용된다)가 보인다. 무역관은 시청의 바로 맞은편에 위치해 있다(빌딩 1층에 Tim Horton 표지가 있음).

옷차림

여름에는 대체적으로 바람이 서늘한 영상 20도 안팎의 날씨가 지속된다. 그렇지만 햇볕은 한국에 비해 강한 편이므로 야외에 나갈 때에는 자외선 차단크림을 바르는 것이 좋다. 여름에는 낮과 밤의 일교차가 심하기 때문에 낮에 반팔이나 반바지를 입고 외출하더라도 겉옷을 가지고 나가는 것이 좋다. 겨울철에는 산악지방의 기온이 영하 20도 이하로 내려가는 등 추운 날이 많다. 이러한 시기에 여행할 경우에는 두꺼운 코트, 모자, 장갑 등을 준비하여 겨울 추위에 철저히 대비한다.

캐나다의 겨울은 길다!
겨울이 11월부터 3월까지 5개월 간 지속된다는 것을 염두하고 여행 계획을 세워야 한다.

기타

캐나다의 사용 전력은 110V, 60Hz이다. 이에 맞는 전자제품을 준비하거나 전력변환용 어댑터를 준비해야 한다.

주요 연락처

〉〉 토론토 총영사관
- **주소** 555 Avenue Rd., Toronto ON, M4V 2J7
- **전화** 416-920-3809
- **팩스** 416-924-7305

〉〉 토론토 한인회
- **주소** 1133 Leslie St., North York, Ontario, M3C 2J6
- **전화** 416-383-0777
- **팩스** 416-383-1113

알아두면 즐거운 토론토

●●● 호텔

》 KOTRA가 추천하는 호텔

▶ KOTRA 현지 호텔 평가표

호텔명	접근성	쾌적성	안전성	부대시설	종합평가
The Fairmont Royal York	10	10	10	9	★★★★★
Sheraton Centre Hotel, Toronto	10	10	9	8	★★★★
Westin Prince Hotel, Toronto	7	8	8	7	★★★
Novotel North York, Toronto	8	8	8	6	★★★
Radisson Suite Hotel	5	8	8	8	★★★

▶The Fairmont Royal York

· **위치** 토론토 공항에서 차로 30~40분, 다운타운 Union 전철역에서 도보 5분 이내 거리

· **객실요금** (Standard Room기준/싱글, 트윈 요금 동일). 300달러(약 250미국달러/성수기), 250달러(약 210미국달러 /비수기). 토론토의 호텔 요금은 계

절 및 날짜(주중/주말)에 따라 가격 차이가 20% 이상 나기도 함. 시즌별, 호텔별 숙박요금은 http://hotels.ca에서 검색 가능하다.

- **인터넷 사용** 모든 객실에서 ADSL고속인터넷 사용 가능(고급 객실인 Deluex Room을 제외한 모든 종류의 객실에 별도 사용료 부과). 각종 회의실과 행사장에서 무선 고속인터넷 사용 가능(사용료 별도 부과)

- **각종 부대시설 및 특이사항** 토론토 다운타운 중심지에 위치한 특급호텔로 1,365개의 객실과 Gym, Spa, 실내외 수영장 등의 다양한 편의시설을 구비하고 있으며 유명 관광명소와 대형 쇼핑센터와도 인접. 해외 각국의 귀빈 방문시 가장 많이 이용되는 호텔. 대규모 회의나 결혼식을 위해 사용할 수 있는 최고급 시설의 행사장을 구비하고 있으며 전화나 인터넷(호텔 웹사이트)을 통해 예약이 가능. 시내 중심지에 위치하고 있어 주차를 할 경우 높은 요금을 지불해야 하며 대리주차(Valet Parking) 서비스도 제공한다.

- **연락처** · 주소 100 Front St. West, Toronto, ON M5J 1E3 · 전화 416 – 368–2511 · 팩스 416-368-9040

- **이메일** royalyorkhotel@fairmont.com

- **웹사이트** www.fairmont.com/royalyork

▶ Sheraton Centre Hotel, Toronto

- **위치** 토론토 공항에서 차로 30~40분, 다운타운 Osgoode(오스굿)과 Queen 전철역에서 각각 도보 5분 거리

- **객실요금** (Standard Room기준/싱글, 트윈 요금 동일). 229달러(약 195 미국달러/성수기), 189달러(약 160달러/비수기). 토론토의 호텔 요금은 계절 및 날짜(주중/주말)에 따라 가격 차이가 20% 이상 나기도 함. 시즌별, 호텔별 숙박요금은 http://hotels.ca에서 검색 가능하다.

- **인터넷 사용** 모든 객실에서 고속인터넷 사용 가능(사용료 별도 부과). 각종 회의실과 행사장에서 무선 고속인터넷 사용 가능(사용료 별도 부과)

- **각종 부대시설 및 특이사항** 토론토 다운타운 중심지에 위치한 특급호텔로 약 1,380개의 객실과 Gym, Spa, 실내외 수영장 등의 다양한 편의시설을 구비. CN Tower나 Hockey Hall of Fame 같은 유명 관광지는 물론 대형 쇼핑센터와도 인접하여 있으며 대표적인 금융가인 King St. & Bay St.에서도 도보 10분 거리에 위치하고 있음. 회의실이나 세미나실로 사용할 수 있는 행사장은 총 59개이며 행사의 종류와 참가인원에 따라 다양한 크기를 선택할 수 있음. 그 중 가장 규모가 행사장은 124명을 수용할 수 있는 반면 가장 규모가 작은 행사장은 3명을 수용할 수 있음. 시내 중심지에 위치하고 있어 주차를 원할 경우 1일 28달러(24미국달러)의 높은 요금을 지불해야 한다.

- **연락처** · 주소 123 Queen St. West, Torotno, ON M5H 2M9

· 전화 416-361-1000 · 팩스 416-947-4854
· 이메일 Guestservice.00271@sheraton.com
· 웹사이트 www.sheraton.com/centertoronto

▶ **Westin Prince Hotel, Toronto**

· **위치** 토론토 동부 지역에 위치하고 있으며 토론토 공항과 다운타운에서 20분 거리에 소재

· **객실요금** (Standard Room기준) · 성수기 139달러(약 118달러/싱글), 199달러(약 130미국달러/트윈) · 비수기 129달러(약 110달러/싱글), 139달러(약 118달러/트윈). 토론토의 호텔 요금은 계절 및 날짜(주중/주말)에 따라 가격 차이가 20% 이상 나기도 한다. 시즌별, 호텔별 숙박요금은 http://hotels.ca에서 검색 가능

Survival English in Toronto 3

A: How do you like staying at Travel-Lodge?
B: I like it. Convention Center is within Walking distance.
A: Sounds good.

A: TravelLodge가 마음에 드세요?
B: 네. 컨벤션 센터까지 걸어갈 수도 있어요.
A: 다행이군요.

Tips How do you like~? ~가 어때요? walking distance 걸어갈 수 있는 거리

· **인터넷 사용** 모든 객실에서 인터넷 사용 가능(유료). 각종 회의실에서는 고속인터넷 사용이 가능(유료).

· **각종 부대시설 및 특이사항** 토론토 동부지역에 소재한 고급호텔로 약 380개의 객실과 Gym, 실외 수영장 등의 편의시설을 갖추고 있음. 토론토 전역을 연결하는 Highway 401과 Don Valley Parkway에 인접하고 있어 택시나 렌터카를 이용하여 다운타운과 시내 외곽지역으로 편리하게 이동할 수 있다. 다양한 크기의 행사장을 갖추고 있는데 그 중 가장 규모가 큰 행사장은 결혼식 같은 대형행사에 적합한 반면 가장 규모가 작은 행사장의 면적은 소규모 회의에 주로 사용된다. 다운타운 외곽에 위치하고 있어 무료주차가 가능하다.

· **연락처** · 주소 900 York Mills Road, Toronto
· 전화 416-444-2511 · 팩스 416-444-9597
· 이메일 reservations@torontoprince.com
· 웹사이트 www.westin.com/prince

▶ **Novotel North York, Toronto**

· **위치** 토론토 공항에서 20분 거리, 다운타운에서 30분 위치에 소재

· **객실요금** (Standard Room기준/싱글, 트윈 요금 동일). 150달러(약 127달러/성수기), 130달러(약 110달러/비수기). 토론토의 호텔 요금은 계절 및 날짜(주중/주말)에 따라 가격 차이가 20% 이상 나기도 한다. 시즌별, 호텔별 숙박요금은 http://hotels.ca에서 검색 가능

· **인터넷 사용** 모든 객실과 각종 회의실에서 고속인터넷 사용 가능(유료)

· **각종 부대시설 및 특이사항** 토론토 북부 주거 중심지에 소재한 고급호텔로 260개의 객실과 Gym, 실내 수영장 등의 편의시설을 갖추고 있다. 토론토 전역을 연결하는 Highway 401에 인접하고 있어 택시나 렌터카를 이용하여

시내 외곽지역으로 이동할 수 있으며 지하철 North York Centre역과 바로 연결되어 다운타운으로의 이동도 매우 편리하다. 중소 규모의 회의에 보다 적합한 6개의 행사장을 구비하고 있다. 한국인 밀집지역인 North York 지역 중심에 위치하여 있어 대부분의 한국음식점 및 식품점이 도보 20분 또는 차로 10분 내에 있으며 다운타운 소재 호텔보다 낮은 가격으로 주차가 가능하다.

- **연락처** · 주소 3 Park Home Avenue, Toronto, ON M2N 6L3 · 전화 416-733-2929 · 팩스 416-733-3403
- **이메일** H0910@accor.com
- **웹사이트** http://www.novotel.com/novotel/fichehotel/gb/nov/0910

▶ **Radisson Suite Hotel**
- **위치** 토론토 공항에서 5분 거리, 다운타운에서 30분 거리에 소재
- **객실요금** (Standard Room기준/싱글, 트윈 요금 동일). 180달러(약 152달러/성수기), 160달러(약 135달러/비수기). 토론토의 호텔 요금은 계절 및 날짜(주중/주말)에 따라 가격 차이가 20% 이상 나기도 한다. 시즌별, 호텔별 숙박 요금은 http://hotels.ca에서 검색이 가능하다.
- **인터넷 사용** 모든 객실과 각종 회의실에서 고속인터넷 사용 가능(무료)
- **각종 부대시설 및 특이사항** 토론토 공항 인근에 소재한 중급호텔로 회의실, Gym 등의 부대시설을 갖추고 있으며 공항 셔틀버스도 운행. 각종 제조업체가 밀집한 서부 미시소거 지역이나 외곽도시에 위치한 업체와의 상담을 위해 토론토를 방문할 때 편리하게 이용할 수 있으나 대중교통이 불편하기 때문에 렌터카를 이용해야 한다.
- **연락처** · 주소 640 Dixon Road, Toronto Ontario, M9W 1J1, Canada · 전화 416-242-7400 · 팩스 416-242-9888
- **이메일** rhi_toap@radisson.com
- **웹사이트** http://www.radisson.com/torontoca_airport

》 실속 있는 호텔을 찾는다면

▶ Quality Hotel & Suites Airport East Toronto

공항에서 5km 떨어진 조용한 Etobicoke 지역에 위치. 1박 약 61.66달러. 예약 전화번호 416-240-9090

▶ Bond Place Hotel

토론토 다운타운에 위치한 2성급 호텔. 1박 약 64.72 달러. 예약전화번호 416-362-6061

▶ Best Western Primrose

토론토 다운타운의 심장부에 위치해 있어 쇼핑, 외식, 영화 및 연극 관람 등 다양한 활동을 즐길 수 있다. 1박 약 68.31달러. 예약전화번호 416-977-8000

▶ Days Hotel & conference Centre Toronto

Metro College Station 근처에 위치한 훌륭한 시설과 서비스를 자랑하는 호텔이다. 1박 약 84.07달러. 예약전화번호 416-977-6655

▶ Ramada Hotel Toronto Airport

토론토 Pearson 국제공항에서 5분 거리에 위치. 1박 조식 포함 약 86.83달러. 예약전화번호 416-621-2121

▶ Travelodge Toronto North

토론토 외곽지역에 위치. 1박 약 86.83달러. 예약전화번호 416-663-9500

식당

>> KOTRA가 추천하는 식당

▶ KOTRA 현지 식당 평가표

식당명	맛·위생	분위기	편의성	서비스	종합평가
한국관	8	7	8	7	★★★
Nami	9	8	9	8	★★★★
Dynasty	8	8	9	7	★★★★
Spring Rolls	7	6	8	6	★★★
HY's	9	10	9	9	★★★★

식당 분류(용도에 따른 분류)
R1: 가벼운 런치나 간단한 식사 혹은 차를 즐길 수 있는 식당
R2: 비즈니스 미팅·상담에 적합한 조용한 식당
R3: 주류를 중심으로 접대에 적합한 식당
R4: 편안한 분위기에서 한식을 즐길 수 있는 식당
R5: 제대로 된 현지 음식을 맛볼 수 있는 식당

▶ 한국관(R4)

- **위치** 626 Bloor St. West, Toronto
- **주요메뉴** 한식(바베큐 가능), 일식, 중식
- **가격대** 한식 저녁식사 기준 1인당 20~25달러(17~20미국달러)
- **연락처** 전화 416-536-0290
- **특이사항** 토론토의 대표적인 한인타운인 Bloor St. & Christie St. 지역에 소재한 고급 한식당으로 바이어에게 한국음식을 접대하기에 적당하다.

▶ Nami(R3)

- **위치** 55 Adelaide St. East, Toronto
- **주요메뉴** 정통 일식
- **가격대** 1인당 50~60달러(42~50미국달러)
- **연락처** 전화 416-362-7373

・특이사항 다운타운의 쉐라톤 센터 호텔과 근접해 있다. 오피스 밀집지역 내에 위치한 정통 고급 일식당이며 전반적인 분위기도 차분하기 때문에 상담이나 손님 접대에 적합하다.

▶ Dynasty(R2)
・위치 131 Bloor St. West, 2nd Floor, Toronto
・주요메뉴 중식
・가격대 중식 기준 1인당 70~80달러(59~68미국달러)
・연락처 전화 416-923-3323
・특이사항 다운타운 고급상점이 밀집한 Bloor & Yorkville 지역에 소재한 고급 중국식당으로 다수의 바이어를 접대하기에 적당하다.

▶ Spring Rolls(R1)
・위치 693 Yonge St. Toronto
・주요메뉴 중국, 베트남, 타이 음식(퓨전)
・가격대 1인당 15~25달러(13~21미국달러)
・연락처 전화 416-972-7655
・특이사항 최근 토론토에서 아시아 음식에 대한 관심이 높아짐에 따라 큰 인기를 모으고 있는 퓨전요리 전문점으로 특히 젊은층의 손님이 많다. 손님이 너무 많고 혼잡해 조용하게 이야기를 나누기보다는 음식 맛을 즐기기에 적당하다.

식당

Survival English in Toronto 4

A: Could you recommend a French restaurant in Toronto?
B: Bodega Restaurant. It has a beautiful patio.
A: Do I need a reservation?
B: Yes.

A: 토론토에 있는 프랑스 식당 추천 좀 해주시겠어요?
B: Bodega Restaurant에 가보세요. 테라스가 아름다워요.
A: 예약이 필요한가요?
B: 네.

Tips French restaurant 프랑스 식당 patio 테라스

▶ HY's(R5)
・위치 120 Adelaide St. West, Toronto
・주요메뉴 스테이크
・가격대 1인당 100달러(85미국달러) 내외
・연락처 416-364-6600
・특이사항 다운타운 쉐라톤 센터와 힐튼호텔에서 도보 5분 거리에 위치하고 있는 고급 스테이크 전문점

〉〉 토론토에서 가볼 만한 한·중 식당

▶ 한국식당

식당명	연락처
서울관	3220 Dufferin St. 180 Steeles Ave. W. 416-782-4405, 905-709-1593
일번지	668 Bloor St. W. 416-534-7223
신라회관	1161 Weston Rd. 416-247-2007
한일관	100 Steele St. W. 905-709-1593
코리아하우스	666 Bloor St. W. 416-535-8666
일품향	642 Bloor St. W. 416-539-8817

▶ 중국식당

식당명	연락처
Bright Pear Seafood Restaurant	348 Spadina Ave., 2nd floor, Toronto, ON M5T 2G2 416-979-3988
China Buffet King	22 Metropolitan Rd. Toronto, ON M1T 2T6 416-321-6868
Sky Dragon Chinese Restaurant	280 Spadina Ave., Top Floor, Toronto, ON M5T 3A5 416-408-4999

●●● 비즈니스 관광

캐나다 최대도시인 토론토는 도심에 많은 볼거리를 가지고 있을 뿐 아니라 외곽지역에는 세계적으로 유명한 나이아가라 폭포가 위치하고 있다. 바쁜 출장일정 중에서도 잠시 틈을 내어 관광을 즐긴다면 휴식도 즐기면서 바이어와의 대화소재도 찾을 수 있을 것이다. 토론토 도심과 주변지역을 관광하기 위해 출장자가 정보를 검색하여 직접 방문할 수도 있는데, 이러한 경우 토론토 관광국(www.torontotourism.com, 416-203-2500)에 문의하거나 유명 관광지의 Tour Desk에서 제공하는 가이드 투어를 이용할 수도 있다. 토론토 지리에 해박하지 않고 교통수단이 여의치 않은 경우에는 현지 여행사에서 제공하는 관광 프로그램을 이용하면 보다 편리하게 관광을 즐길 수 있다.

관광

Survival English in Toronto 5

A: You know what the tallest tower in the world is?
B: I have no idea.
A: CN Tower in Toronto. It's 553.33 meter.
B: Wow!

A: 세계에서 가장 높은 타워가 뭔지 아세요?
B: 잘 모르겠는데요.
A: 토론토에 있는 CN 타워예요. 533.33미터죠.
B: 와우!

Tips I have no idea 모르겠다 CN Tower CN 타워(토론토소재)

≫ KOTRA가 추천하는 관광

▶ 나이아가라 폭포

더이상의 설명이 필요 없는 대표적인 관광지이다. 토론토 시내에서 약 160km 떨어진 위치이며, 버스를 타면 약 2시간 정도 걸린다. 폭 675m, 높이 54m로 미국에서 보는 장관보다 더 아름다운 것으로 알려져 있어 관광객이 끊이지 않는다. 다양한 나이아가라 폭포 투어 상품 중에 선택해서 둘러보는 것도 좋다. www.discoverniagara.com

▶ **CN 타워**

토론토를 대표하는 명소로 높이가 533.33미터로 세계에서 가장 높은 타워이다. 엘리베이터를 타고 58초면 타워 꼭대기로 올라갈 수 있다. 매년 수백만 명의 관광객이 방문하고 있다. 오전10시부터 오후10시까지 개장한다. www.cntower.ca

▶ **무스코카 호반**

토론토 북동쪽의 호수로 국립공원으로 지정되어 있다. 4계절 모두 볼거리가 많지만 특히 단풍관광이 유명하다. 숙박, 레저, 쇼핑, 식사를 즐길 수 있다. www.discovermuskoka.com

▶ **로얄 온타리오 뮤지엄**

캐나다 최고의 자연사 박물관으로 2005년 12월 확장되었다. 캐나다를 비롯해 중국, 일본, 한국 등 고대인들과 관련된 그림과 유물을 볼 수 있다. www.rom.on.ca

▶ **카사 로마**

캐나다의 기업가이자 군인이었던 Sir Henry Mill Pellatt가 자신의 꿈을 실현시키기 위해 완성한 중세풍의 성(城)이다. 98개의 방과 정원이 볼거리다. 현재 토론토시 소유로 되어 있다. www.casaroma.org

▶ **토론토 동물원**

캐나다가 자랑하는 동물원으로 약 5,000마리 이상의 동물을 보유하고 있다. Zellers Discovery Zone과 Drum Cafe가 볼 만하다. 크리스마스를 제외하고 연중 무휴이다.

▶ **하키 명예의 전당**

캐나다의 자랑인 하키에 대한 모든 것을 경험할 수 있는 곳. 유명 선수들에 대한 자료를 감상하거나 직접 하키를 해볼 수도 있다. www.hhof.com

CN 타워에서 식사를 한다면

CN 타워에는 멋진 전망과 식사를 할 수 있는 '360 restaurant'이 있다. 캐나다를 비롯한 전 세계의 550종의 와인이 구비되어 있다.

》 한국 여행사를 이용할 경우

토론토는 캐나다 내에서 한국 교민이 많이 거주하며 단기로 캐나다를 방문 중인 유학생과 관광객이 많은 도시이기 때문에 교민이 운영하는 여행사에서 제공하는 관광 프로그램이 다양하다. 교민 운영 여행사를 이용하려면 아래 연락처를 통해 문의하거나 교민 신문에 게재된 광고를 참조할 수 있다. 교민 신문은 대부분의 한국 음식점 또는 식품점 등지에서 쉽게 구입할 수 있다. 토론토 소재 한국인 여행사는 대부분 주6일 근무(월~토)인데 여행사 별로 영업시간에 차이가 있을 수 있기 때문에 사전에 이를 확인해두는 것이 좋다.

▶ 밴쿠버 소재 한국인 운영 주요 여행사

여행사	전 화	팩스	특이사항
고려여행사	604-872-0747	604-872-0700	일일관광 + 항공권 발급
대한여행사	604-876-6646	604-876-6316	일일관광 + 항공권 발급
미주관광여행사	604-939-0043	604-603-8508	일일관광 + 항공권 발급
블루버드여행사	604-688-1994	604-688-1950	일일관광 + 항공권 발급 (www.blubirdcanada.com)
서울여행사	604-872-5600	604-872-8848	일일관광 + 항공권 발급
코스모스투어	604-936-3000	604-936-8115	골프관광 + 항공권 발급 (www.cosmostour.ca)
한미여행사	604-873-0116	604-876-0545	일일관광 + 항공권 발급 (www.hanmitravel.com)

● ● ● **비즈니스 쇼핑**

토론토는 클래식과 첨단 유행이 공존하는 도시다. 아울렛 매장, 백화점, 부티크 등 많은 가게들이 손님을 기다리고 있다. 귀국 선물을 구입할 때에는 다운타운 각지와 주요호텔에 위치한 특산품 전문매장이나 한국 교민이 운영하는 상점 등을 방문하면 된다. 한인 경영 상점은 주로 다운타운 코리아타운(Bloor St. & Christie St., 지하철 Christie역)과 북부 North York 코리아타운(Yonge St. & Finch Ave., 지하철 Finch역)에 밀집해 있다. 특산품 매장이나 한인 운영매장 대부분이 정찰제를 실시하고 있어 바가지를 쓰는 일은 거의 없다.

》 쇼핑몰

▶ 아트리움 온 베이(Atrium On Bay)

토론토 다운타운의 대표적인 쇼핑센터. 지하철과 이어져 편리한 쇼핑을 할 수 있다. www.atriumonbay.com

▶ 토론토 이톤 센터(Toronto Eaton Center)

토론토에서 가장 잘 알려진 종합 쇼핑몰이다. 쇼핑, 오락, 식사를 동시에 즐길 수 있다. 약 300여 개의 가게가 입점해 있다. 지하철 Dundas역에서 내리면 찾을 수 있다. www.torontoeatoncetre.com

▶ 보건 밀스(Vaughan Mills)

토론토의 북서쪽에 위치한 쇼핑센터로 아울렛 제품과 브랜드 제품이 모두 모여 있는 곳이다. www.vaugahnmills.com

▶ BCE 플레이스

파이낸셜 디스트릭트(Financial District)에 있는 쇼핑센터로 쇼핑과 식사를 즐길 수 있다. www.bceplace.com

▶ 홀트 렌프류 센터(The Holt Renfrew Centre)

토론토 패션을 한눈에 볼 수 있는 쇼핑몰로 25개의 고급 브랜드 매장이 있다. 블로어 요크빌에 있다. www.morguard.com

》 기념품·선물

▶ 초콜릿 & 크림(Chocolates & Creams)

캐나다인과 외국 방문객들 모두에게 인기있는 곳이다. 다양하고 독특한 초콜릿과 아이스크림, 요구르트를 맛볼 수 있다. 초콜릿은 선물로도 인기 상품이다. 퀸스 베이(Queens Bay)에 있다.

▶ 시가 보데가(Cigar Bodega)

시가 전문점. 독특한 시가를 구입하기에 좋은 곳으로 쉽게 구할 수 없는 쿠바 시가를 많이 갖추고 있다. www.toronto.com/cigarbodega

▶ 토론토 앤틱 센터(Toronto Antique Centre)

고풍스러운 느낌을 주는 아이템을 만날 수 있는 곳이다. 30여 개의 가게들이 입점해 있다. 화~일요일, 오전10시부터 오후6시까지 영업한다. www.torontoantiquectr.com

▶ 리틀 돌 하우스 컴퍼니(The Little Doll House Company)

인형이나 미니어처에 관심이 있는 사람이라면 꼭 들러보는 곳이다. 캐나다에서 가장 큰 규모의 인형 & 미니어처 숍으로 2만여 아이템을 판매하고 있다. www.thelittledollhouse company.com

Survival English in Toronto 6

A: I'd like to buy a few miniatures and dolls.
B: You sould try the Little Doll House Company.
A: Can I get there by subway?

A: 미니어처와 인형을 좀 사고 싶은데요.
B: The Little Doll House Company에 가보세요.
A: 지하철로 갈 수 있나요?

Tips The Little Doll House Company 캐나다 최대의 인형 숍 by subway 지하철로

Tax Refund 제도에 대해 알아두자!

Tax Refund란?
토론토가 소재한 온타리오주에서는 상품이나 서비스를 구입할 때 7%의 상품용역세(GST)와 8%의 주정부세(PST)를 함께 지불해야 한다. 캐나다를 단기 방문한 관광객이나 비즈니스 출장자들은 캐나다 출국 전 7%의 상품용역세 일부를 환불받을 수 있다.

상품용역세를 환불받는 방법
상품구입이나 숙박을 위해 지불한 비용의 영수증을 보관해야 하는데 영수증 1장 당 거래액이 최소 50달러를 초과해야 한다. 또한 개별 영수증에 명시된 금액이 50달러를 넘는 경우에도 모든 영수증의 합산금액이 최소 200달러를 초과해야 해당 상품용역세를 환불받을 수 있다. 단, 레스토랑에 지불한 식사비용은 포함되지 않는다. 대부분 호텔과 쇼핑센터, 관광안내소 등에서 Tax Refund 제도에 대한 구체적인 정보를 얻을 수 있다. www.torontotourism.com에서도 자세한 정보를 얻을 수 있다.

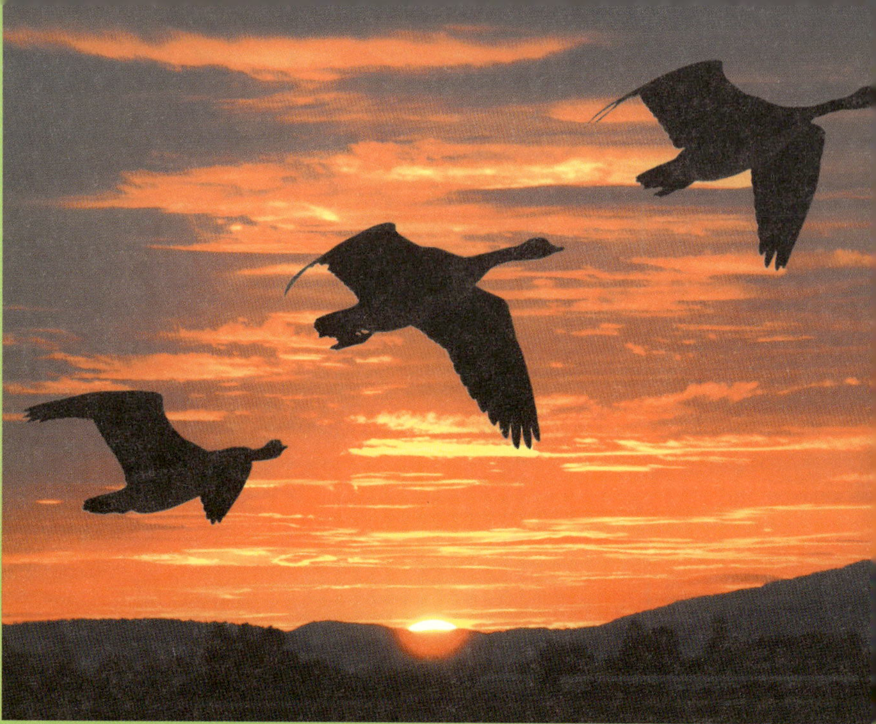

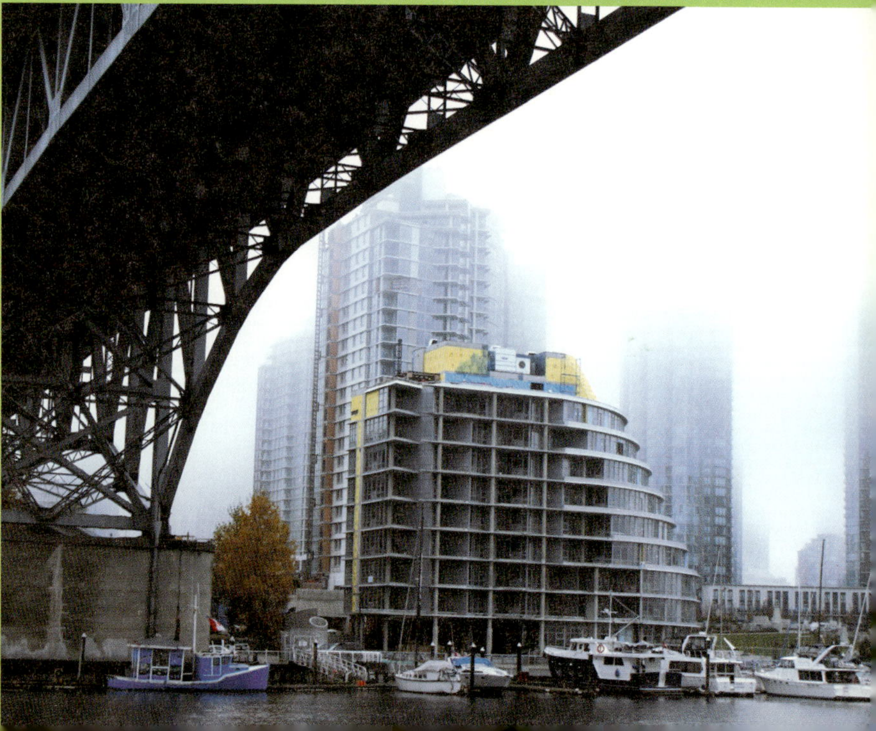

Vancouver
_밴쿠버

>>

태평양을 마주하고 있는 밴쿠버는 살기 좋은 나라 캐나다에서도 가장 살기 좋은 거주 환경으로 많은 사람들을 불러 모으는 도시이다.

여름에 무덥지 않고 겨울에 큰 추위가 없는 기후는 밴쿠버 사람들의 상징인 '여유로움'의 원동력이 되고 있다. 시원한 해변과 울창한 삼림, 공원과 호텔 그리고 다양한 레저시설 등 그 어느 도시보다 자연과 인공의 조화를 잘 보여준다. 특히 시내에 위치한 공원으로는 북미 지역에서 가장 큰 규모인 스탠리 파크가 있어 도심에서도 편안한 휴식을 즐길 수 있다.

밴쿠버에 대한 모든 것

밴쿠버에 대해 잠깐!

브리티시 콜럼비아주에 위치한, 캐나다에서 3번째로 큰 도시이다. 인구는 약 58만 명이며 인종은 히스패닉이 가장 많이 거주하고 있으며(40%) 백인, 흑인, 아시안계 순이다. 영어와 불어를 공식어로 채택하고 있는데 퀘벡지역에서는 불어가 더 많이 쓰인다.

어떻게 갈까?

》 인천에서 밴쿠버까지

대한항공이 주 3회(성수기 기준, 비수기에는 주 2회 운항), 싱가포르항공이 주 3회 밴쿠버에 직항 운항하고 있다. Air Canada는 1994년 5월 직항 노선을 개시, 밴쿠버에서 매주 7회 운항하고 있다. 미국의 LA나 시애틀을 경유하면 밴쿠버로 갈 수 있다. 노스웨스트에어와 일본계 항공사가 동경을

Survival English in Vancouver 1

A: Which line should I take to get to King George Station?
B: You should take the Expo Line.
A: Thank you.

A: King George역에 가려면 어느 노선을 타야 하죠?
B: Expo 라인을 타세요.
A: 감사합니다.

Tips take 교통수단을 타다 Expo Line 벤쿠버 전철노선

경유하여 밴쿠버로 연결하는 항공편을 운항한다.

〉〉 공항에서 밴쿠버 시내까지

택시를 탈 경우 24시간 이용 가능하며 공항에서 시내까지 약 30분 정도 걸린다. 요금은 25~30캐나다달러(이하 '캐나다달러' 인 경우는 '달러'로 표기)내외인데, 통상적으로 미국달러나 신용카드로도 결제가능하다.

밴쿠버 주요 택시회사

Vancouver Taxi 604-871-1111
Yellow Cab 604-681-1111
Black Top & Checker Cabs 604-683-4567

버스를 탈 경우 공항 리무진 버스 '에어포터'를 타면 편하다. 새벽 6시30분부터 익일 오전 12시10분까지 15분 간격으로 운행하며 국내 및 국제선 도착 터미널에서 출발한다. 요금은 성인기준 편도 12달러, 왕복 18달러이다. 밴쿠버 시내의 주요 호텔을 경유하는 것이 특징이다.

밴쿠버 국제공항(Vancouver International Airport)

밴쿠버 시내에서 15km 떨어진 곳에 위치하고 있으며, 캐나다에서 2번째로 많이 이용되고 있는 공항이다. 아시아, 유럽, 멕시코 등에 직항편을 운항하고 있다. 캐나다와 미국을 잇는 중요한 역할을 하고 있으며 South Terminal은 캐나다 국내선이 운항하고 있는 항공사들이 들어서 있다. 2010년 동계올림픽을 앞두고 확장 예정에 있다.

주소 3211 Grant McConachie Way Richmond, B.C. V7B 1Y7
전화 604-207-7077, 604-207-7070

캐나다에서 다른 주요 도시로 가려면

Air Canada를 포함한 캐나다 항공사들이 캐나다 전역에 국내선을 운항하고 있으므로 이를 이용하면 캐나다 주요 도시로 빠르게 갈 수 있다.

시차

서울과 밴쿠버의 시차는 17시간으로 밴쿠버가 17시간 느리다. 서머타임 기간에는 16시간 차이가 난다.

 서울 오전9시 → 밴쿠버 전날 오후4시

Business Hours

관공서는 월~금요일은 오전 8시30분부터 오후4시30분까지, 은행은 월~금요일 오전9시부터 오후4시까지 영업을 한다. 은행 지점 중 직장인들을 위해 평일 오후8시, 토요일 오후2시까지 근무하는 곳도 있다.

캐나다는 6개의 시간대 사용
- Pacific S.T. - 밴쿠버
- Mountain S.T - 캘거리
- Central S.T. - 위니펙
- Eastern S.T. -토론토
- Atlantic S.T. -핼리팩스
- NFLD S.T. - 세인트 존스

기후

밴쿠버는 전체적으로 온화한 기후를 보이며 여름에는 무덥지 않고 겨울에도 기온이 영하로 내려가지 않는다. 평균기온은 8월 23도, 1월 6도이다.

지명통화(Person to Person Call)를 하려면
지명한 상대와 통화가 시작된 순간부터 요금이 가산되며 지명 상대가 부재중일 때는 무료이다. 신청방법은 수신자부담통화와 동일하며 미리 지명통화라는 것을 확실히 밝혀두어야 한다.

통신

》》 휴대폰

밴쿠버 공항에서는 휴대폰 임대서비스를 제공하지 않기 때문에 한국에서 미리 로밍서비스를 받아 입국하는 것이 좋다. 한국에서 로밍서비스를 받지 못한 경우에는 일부 호텔이나 한국인이 운영하는 정보통신업체에서 제공하는 휴대폰 임대서비스를 이용할 수 있다.

》》 시내전화

공중전화의 경우에는 25센트를 투입(5, 10, 25센트 동전 사용 가능)하고 번호를 누르면 되며 통화시간에 제한이 없다. 전화번호 문의는 시내는 411로, 다른 도시의 경우는 지역번호+552+1212로 알아본다. 밴쿠버 및 토론토 광역시에서는 10자리 전화번호제도가 실시되고 있다. 시내통화에도 지역번호를 포함한 10자리의 숫자를 눌러야 한다.

 KOTRA 밴쿠버무역관으로 걸 경우 → 604+683+1820

>> 시외통화

처음에 0(지역에 따라 다르므로 확인 필요)을 누르고 지역번호와 전화번호를 계속 누르면 교환수가 나와 처음 3분간의 요금을 알려준다. 3분이 경과되면 통화 중에 교환수가 끼어들어 필요한 요금을 말해주는데 그때 추가요금을 집어넣는다. 공중전화가 아닌 일반전화일 경우 1+지역번호+전화번호 순으로 누르면 된다.

>> 국제통화

교환수를 거치지 않고 직접 통화하기 때문에 상대적으로 요금이 저렴하다. 우선 국제전화 코드인 011을 돌린 다음 한국 고유번호 82, 이어서 0을 뺀 상대의 시외국번, 번호의 순으로 돌린다(011+국가번호+지역번호+전화번호). 예를 들면 우리나라에 있는 상대의 번호가 02-123-4567인 경우에 011+82+2+123+4567 순서대로 걸면 된다.

교환원을 통하지 않는 다이얼 통화의 경우, 시간대에 따라 요금이 달라지는데 심야에는 3분에 5달러 정도로 할인된다.

선불 전화카드(Prepaid Phone Card)로 할 경우는 사설업체들이 판매하는 전화카드를 구입해 시외통화, 국제통화를 할 수 있다. 우선 전화카드에 표기된 번호로 전화한 후 카드의 고유번호를 입력하고 통화하고자 하는 지역의 번호를 돌리면 통화가 가능한 시간을 알려준다. 시내 편의점 등에서 쉽게 구입할 수 있으며 가격은 10달러, 100달러 등이다.

캐나다의 전화번호부의 색깔
White Pages는 인명, Yellow Pages는 업종이다.

>> 인터넷

밴쿠버 시내 호텔 대부분에서 인터넷 서비스를 이용할 수 있으며, 가격은 10~20달러 수준이다. 또한 시내 곳곳에 인터넷 카페가 있어서 손쉽게 이용할 수 있으며 가격은 2~3달러 수준이다.

 ## 알아두면 편리한 밴쿠버

교통

》 대중교통

승차권 하나로 해결 밴쿠버에서는 브리티시 콜럼비아주에서 운영하는 Translink사가 시내버스, Sky Train(경전철), Seabus(여객선)를 같이 운행하기 때문에 1개의 승차권으로 이들 대중교통 이용 및 환승이 모두 가능하다.

요금과 환승 1회 탑승요금은 지역에 따라 1구역, 2구역, 3구역으로 나뉘어 각각 2.25, 3.25, 4.50달러이며 1일 무제한 이용권(8달러), 1개월 패스 및 10매 일괄 할인구매 등이 가능하다.

정해진 시간 내에 지하철에서 버스나 전차로 갈아탈 경우 지하철역 내에 있는 빨간색 Transfer 발급기에서 티켓을 뽑아 환승시 운전기사에게

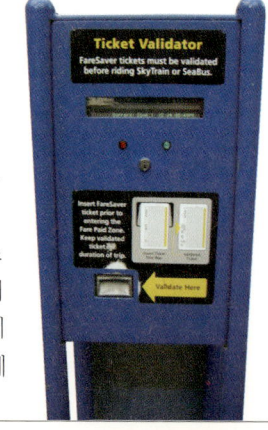

제출해야 한다. 반대로 버스나 전차에서 다른 운송수단으로 갈아
탈 경우 운전기사에게 직접 Transfer를 요청하면 된다.

》 택시

시내의 경우 택시는 특별히 따로 승강장이 없고 한국에서와 같이
노상에서 자유롭게 잡을 수 있으며 호텔 등에서는 콜택시를 부를
수도 있다. 그렇지만 도심을 벗어난 주택가나 교외지역에서는 노
상에서 택시를 잡는 것이 쉽지 않아 미리 전화로 택시를 부르는
방법이 널리 이용되고 있다.

택시요금은 시간/거리 병산제이며, 기본요금은 2.6달러이며, 킬
로미터 당 약 1.5달러가 추가되어 시내 이동시 대체로 5~15달러
면 이용 가능하다. 팁은 미터기에 나타난 금액에 10% 정도를 더
하여 지불하면 되며, 영수증을 요구하면 택시기사가 발급해준다.

》 렌터카

도심 외곽지역에서 바이어와의 약속이 있다면, 택시이용보다 렌
터카 이용이 유리할 수 있다. 택시 요금이 비싸기 때문에 장거리
를 이동할 경우 렌터카를 이용하는 것이 좋다.

렌트를 할 경우는 공항이나 투숙호텔 주변의 렌터카 회사를 이용
할 수 있으며, 국제운전면허증 제시를 요구하는 렌터카 회사가
많기 때문에 출국 전 준비가 필요하다. 1일 렌트 비용은 회사에
따라 다르지만 중형차 기준으로 40~100달러 정도이다.

▶ 주요 렌터카 회사

회사명	연락처	홈페이지
Hertz	800-263-0600	www.hertz.ca
Avis	800-272-5871	www.avis.ca
National	800-227-7368	www.nationalcar.ca

밴쿠버의 Sky Train 노선은 2개!

Expo라인
워터프론트역~킹 조지역

Millennium 라인
워터프론트역~컬럼비아역까지는
Expo 라인과 같으며 컬럼비아역에
서 커머셜 드라이브를 거쳐 다시 워
터프론트 역으로 간다.

KOTRA 밴쿠버 무역관

›› 무역관 안내

주소 1320 - 925 West Georgia St. Vancouver(밴쿠버 호텔 맞은편 Cathedral Place 빌딩)
전화 604-683-1820
팩스 604-687-6249
이메일 ktc@kotrayvr.com

›› 찾아가는 방법

택시를 탈 경우 공항에서 약 30분 정도가 소요되며 통상적으로 캐나다달러와 미국달러, 주요 신용카드로 결제가 가능하다. 요금은 25~30달러 내외이다.

에어포터(공항 리무진 버스)를 탈 경우 새벽 6:30부터 익일 00:10까지 15분 간격으로 운행한다. 국내 및 국제선 도착 터미널에서 출발한다. 성인기준 편도 12달러, 왕복 18달러이다. 에어포터는 밴쿠버 시내의 주요 호텔을 경유하는데 무역관 인근 호텔인 Hotel Vancouver에서 내리면 된다(약 50분 내외 소요).

옷차림

캐나다의 기후는 여름에도 상당히 서늘한 편으로 낮과 밤의 일교차가 심하므로 겉옷을 준비해 가야 한다. 겨울철에는 산악지방의 기온이 영하 20도 이하로 내려가는 등 추운 날이 많다. 이러한 시기에 여행할 경우에는 두꺼운 오버코트, 모자, 장갑 등을 준비하여 겨울 추위에 철저히 대비하고 특히 겨울이 11월부터 3월까지 5개월 간 지속된다는 것도 염두에 두어야 한다.

응급상황

병원은 24시간 이용이 가능하므로 비상시에는 가까운 병원 응급실(Emergency Room)로 직접 가서 도움을 청하면 되나 긴급한

교통

Survival English in Vancouver 2

A: You're exceeding the speed limit.
B: I'm sorry. I didn't know the speed limit here.
A: Are you new to Vancouver?

A: 제한속도를 초과했군요.
B: 죄송합니다. 제한속도를 몰랐어요.
A: 밴쿠버에는 처음 오셨나요?

Tips exceed the speed limit 제한속도를 초과하다

상황에는 전화번호 911을 돌리면 응급 구조대가 즉시 출동하게 되어 있다.

치안

캐나다의 대도시는 미국의 가장 안전한 지방도시와 비교될 만큼 범죄율이 전체적으로 낮은 편으로 아직까지는 야간외출, 단독여행, 전철 승차시 크게 주의해야 할 사항은 없으며 치안상태도 미국보다 훨씬 안전한 수준을 유지하고 있다.
그러나 최근 들어 대도시 지역을 중심으로 총기를 사용한 범죄 발생률이 눈에 띄게 증가하고 있어 사전에 미리 우범지역에 대한 정보를 알아두고 주의할 필요가 있다. 밴쿠버 지역의 경우 East Hastings 거리부터 차이나타운으로 이어지는 지역과 New Westminster 지역은 야간에는 치안이 불안한 곳으로 알려져 있어 특별한 용무가 없으면 야간에는 방문하지 않는 것이 좋다.

영어를 잘 못할 경우
응급상황에 처했을 때는 당황하지 말고 911 연결 후 교환에게 한국어 사용을 부탁하면 된다.

기타

사용 전력은 110V, 60Hz이다. 이에 맞는 전자제품을 준비하거나 변압기를 준비하는 것이 필요하다.

주요 연락처

》 밴쿠버 총영사관

- **주소** #1600 -1090 W. Georgia St., Vancouver, BC, Canada V6E 3V7
- **전화** 604-681-9581(비상연락 604-319-2166)
- **팩스** 604-681-4864
- **총영사** 강병일

· 찾아가는 방법

버스_Burrard & Georgia, Georgia & Burrard역에서 하차해 도보로 3분

스카이 트레인_Burrard역 하차시 도보로 5분

자가용_ 청사 주변에 2개의 유료 주차장과 Street Parking이용 가능(Alberni St.와 Thurlow St. 교차로 근방)

〉〉 주캐나다대사관

· 주소 150 Boteler St. Ottawa, Ontario K1N 5A6
· 전화 613-244-5010
· 팩스 613-244-5034

〉〉 주몬트리올 총영사관

· 주소 1 Place Ville-Marie Suite 2015, Montreal, Quebec H3B 2C4
· 전화 514-845-2555
· 팩스 514-845-1119

〉〉 긴급 연락처

· 긴급의료기관 요청 604-72-5151
· 앰뷸런스 요청 604-72-5151
· 종합병원 응급실 604-665-3321
· 야간약국(공휴일포함) 604-682-0396 (London Drug)
· 분실물센터 665-3321(Vancouver Police Center)

▶ 밴쿠버 소재 주요 병원

병원	주소	전화번호
Vancouver General Hospital	899 West 12th St.	604-875-4111
BC Children's Hospital	4480 Oak St.	604-875-2345
UBC Hospital	2211 Westbrook Mall	604-822-7121
St. Paul's Hospital	1081 Burrard St.	604-682-2344
St. Vincent's Hospital	749 West 33rd Ave.	604-876-7171
Mount St. Joseph Hospital	3080 Prince Edward	604-874-1141

캐나다에서 팁은 이렇게!

레스토랑
셀프 서비스 레스토랑을 제외한 음식점에서는 청구금액의 10~15% 상당을 팁으로 지불하는 것이 일반적인 관행이다. 단 청구금액에 서비스 비용이 이미 포함되어 있으면 지불할 필요가 없으며 지불한다고 해도 소액의 잔돈 정도면 충분하다. 또한 드문 경우지만 팁의 액수까지 적은 청구서를 가지고 오는 레스토랑도 있으므로 이중으로 지불하지 않도록 확인해야 한다. 단체 손님일 경우(8~10명 이상) 계산서 작성시 서비스 요금을 미리 추가하는 음식점도 있다.

호텔
포터가 짐을 옮겨줄 경우 1달러 정도의 팁을 지불하면 된다. 호텔의 침실 청소시에는 침대 옆 테이블 위에 1인당 1달러 정도 놓아두는 것이 적당하다. 룸서비스를 부탁한 경우 보통 요금의 10~15% 정도를 팁으로 지불하며 부족한 수건이나 담요 등을 가져다주면 50센트에서 1달러 정도의 팁을 지불한다.

택시
택시를 이용할 경우 요금의 10~15% 정도를 팁으로 주는 것이 관행이다. 의무사항은 아니지만 요금이 적은 경우라도 최저 50센트는 주는 것이 예의이다. 탑승자가 많거나 짐이 많은 경우에는 약간 더 준다. 특히 공항에서 택시를 이용할 경우 트렁크에 무거운 짐을 싣거나 기사가 직접 짐을 운반해줄 때는 추가요금을 요구하는 경우가 있으므로 이용 전에 확인하는 것이 좋다.

알아두면 즐거운 밴쿠버

●●● 호텔

》 KOTRA가 추천하는 호텔

▶ KOTRA 현지 호텔 평가표

호텔명	접근성	쾌적성	안전성	부대시설	종합평가
Pan Pacific Vancouver	10	10	10	9	★★★★★
The Sutton Place Hotel	9	9	10	10	★★★★★
Sheraton Vancouver Wall centre	9	10	9	9	★★★★★
Four Seasons Vancouver	9	9	10	9	★★★★★
Le Soleil Hotel	9	9	9	9	★★★★★
Hyatt Regency Vancouver	9	8	8	9	★★★★
Sandman Hotel Downtown	7	8	8	8	★★★★
Best Western Chateau Granville	7	8	8	7	★★★★

▶ Pan Pacific Vancouver

- **위치** 밴쿠버 국제공항에서 차로 30분, 다운타운 Waterfront역에서 도보로 5분 거리.
- **객실요금** (Standard Room기준/싱글, 트윈 요금동일). 490달러(약 441 미국달러/성수기), 329달러(약 296미국달러/비수기). 전망에 따라 가격이 15% 이상 차이가 있다.
- **인터넷 사용** 모든 객실 및 미팅룸에서 사용 가능(15달러+세금, 1일)
- **각종 부대시설** 인터넷 센터, Gym, Spa, 1 Ballroom, 21 Meeting Room, 렌터카 센터, 비즈니스 센터
- **주소** 300-999 Canada Place, Vancouver
- **연락처** · 전화 604-662-8111 · 팩스 604-685-8690
- **이메일** info@panpacific-hotel.com
- **웹사이트** www.vancouver.panpacific.com
- **특이사항** Vancouver Convention&Exhibition Centre, Cruise ship terminal이 인접해 전시 참가 및 비즈니스 상담이 편리하다.

▶ The Sutton Place Hotel

- **위치** 밴쿠버 국제공항에서 차로 25분, 다운타운 Burrard역에서 도보로 5분 거리.
- **객실요금** (Standard Room기준/싱글, 트윈 요금동일). 317달러(약 285미국달러/성수기), 237달러(약 213미국달러/비수기). 호텔 객실·크기별 요금은 www.vancouver.suttonplace.com에서 검색이 가능하다.
- **인터넷 사용** 모든 객실에서 사용가능(12.99달러+세금, 1일)
- **각종 부대시설** Gym, Spa, Swimming Pool, 16 Meeting Room, 2 Ball Room, 컴퓨터와 휴대폰 임대 서비스제공
- **주소** 845 Burrard Street, Vancouver
- **연락처** · 전화 604-682-5511 · 팩스 604-682-5513
- **이메일** info_vancouver@suttonplace.com
- **웹사이트** www.vancouver.suttonplace.com
- **특이사항** 대한항공 직원들이 밴쿠버 방문시 머무는 숙소이다.

▶ **Sheraton Vancouver Wall Centre**

- 위치 밴쿠버 국제공항에서 차로 25분, 다운타운 Burrard역에서 도보로 10분 거리
  - 객실요금 (Standard Room기준/싱글, 트윈 요금동일). 199달러(약 179미국달러/성수기), 165달러(약 148미국달러/비수기). 호텔 객실 크기별 요금은 www.starwoodhotels.com/sheraton에서 검색 가능
  - 인터넷 사용 모든 객실 및 미팅룸에서 사용가능(12.54달러+세금, 1일)
  - 각종 부대시설 Gym, Spa, Swimming Pool, 비즈니스 센터, 34 Meeting Room 등
  - 주소 1088 Burrard St., Vancouver
  - 연락처 · 전화 604-331-1000 · 팩스 604-331-1001
  - 이메일 reservations@wallcentre.com
  - 웹사이트 www.starwoodhotels.com/sheraton
- 특이사항 Burnaby 지역에도 쉐라톤호텔이 있으므로 다운타운에 있다는 것을 강조해야 한다.

▶ **Four Seansons Vancouver**

- 위치 밴쿠버 국제공항에서 차로 25분, 다운타운 Graville역에서 도보로 3분 거리
- 객실요금 (Standard Room기준/싱글, 트윈 요금동일). 350달러(약 315미국달러/성수기), 230달러(약 207미국달러/비수기). 요금은 www.fourseansons.com/vancouver에서 검색 가능
- 인터넷 사용 모든 객실에서 사용 가능(15달러+세금)
- 각종 부대시설 Spa, Swimming Pool, Gym, 비즈니스 센터, 2 Ballroom, 8 Conference room, 2 대형연회장 등
- 주소 791 West Georgia Street, Vancouver
- 연락처 · 전화 604-689-9333 · 팩스 604-684-4555
- 웹사이트 www.fourseasons.com/vancouver

▶ **Le Soleil Hotel**

- 위치 밴쿠버 국제공항에서 차로 30분, 다운타운 Burrard역에서 도보로 8분 거리
- 객실요금 (Standard Room기준/싱글, 트윈 요금동일). 230달러(약 207미국달러/성수기), 160달러(약 144미국달러/비수기). 호텔 객실 · 크기별 요금은 www.lesoleilhotel.com에서 검색 가능
- 인터넷 사용 모든 객실에서 사용 가능(무료)
- 각종 부대시설 Fitness Centre, Swimming Pool, Gym, 3 Ballroom, 1

Boardroom
- **주소** 567 Hornby St., Vancouver
- **연락처** · 전화 604-632-3000 · 팩스 604-632-3001
- **이메일** info@hotellesoleil.com
- **웹사이트** www.lesoleilhotel.com

▶ Hyatt Regency Vancouver
- **위치** 밴쿠버 국제공항에서 차로 20분, 다운타운 Burrard역에서 도보로 3분 거리
- **객실요금** (Standard Room기준·싱글, 트윈 요금동일). 291달러(약 261미국달러/성수기), 171달러(약 153.9미국달러/비수기). 호텔 객실 크기별 요금은 vancouver.hyatt.com/hyatt/hotels/에서 검색 가능
- **인터넷 사용** 객실 및 호텔에서 유선 및 무선 인터넷 가능(10미국달러+세금)
- **각종 부대시설** Swimming Pool, Gym, 비즈니스 센터, 2 Ballroom, 30 Meeting Room
- **주소** 656 Burrard St., Vancouver
- **연락처** · 전화 604-683-1234 · 팩스 604-689-3707
- **웹사이트** vancouver.hyatt.com/hyatt/hotels

Survival English in Vancouver 3

A: Sutton Place Hotel. How may I help you?
B: Does your hotel have a meeting room?
A: We have 16 meeting rooms.

A: Sutton Place Hotel입니다. 무엇을 도와드릴까요?
B: 그 호텔에 회의실이 있는지 궁금합니다.
A: 우리 호텔에는 16개의 회의실이 있습니다.

Tips meeting room 회의실

▶ **Sandman Hotel-Downtown Vancouver**

- **위치** 밴쿠버 국제공항에서 차로 20분, 다운타운 Granville역에서 도보로 20분 거리
- **객실요금** (Standard Room기준/싱글, 트윈 요금동일). 139달러(약 125미국달러/성수기), 85달러(약 76.5미국달러/비수기). 호텔 객실·크기별 요금은 www.sandmanhotels.com에서 검색 가능하다.
- **인터넷 사용** 모든 객실에서 사용 가능(9달러+세금, 1일)
- **각종 부대시설** Swimming Pool, Whirlpool, Fitness Centre, 비즈니스 센터
- **주소** 180 West Georgia St., Vancouver
- **연락처** · 전화 604-730-6600 · 팩스 604-730-4645
- **이메일** cres@sandman.ca
- **웹사이트** www.sandmanhotels.com
- **특이사항** 다운타운 내에 비슷한 명칭의 Sandman Suite가 있으므로 상담 약속시에는 Sandman Hotel임을 강조해야 한다.

▶ **Best Western Chateau Granville**

- **위치** 밴쿠버 국제공항에서 차로 25분, 다운타운 Granville역에서 도보로 15분 거리.
- **객실요금** (Standard Room기준/싱글, 트윈 요금동일). 179달러(약 161미국달러/성수기), 75달러(약 67.5미국달러/비수기). 호텔 객실·크기별 요금은 www.bwcg .com에서 검색이 가능하다.
- **인터넷 사용** 모든 객실 내에서 사용 가능(10달러+세금, 1일)
- **각종 부대시설** Fitness Centre, 비즈니스 센터, 5 Meeting Room
- **주소** 1100 Granville St., Vancouver
- **연락처** · 전화 604-669-7070 · 팩스 604-669-4928
- **이메일** res@chateaugranville.com

- 웹사이트 www.bwcg.com
- 특이사항 밴쿠버 다운타운 내에 5개의 Best Western Hotel이 있으므로 Chateau라는 명칭을 강조해야 한다.

〉〉 실속 있는 호텔을 찾는다면

▶ Quality Inn Airport

밴쿠버 중심에 위치하며 밴쿠버 국제공항에서 10분 거리에 있다. 1박 조식 포함 약 55.12달러. 예약전화번호 604-321-6611

▶ Happy Day Inn

주거지역에 위치하여 매우 조용하고 상대적으로 가격이 저렴하며 Metrotown 쇼핑몰과 인접해 있다. 1박 조식 포함 약 57.68달러. 예약전화번호 604-524-8501

▶ Accent Inns Vancouver Airport

밴쿠버 국제공항까지 3마일 거리이며, 공항터미널까지 셔틀버스로 이동할 수 있다. 1박 약 61.18달러. 예약전화번호 604-273-3311

▶ Ramada Hotel Metrotown

밴쿠버 다운타운에서 1km, Central Park에서 6블록 떨어져 있다. 1박 약 62.80달러. 예약전화번호 604-433-8255

▶ Executive Airport Plaza Hotel

Minoru Park에 인접해 있으며, Richmond Centre 가까이에 위치하고 있다. 1박 약 70.50달러. 예약전화번호 604-278-5555

▶ Quality Hotel Downtown

밴쿠버 국제공항에서 차로 20분 거리에 있으며 밴쿠버의 주요 관광지와 근접해 있다. 1박 약 73.63달러. 예약전화번호 604-682-0229

●●● 식당

식당 분류(용도에 따른 분류)
R1: 가벼운 런치나 간단한 식사 혹은 차를 즐길 수 있는 식당
R2: 비즈니스 미팅·상담에 적합한 조용한 식당
R3: 주류를 중심으로 접대에 적합한 식당
R4: 편안한 분위기에서 한식을 즐길 수 있는 식당
R5: 제대로 된 현지 음식을 맛볼 수 있는 식당

》 KOTRA가 추천하는 식당

▶ KOTRA 현지 식당 평가표

식당명	맛·위생	분위기	편의성	서비스	종합평가
Lumiere	9	9	8	8	★★★★
West Restaurant	9	9	8	8	★★★★
C Restaurant	9	9	9	8	★★★★
Tojo's	9	8	8	8	★★★★
Cin Cin	9.5	9	8	8	★★★★
Blue Water Cafe	9	9	8	8	★★★★
Imperial	8	7	9	8	★★★★
Koji	8	7	8	7	★★★★
Kamei-Royal	8.5	7	8	7	★★★
서울관 로얄	8.5	8	7	8	★★★
아리랑	8	7	8	8	★★★

▶ **Lumiere(R5)**

· **위치** 2551 W. Broadway
· **주요메뉴** 프랑스 요리, 해산물 요리
· **가격대** 메인 요리 100~130달러(90~117미국달러)
· **연락처** 전화 604-739-8185
· **웹사이트** www.lumiere.ca

- **특이사항** 1995년 개점 이후 캐나다의 최고의 레스토랑 중 하나로 손꼽힌다. Vancouver Magazine의 최고의 레스토랑으로 7차례 선정된 것을 비롯하여 많은 상을 수상했다. 월요일 휴무이다.

▶ West Restaurant(R5)

- **위치** 2881 Granville St., Vancouver
- **주요메뉴** 프랑스 요리, 연어 요리
- **가격대** 메인 요리 25~43.5달러(23~40미국달러)
- **연락처** 전화 604-738-8938
- **웹사이트** www.westrestaurant.com
- **특이사항** Vancouver Magazine 등의 유수 평론매체로부터 우수 레스토랑으로 선정되었다.

▶ C Restaurant(R5)

- **위치** 1600 Howe. St., Vancouver
- **주요메뉴** 프랑스 요리, 연어 요리
- **가격대** 메인 요리 28~49.5달러(25~45달러)
- **연락처** 전화 604-681-1164
- **웹사이트** www.crestarurant.com
- **특이사항** 1997년 첫선을 보인 이후 계속 브리티시 콜롬비아주의 Top 5 레스토랑으로 평가되어왔다.

▶ Tojo's(R5)

- **위치** 202-777 W. Broadway, Vancouver
- **주요메뉴** 스시, 우동 등의 일식
- **가격대** 메인 요리 20~45달러(18~40.5미국달러)
- **연락처** 전화 604-872-8050
- **웹사이트** www.tojos.com

▶ Cin Cin(R2)

- **위치** 1154 Robson St., Vancouver
- **주요메뉴** 다양한 이탈리아 요리, 연어 요리
- **가격대** 메인 요리 20~40달러(18~36미국달러)
- **연락처** 전화 604-688-7338
- **웹사이트** www.cincin.net
- **특이사항** 다양한 와인 셀렉션을 비롯하여 분위기 있는 실내공간이 돋보인다.

▶ Blue Water Cafe(R2)

- **위치** 1095 Hamilton St., Vancouver
- **주요메뉴** 일식, 퓨전 일식
- **가격대** 메인 요리 22.5~43.5달러(20.25~39.15미국달러)
- **연락처** 전화 604-688-8078
- **웹사이트** www.bluewatercafe.net
- **특이사항** 기본 일식요리부터 서양스타일의 해산물 요리를 즐길 수 있는 곳

▶ Imperial(R3)

- **위치** 355 Burrard St., Vancouver
- **주요메뉴** 딤섬, 해산물 및 각종 중국요리
- **가격대** 메인 요리 20~30달러(18~27미국달러). 디너 세트 38~58달러(34.2~52.2미국달러)
- **연락처** 전화 604-688-8191
- **웹사이트** www.imperialrest.com
- **특이사항** 많은 미국 연예인들이 다녀간 식당

▶ Koji(R1)

- **위치** 630 Hornby, Vancouver
- **주요메뉴** 스시, 우동 등 일식
- **가격대** 메인 요리 15~30달러(13.6~27.3미국달러)
- **연락처** 전화 604-872-8050

▶ Kamei-Royal(R1)

- **위치** 211-1030 W. Georgia, Vancouver
- **주요메뉴** 스시, 우동 등의 일식
- **가격대** 메인 요리 15~30달러(13.6~27.3미국달러)

・**연락처** 전화 604-685-7355

▶ **서울관 로얄(R4)**
・**위치** 1215 W. Broadway, Vancouver
・**주요메뉴** 한식, 일식, 중식
・**가격대** 메인 요리 10~31.95달러(9~28.76미국달러)
・**연락처** 전화 604-739-9001

▶ **아리랑(R4)**
・**위치** 2211 Cambie St., Vancouver
・**주요메뉴** 한식
・**가격대** 메인 요리 10~20달러(9~18미국달러)
・**연락처** 전화 604-879-0990

〉〉 밴쿠버에서 가볼 만한 한식당

▶ **장모집**
・**전화** 604-642-0712
・**주소** 1719 Robson St., Vancouver, BC

▶ **한우리**
・**전화** 604-439-0815
・**주소** 5740 Imperial St., Burnaby, BC

▶ **경복궁**
・**전화** 604-987-3112
・**주소** 143 W. 3rd. St., North Vancouver, BC

Survival English in Vancouver 4

A: What is the phone number of Arirang?
B: Isn't that a Korean restaurant? Why do you need it?
A: I forgot to reserve for dinner on Friday.
B: 604-879-0990

A: Arirang 전화번호가 어떻게 되죠?
B: 한국식당이요? 번호는 왜요?
A: 금요일 저녁 예약하는 것을 잊고 있었어요.
B: 604-879-0990이예요.

Tips forget to~ ~할 것을 잊어버리다 reserve for ~을 예약하다

●●● 비즈니스 관광

매년 밴쿠버를 찾는 외국인 관광객은 260만 명을 넘고 있어 밴쿠버에는 캐나다인들이 운영하는 일일관광 여행사뿐 아니라 한국인이 운영하는 일일관광 여행사도 많다. 지리정보에 어둡고 교통수단을 보유하지 않은 출장자에게는 여행사들이 제공하는 프로그램 이용이 권장된다.

≫ KOTRA가 추천하는 관광

▶ **시티고급 투어(4시간)**
개스타운-차이나타운-롭슨 스트리트-캐나다 플레이스-콜 하버-스탠리파크-잉글리시 베이&밴쿠버 항-그랜빌 섬. 52달러

▶ **시티 일반 투어**
플라자 오브 네이션즈-사이언스 월드-차이나타운-개스타운-캐나다 플레이스-콜 하버-스탠리 파크-밴쿠버 뮤지엄. 30달러

▶ **밴쿠버 일일관광**
스탠리 파크-개스타운-차이나타운-캐나다 플레이스-카필라노-라이온스 게이트-서스펜션 브릿지. 120달러

▶ **빅토리아 일일관광**
트와슨-로열 브리티시 콜롬비아 박물관-미니어처월드-마일제로 포인트-빅토리아대학교-부처드가든. 120달러(중식포함)

Survival English in Vancouver 5

A: Did you enjoy looking around Vancouver?
B: Vancouver harbor was very beautiful.
A: I've been there, too.

A: 밴쿠버 관광은 잘 하셨어요?
B: 밴쿠버 항구가 정말 아름답더군요.
A: 저도 거기 가봤어요.

Tips look around 둘러보다 have been ~에 가본 적이 있다

▶ 휘슬러 일일관광

밴쿠버-휘슬러. 여름에는 제트스키, 수상스키, 카약, 카누를 하고 겨울에는 스키, 스노우보딩을 즐긴다. 90달러(3인 이상)

시내소재 호텔에는 외국인 여행사의 일일관광 안내서가 거의 빠짐없이 비치되어 있다. 한국인 여행사를 이용하려면 아래 회사별 웹사이트를 방문하거나 밴쿠버에 도착한 후 전화문의를 통해 안내를 받을 수 있는데, 비용도 비싸지 않은 수준으로 책정되어 있다.

▶ 밴쿠버 소재 한국인 운영 주요 여행사

회사명	전 화	팩스	특이사항
고려여행사	604-872-0747	604-872-0700	일일관광 + 항공권 발급
대한여행사	604-876-6646	604-876-6316	일일관광 + 항공권 발급
미주관광여행사	604-939-0043	604-603-8508	일일관광 + 항공권 발급
블루버드여행사	604-688-1994	604-688-1950	일일관광 + 항공권 발급 (www.blubirdcanada.com)
서울여행사	604-872-5600	604-872-8848	일일관광 + 항공권 발급
코스모스투어	604-936-3000	604-936-8115	골프관광 + 항공권 발급 (www.cosmostour.ca)
한미여행사	604-873-0116	604-876-0545	일일관광 + 항공권 발급 (www.hanmitravel.com)

●●● 비즈니스 쇼핑

캐나다 주요 도시의 중대형 상점에서는 좋은 품질의 유럽 유명 브랜드 상품을 쉽게 구입할 수 있다. 또한 미국에서 유통되는 대부분의 상품을 캐나다에서 구입할 수 있다. 그러나 캐나다 특산품을 원하는 사람들에게는 메이플 시럽, 아이스 와인, 인디언 카우칭 스웨터, 캐나다의 원주민 이누이트 에스키모의 수공예품 등이 선호되고 있다.

밴쿠버에서의 쇼핑은 한국의 명동이라 할 수 있는 Robson거리에 하는 것이 좋다. 백화점인 The Bay, Sears 외에 외국 유명 브랜드매장 및 캐나다 토산품매장이 많이 있으며, 이밖에 전자제품 전문매장인 Future Shop, 의류 아울렛매장인 Winners, 대형서점인 Chapters 등이 있어서 쉽게 쇼핑을 할 수 있다. 또한 한인상점이 많기 때문에 쇼핑에는 큰 어려움 없다.

캐나다에서는 모든 상품구입할 때 상품용역세(Goods and Service Tax: GST)가 7% 부과되는데 관광객들은 출국시 환급받을 수 있다. 또한 알버타주를 제외한 모든 주에서는 판매세(Provincial Sales Tax: PST)가 연방세와는 별도로 부과되고 있으며, 밴쿠버가 속한 브리티시 콜럼비아주의 경우 7%가 부과되고 있다.

▶ Royal Center Mall

밴쿠버 Georgia St.에 위치한 쇼핑센터로 많은 부티크들이 입점해 있다. www.royalcentre.com

▶ Metropolis At Metrotown

캐나다에서 두 번째로 큰 규모의 쇼핑센터로 다운타운에서 SkyTrain으로 15분 거리에 있다. 470여 개의 상점이 입점해 있다. www.metropolisat metrotown.com

▶ Pacific Centtre

다운타운에 위치한 대표적인 쇼핑몰로 140여 개의 상점이 입점해 있다. www.pacificcentre.com

▶ Lonsdale Quay Market & Shop

밴쿠버 북부에 있는 쇼핑몰로 쇼핑과 식사를 즐길 수 있다. 밴쿠버 방문객들이 꼭 들러보도록 추천받는 곳 중 하나이다. www.lonsdalequay.com

▶ Vancouver Flea Market

밴쿠버 Terminal Ave.에 있는 벼룩시장으로 다양한 제품을 쇼핑하거나 볼 수 있다. www.vancouverfleamarket.com

Survival English in Vancouver 6

A: What should I do to get a tax refund before leaving Canada?
B: First, collect all your shopping receipts.
A: All receipts?

A: 캐나다 출국 전에 세금을 환급받으려면 어떻게 해야죠?
B: 우선, 쇼핑하고 받은 영수증을 모으세요.
A: 모든 영수증을 다요?

Tips tax refund 쇼핑된 부과된 세금을 환급해주는 것 receipt 영수증

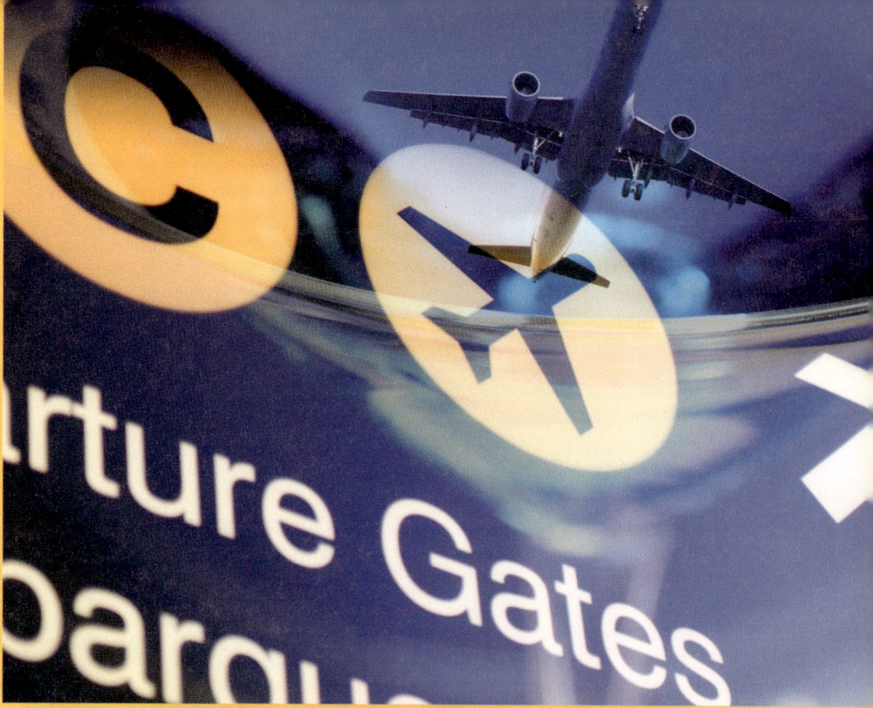
rture Gates

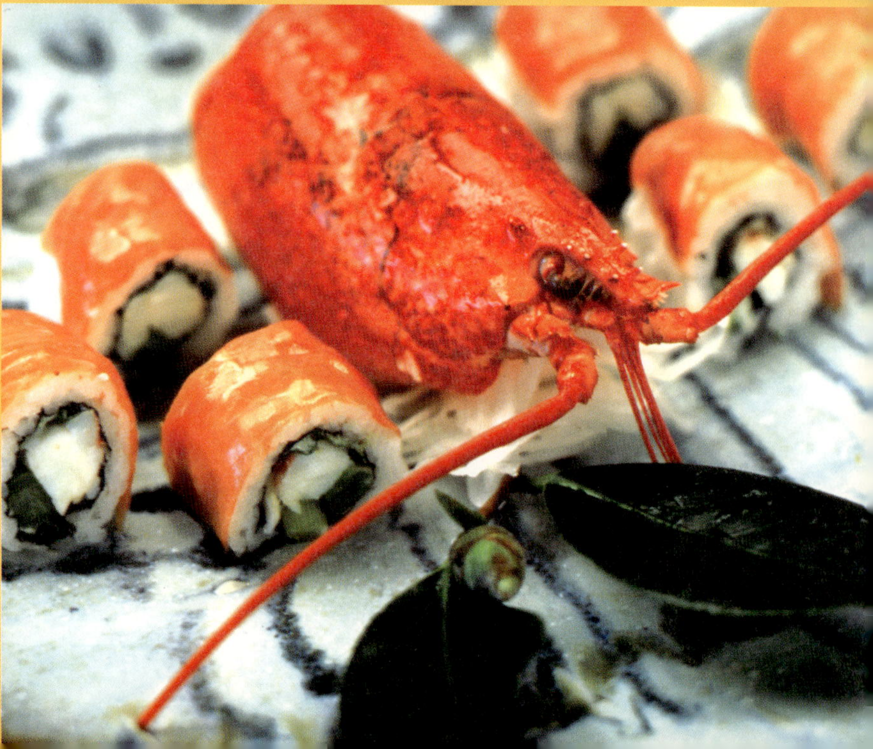

_그때그때 바로 써먹는
Spot English

공항에서

Gate **B45**

- international airline 국제선
- domestic airline 국내선
- economy class 일반석
- airport terminal 공항터미널
- board 탑승하다
- boarding pass 탑승권
- transfer 비행기를 갈아타는 것
- gate 탑승구
- duty-free shop 면세점
- immigration office 출입국관리소
- passport 여권
- customs 세관
- confirm (예약을) 확인하다
- declare 신고하다
- liquor 주류
- waiting area 대기실
- connection 연결편
- baggage 짐
- baggage claim 수하물 찾는 곳
- exchange 환전소
- traveler's check 여행자수표
- passenger 승객

I missed my plane. 비행기를 놓쳤어요.
I'd like to reschedule my flight. 비행시간을 바꾸고 싶습니다.
I missed my connection. 연결편을 놓쳤어요.
When will the plane board? 비행기 탑승은 언제인가요?
Boarding begins in about an hour. 탑승은 약 한 시간 후에 시작합니다.
What is the purpose of your visit? 입국 목적이 뭐죠?
How long will you stay? 얼마나 머무르실 예정이죠?
My baggage is missing. 제 가방이 안 보여요.
What's in the bag? 가방에 뭐가 들었죠?
Do you have anything to declare? 신고할 것이 있나요?
I have only personal effects. 개인용품뿐인데요.
Could you exchange this for dollars? 이걸 달러로 교환해 주실래요?

A Could I catch another flight?
B What happened?
A I missed my flight. I would like to reschedule.
B Let me check. There is another departing in 2 hours.
A Good. Book me on that flight.
B Okay. What is your name?

A: 다른 비행기로 갈 수 있나요?
B: 무슨 일이시죠?
A: 비행기를 놓쳤어요. 시간을 바꾸고 싶은데요.
B: 확인해보겠습니다. 2시간 뒤에 출발하는 게 있네요.
A: 좋습니다. 그 비행기로 가겠습니다.
B: 알겠습니다. 성함이 어떻게 되시죠?

A May I ask the purpose of your visit?
B I'm here on business.
A How long will you be staying here?
B For two weeks.
A I see. What company will you be dealing?
B It's IBM.

A: 방문목적이 뭐죠?
B: 사업차 왔습니다.
A: 얼마나 체류할 예정입니까?
B: 2주입니다.
A: 알겠습니다. 거래 회사가 어디죠?
B: IBM입니다.

기내에서

first class 1등석	captain 기장
business class 비즈니스석	flight attendant 승무원
economy class 일반석	departure time 출발시간
life vest 구명조끼	arrival time 도착시간
blanket 담요	munchies 간단한 식사, 스낵
tray table 식사테이블	seat belt 안전벨트
overhead bin 선반	bulkhead seat 비상구 옆자리
carry-on bag 기내용 가방	stow 집어넣다
lavatory 화장실	catering service 기내식
window seat 창가 좌석	
aisle seat 통로 좌석	

Would you help me to find my seat? 제 자리 좀 찾아 주실래요?
My seat number is 20B. 제 좌석번호는 20B입니다.
This is my seat. 여기는 제 자리인데요.
Could I put this overhead? 이거 선반에 올려놔도 되나요?
Could I get a beer, please? 맥주 좀 주시겠어요?
Could I get a vegetarian meal? 채식을 먹을 수 있을까요?
I'd like coffee, please. 커피로 주세요.
May I have an extra blanket? 담요 여분이 있나요?
How long before we land? 얼마나 더 가야 하죠?
Why are you going to New York? 뉴욕에는 무슨 일로 가세요?
I just bought some duty free items. Where can I pick them up?
면세품을 좀 샀는데, 어디서 받죠?
I'm allergic to fish. Don't you have anything else?
생선에 알러지가 있는데, 다른건 없나요?

A Excuse me. This is my seat.
B Really?
A What's your seat number?
B My seat number is 20B.
A I think your seat is over there.
B I'm sorry.

> A: 실례합니만, 여기는 제 자리인데요.
> B: 여기가요?
> A: 좌석번호가 어떻게 되죠?
> B: 20B입니다.
> A: 당신 자리는 저쪽인 것 같네요.
> B: 죄송합니다.

A Excuse me. Can I get something to drink?
B What would you like?
A I'd like Coke, please.
B OK. Anything else?
A No, that's it.
B I'll bring that in a moment.

> A: 실례합니다. 음료수 좀 가져다 주시겠어요?
> B: 어떤 걸로 드릴까요?
> A: 콜라로 주세요.
> B: 알겠습니다. 다른 것은요?
> A: 콜라면 됩니다.
> B: 바로 가져다 드리겠습니다.

대중교통을 이용할 때

fare 요금
set fare 정액 요금
buck 달러(속어)
pass 승차권
subway station 지하철역
subway map 지하철 노선
ticket booth 매표창구
ticket machine 표 자동판매기
transfer 환승, 환승역
destination 목적지
downtown bus 시내버스

change 잔돈, 거스름돈
cab 택시
taxi stand 택시정류장
get off 내리다
get a ticket 딱지를 떼이다
crossover 육교
traffic light 신호등
intersection 사거리
pedestrian 보행자
heavy (교통이) 무척 혼잡한

What's the fare? 요금이 얼마죠?
Is it in walking distance? 걸어갈 만한 거리인가요?
Does this bus go to Central Park? 이 버스 센트럴파크에 가나요?
How long does it take to get there? 거기까지 얼마나 걸리죠?
Where's the nearest subway station? 가장 가까운 지하철역이 어디죠?
Where should I transfer? 어디서 갈아타야죠?
I need to get to the CN Tower. CN 타워까지 가주세요.
Drop me off here. 여기서 내려주세요.
Get off at the next stop. 다음 정거장에서 내리세요.
I'm new here. 여기는 처음입니다.
Which way is north? 어느쪽이 북쪽이죠?
It's only twenty bucks. 겨우 20달러밖에 안해요.
Pay only the fare on the meter. 미터기 요금만 내세요.

A Where to Sir?
B I need to go to Trade Center. Here is the address.
A Um, it's on Main Street.
B Could you tell me how much the fare will be?
A It will probably be 20 dollars.
B Okay.

> A: 어디로 가십니까, 손님?
> B: Trade Center로 가주세요. 주소는 여기 있습니다.
> A: Main Street에 있군요.
> B: 요금은 얼마쯤 나올까요?
> A: 20달러 정도 나올 것 같습니다.
> B: 알겠습니다.

A Excuse me. I need to get to Rockefeller Center.
B You'd better take a subway.
A Could you tell me where the subway station is?
B Go down two blocks and you'll see it.
A Two blocks from here?
B Right.

> A: 실례합니다. 록펠러센터로 가려고 하는데요.
> B: 지하철을 타는 게 좋습니다.
> A: 지하철 역은 어디에 있죠?
> B: 두 블록만 가시면 보일 겁니다.
> A: 여기서 두 블록이요?
> B: 네.

차를 렌트할 때

International Driving Permit(IDP) 국제면허증
license number 운전면허 번호
rent-a-car company 렌터카업체
compact car 소형차
midsize car 중형차
full-size car 대형차
convertible 오픈카
deposit 보증금
full coverage insurance 종합보험
waiver 배상 보험

rental insurance 렌터카 보험
return 자동차를 반납하다
late charge 연체료
fill up 기름을 채우다
reservation number 예약 번호
pick up (차를) 가져가다
one-way rent 편도 렌트 시스템

Could I reserve a car for this Sunday? 이번 주 일요일에 차 예약이 되나요?
You have to have a valid license. 유효한 면허증이 있어야 합니다.
Could I get your license number? 운전면허번호 좀 알려주시겠어요?
Do you have any compact cars? 소형차가 있나요?
I want full coverage insurance on this car. 종합보험을 들고 싶습니다.
I had an accident. 사고가 났어요.
Could I return the car a day late? 차를 하루 늦게 반납해도 되나요?
I was quoted a rate of 20 dollars for a day. 하루 빌리는 데 20달러라고 들었는데요.
You need to bring it back full as well. (연료탱크를) 가득 채워서 반환해야 합니다.
Return the car on time. 꼭 제시간에 반납해주세요.

A How much is the rental price?
B It depends on the model.
A I wan to rent a compact car.
B It's about 45 dollars per day.
A Do you have anything cheaper?
B Let me check.

A: 렌트비가 얼마죠?
B: 차 모델에 따라 차이가 있습니다.
A: 소형차를 렌트하고 싶은데요.
B: 하루에 45달러 정도입니다.
A: 더 저렴한 것은 없나요?
B: 확인해보겠습니다.

A Could I get full coverage for this?
B Sure thing.
A How much is it for this car?
B That'll be an additional 10 dollars per day.
A Okay.
B Is there anything else you want?

A: 이 차 종합보험 들 수 있나요?
B: 물론입니다.
A: 보험 비용은 얼마죠?
B: 하루에 10달러씩 추가됩니다.
A: 좋습니다.
B: 더 필요한 것은 없나요?

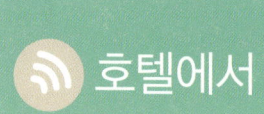 

호텔에서

check in 체크인하다	24-hour desk 24시간 안내데스크
check out 체크아웃하다	non-smoking room 비흡연실
per night 1박	bellhop (호텔의) 짐꾼
twin beds 트윈 베드	total 총액
double room 2인용 침대가 1개 있는 방	bill 청구서
room key 방 열쇠	available (방이) 비어있는, 이용할 수 있는
extra key 보조키	wake up call 모닝콜
room service 룸서비스	charge 숙박요금
peak season 성수기	
off-peak season 비수기	
toll-free number 무료전화(예약)	

I made a reservation. 예약을 했습니다.
My room number is 210. 방 번호는 210입니다.
How much is it per night? 1박에 얼마죠?
It's too cold in my room. 제 방이 너무 춥네요.
I'd like to stay for another night. 하루 더 묵을까 하는데요.
I'd like to check out. 체크아웃하고 싶은데요.
Is it free? 무료인가요?
It may be under my company's name. 제 회사이름으로 예약이 되어 있습니다.
I requested a smoking room. 흡연실을 요청했는데요.
Is breakfast included? 조식이 포함되나요?
What's this charge for 30 dollars? 이 30달러는 뭐죠?
That's an international call you made yesterday. 어제 쓰신 국제전화요금입니다.
Could you bring my breakfast to my room? 제 방으로 아침식사를 갖다 주시겠어요?

A Room service. How can I help you?
B I'd like to place an order for breakfast.
A What is your room number?
B Room 301. I'd like scrambled eggs and coffee.
A Anything else?
B That's all. Thank you.

> A: 룸서비스입니다. 무엇을 도와드릴까요?
> B: 아침식사를 주문하고 싶습니다.
> A: 방번호가 어떻게 되죠?
> B: 301호입니다. 스크램블 에그와 커피로 주세요.
> A: 더 필요한 것은요?
> B: 그거면 됐습니다. 고맙습니다.

A I'd like to stay one more night here.
B Sure thing. What is your name?
A Jin-gyu Park. My room number is 208.
B Okay. It's all taken care of.
A Thank you.
B You're welcome.

> A: 하루 더 묵었으면 하는데요.
> B: 가능합니다. 성함이 어떻게 되시죠?
> A: 박진규입니다. 208호입니다.
> B: 알겠습니다. 다 처리됐습니다.
> A: 고맙습니다.
> B: 천만에요.

식당에서

soft drink 탄산음료
Coke 코카콜라
refill 리필하다
reservation 예약
party 일행
nonsmoking section 금연석
smoking section 흡연석
tab, check 계산서, 청구서
entree 메인요리
dish 요리
appetizer 애피타이저, 전채요리

rare 덜 익힌
midium 중간정도 익힌
well done 잘 익힌
recommend (요리를) 추천하다
draft 생맥주
bottle 병맥주
Cheers! 건배!
free parking 무료주차
invoice (사업자용) 계산서

I'd like to make a reservation tonight. 오늘 저녁 식사 예약을 하고 싶습니다.
Do you have a table by the window? 창가쪽 자리가 있나요?
Check, please. 계산하겠습니다.
I'll take a bottle. 병맥주로 하겠습니다.
I'll have a Coke, please. 코카콜라로 주세요.
Cut my sandwich, please. 샌드위치를 잘라주세요.
No onions, please. 양파는 빼주세요.
Here or to go? 여기서 드실 건가요? 포장해드릴까요?
Can I get a refill? 리필되나요?
What can I get you for dinner tonight? 오늘 저녁은 뭘로 하시겠어요?
Just let me know if you need anything. 필요한 게 있으시면 알려주세요.
Do you want to get an appetizer? 전채 요리 하시겠어요?
It's still red inside. 속이 하나도 안 익었군요.

A I'd like to make a reservation for tonight.
B How many will be in your party?
A Two. I like a table by the window.
B I'm sorry. That table by the window is unavailable.
A Do you have a non smoking section?
B Yes, we do. It's available.
A Thank you.

> A: 저녁 식사예약을 하고 싶은데요?
> B: 일행이 몇 분이죠?
> A: 2명입니다. 창가 테이블이면 좋겠습니다.
> B: 죄송합니다. 창가쪽은 꽉 찼습니다.
> A: 금연석은요?
> B: 금연석은 가능합니다.
> A: 감사합니다.

A What can I help you, Sir?
B Could you get me another fork? I dropped it.
A Okay. Do you need anything else?
B One more glass of wine.
A Okay. I'll be right back.
B Thank you.

> A: 손님, 무엇을 도와드릴까요?
> B: 포크를 다른 걸로 주세요. 떨어뜨렸거든요.
> A: 네, 다른 것은요?
> B: 와인 한 잔 더 주세요.
> A: 알겠습니다. 곧 가져다 드리겠습니다.
> B: 고맙습니다.

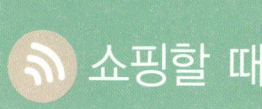 쇼핑할 때

department store 백화점
window shopping 아이 쇼핑
flea market 벼룩시장
receipt 영수증
price tag 가격표
warranty 보증
coupon 쿠폰
try on 입어보다
fitting room 탈의실
satisfaction guaranteed 품질보증
giftwrapping 선물포장

gift shop 선물가게
out of stock 재고가 떨어진
on sale 할인 중인
hem the legs 바지를 줄이다
take in sides 폭을 줄이다
purchase 구입하다
clearance sale 재고 정리 세일
exchange 교환
refund 환불
one-size-fits-all 프리사이즈의

What's the total? 전부 얼마죠?
Could I get this gift-wrapped? 포장해주시겠어요?
I'll pay in cash. 현금으로 하겠습니다.
I'll use my VISA. VISA 카드로 하겠습니다.
Could I try this on? 입어봐도 되나요?
Do you have a bigger size? 더 큰 사이즈 있나요?
I'm just browsing. 그냥 구경할게요.
Do you allow exchanges and refunds? 교환이나 환불이 되나요?
It fits me well. 잘 맞네요.
Is it possible to get discount? 할인 받을 수 없나요?
That's a rip-off. 바가지로군요.
They may be out of stock. 다 떨어진 거 같아요.
Could you shorten the arms? 소매 좀 줄여주실래요?

A I'm looking for a jacket.
B How about this blue one?
A Good. Can I try this on?
B Sure.
A Where is your fitting room?
B It's over there.

A: 재킷을 찾고 있습니다.
B: 이 파란색 재킷은 어때요?
A: 좋군요. 입어봐도 될까요?
B: 물론이죠.
A: 탈의실이 어디죠?
B: 바로 저기입니다.

A What's the total?
B It's 75 dollars, Sir.
A Do you take credit cards?
B We take only Visa and Master card.
A I'll use my Visa.
B Okay.

A: 전부해서 얼마죠?
B: 75달러입니다.
A: 신용카드 받나요?
B: 비자와 마스터 카드만 받습니다.
A: 비자카드로 계산하겠습니다.
B: 알겠습니다.

관광할 때

souvenir shop 기념품가게	ticket desk 티켓(관광, 공연) 문의처
attraction 유명관광지(가볼 만한 곳)	free admission 무료입장
city map 도시지도	inn 여관, 저렴한 숙박 시설
local tourist spots 지역 관광지도	travel agent 여행사
welcome center 미국 각 주의 관광안내소	day-trip 당일치기 여행
interstate 각 주를 연결하는 고속도로	diner car (기차의) 식당칸
limousine bus tour 리무진 버스 투어	go backpacking 배낭여행하다
city tour 시내관광	on the road 여행 중인
discount (티켓을) 할인하다	vacation 휴양지
open 365 days 연중무휴 개장	
closed holidays 휴일 쉼	

Could you take our pictures? 사진 좀 찍어주시겠어요?
Could I get a free visitor map? 무료관광지도 얻을 수 있나요?
I have been to the Golden Gate Bridge. 금문교에 가봤어요.
I recommend a one day tour. 일일관광을 권합니다.
It's 10 dollars for an adult. 어른 20달러입니다.
It open from 9:00 am to 11:00 pm. 개장시간은 오전 9시부터 밤 11시까지입니다.
Call the ticket desk. 티켓문의 전화를 하세요.
Are you getting off here? 여기서 내리세요?
Where am I now on this map? 제가 지금 이 지도에서 어디에 있습니까?
Where is the nearest subway station? 가장 가까운 지하철역이 어디입니까?
Could I have a tour brochure? 관광 팜플렛을 얻을 수 있을까요?
How much is the admission fee? 입장료는 얼마인가요?
Is lodging included in this tour package? 이 여행상품에 숙소도 포함되나요?

A Could you recommend the best sightseeing place of San Francisco?
B Have you ever been to the Golden Gate Bridge?
A Yes, I have been there once.
B What about Fisherman's Wharf?
A I haven't.
B It's very interesting.

> A: 샌프란시스코 관광지 하나 추천해주시겠어요?
> B: 금문교에 가보셨나요?
> A: 네, 한번 가봤어요.
> B: Fisherman's Wharf에는요?
> A: 못 가봤는데요.
> B: 정말 흥미로운 곳이에요.

A I'd like to buy a present for my wife.
B Really? Let's drop into this souvenir shop.
A Okay. Just for a while.
B Wow, it's wonderful.
A I'd like to buy a Statue of Liberty miniature.
B Sounds good!

> A: 아내에게 선물을 사주고 싶은데요.
> B: 그래요? 이 기념품가게에 들러볼까요?
> A: 네, 잠시 둘러보죠.
> B: 와, 정말 대단하군요.
> A: 자유의 여신상 미니어처를 사고 싶어요.
> B: 좋을 것 같네요!

_성공적 업무수행을 위한
Business English

〉〉

1. What days are good for you? 언제가 좋으신가요?

- K I'm planning to be in New York and I'd like to meet with you about new products offer.
- A Okay. What days are good for you?
- K I'll be in New York in January.
- A Well, January 20th is good. How's that day for you?
- K That's fine.

> K: 제가 뉴욕으로 가서 새로운 제품 오퍼 문제로 만났으면 하는데요.
> A: 좋습니다. 언제가 좋으시죠?
> K: 저는 1월에 뉴욕으로 가는데요.
> A: 음, 1월 20일이 좋을 것 같네요. 괜찮으신가요?
> K: 좋습니다.

2. I'm calling to confirm our appointment.
약속을 확인하려고 전화 드렸습니다.

- K I'm calling to confirm our appointment for next week.
- A You're still on my calendar for next Thursday at 2:00 pm.
- K Right. Could I ask you who will be at the meeting?
- A I'll be there with the director of strategic planning of our company.
- K Thanks. See you next week.

> K: 다음 주 약속을 확인하려고 전화 드렸습니다.
> A: 다음 주 목요일 오후 2시에 약속이 잡혀 있는 걸로 되어 있습니다.
> K: 네, 누가 미팅에 참석하는지 알 수 있을까요?
> A: 우리 회사의 전략 기획 이사와 같이 참석합니다.
> K: 감사합니다. 다음 주에 뵙죠.

3. We are very diversified. 저희는 취급하는 제품이 매우 다양합니다.

- K How do you do? I'm Mr. Kim from ABC Co.
- A Yes, I heard about your company from Mr. Brown. What are your main products?
- K We are very diversified. We produce everything from elevators to power generators.

A Do you have your own factories?
K Yes, we have three as a matter of fact.
A My, that is a quite large operation, isn't it?

  K : 안녕하세요? ABC상사의 Mr.김입니다.
  A : 예, 브라운씨로부터 당신 회사에 대해 이야기를 들었습니다. 주요 생산품은 어떤 것 들입니까?
  K : 아주 다양합니다. 엘리베이터에서 발전기에 이르기까지 거의 모든 것을 생산합니다.
  A : 자체의 생산공장을 가지고 있나요?
  K : 예, 세 개의 공장을 보유하고 있습니다.
  A : 와, 대단한 규모군요.

4. Do these cover your complete product line? 여기에 귀사의 전 품목이 다 나와 있습니까?

A I'd like to know more about your products.
K We appreciate your interest. I have some catalogs that I'd like you to look at.
A Thank you. Do these cover your complete product line?
K Yes, everything we export is included.
A Are the prices up to date?
K Yes, but they're scheduled to be revised at the end of the year.
A Do you have any samples with you?
K No, I'm afraid I don't, but we can get them to you immediately.
A Good. Let us look over the catalogs, and we'll get in touch with you soon.

  A : 귀사 제품에 대해 좀 더 알고 싶습니다.
  K : 관심을 가져주시니 고맙습니다. 보여드릴 카탈로그가 몇 가지 있는데요.
  A : 고맙습니다. 여기에 귀사의 전 품목이 다 나와 있습니까?
  K : 예, 저희가 수출하는 품목은 모두 포함되어 있습니다.
  A : 가격은 최근의 것인가요?
  K : 예, 그런데 연말경에 변경될 예정입니다.
  A : 견본이 좀 있습니까?
  K : 없는데요, 하지만 곧 보내드릴 수는 있습니다.
  A : 좋습니다. 카탈로그를 좀 살펴본 다음 곧 연락을 드리겠습니다.

5. I think we stand a fairly good chance.

가능성이 충분하다고 봅니다.

A Mr. Kim, what do you think of our chances of cornering the market on those valves?
K I think we stand a fairly good chance.
A In that case, let's go full speed ahead on production.
K We'll go all out in getting as many off the production line just as soon as we can.
A The sooner the better.
K Of course, we'll make every effort.

A : 김선생님, 이 밸브에 대한 시장가능성에 대해 어떻게 생각하세요?
K : 가능성이 충분하다고 생각합니다.
A : 그렇다면, 생산에 최대한 박차를 가하도록 합시다.
K : 가능한 빨리 그만한 수량의 제품을 생산할 수 있도록 전력을 다하겠습니다.
A : 빠르면 빠를수록 좋습니다.
K : 예, 가능한 빨리 하도록 하겠습니다.

6. Our offer holds good until the end of the month.

우리의 제안은 이달 말까지 유효합니다.

A Mr. Kim, we've come up with a proposal that can't be beat.
K Well, okay. Let's see what it looks like.
A We'll place an order for 4,000 units if you throw in the accessories free of charge.
K You mean including the set and accessories all under one price?
A That's right. The original unit price you quoted. Our offer is good until the end of the month. That's our final offer.
K Well, I can't give you any kind of commitment right now. I'll have to check with my boss first.

A : 김선생님, 아주 좋은 제안을 하나 하겠습니다.
K : 좋습니다. 어떤 것인지 좀 들어봅시다.
A : 귀사측에서 부속품을 덤으로 넣어주시면 우리 쪽에서 4,000개를 주문하겠습니다.
K : 하나의 가격에 세트와 액세서리를 포함시킨다는 말씀인가요?
A : 그렇습니다. 선생님이 처음에 부른 단가대로 말입니다. 우리의 제안은 이달 말까지 유효하니까 결정을 하세요.
K : 글쎄, 지금 당장은 어떤 식의 약속도 드릴 수가 없군요. 사장님께 우선 확인을 해봐야 하니까요.

7. How soon can we expect your answer to our proposal? 우리 제안에 대해 언제까지 답변해주시겠습니까?

K Mr. Brown, how soon can we expect your answer to our proposal?
A Well, that depends on the head office.
K Can you give me an approximate date?
A Unless my guess is wrong, I'd say sometime next week.
K No sooner than that?
A I'm afraid it just can't be.

> K : 브라운씨, 저희가 한 제안에 대해 언제까지 답변해 주시겠습니까?
> A : 글쎄요, 그것은 본사의 결정에 달려 있습니다.
> K : 대략 언제쯤 될지 알 수 없을까요?
> A : 제 짐작이 틀리지 않다면, 다음주 중이 될 것입니다.
> K : 그보다 더 빨리는 안 될까요?
> A : 그보다 더 빠르게는 안 될 것 같습니다.

8. You drive a hard bargain. 너무 심하게 깎으려 하시는군요.

A Mr. Kim, those prices you quoted just have to come down.
K Those are positively our rock bottom quotations.
A Oh, come on. I know you can go lower if your competition can.
K But their product can't compare with ours when it comes to quality.
A Who says? Look, it's either $20.00 a unit or nothing. That's our final offer.
K You drive a hard bargain. Okay, $20.00 a unit it is.

> A : 김선생님. 견적가격들을 좀 낮추어야겠습니다.
> K : 그 가격은 정말 최저 견적가입니다.
> A : 아, 이러지 마십시오. 경쟁사들이 값을 더 내릴 수 있다면, 귀사도 값을 내릴 수 있는 거 아닙니까.
> K : 하지만 품질을 놓고 볼 때, 그들 제품은 저희들 것과 비교가 안 됩니다.
> A : 누가 그렇다던가요? 개당 20달러로 하든지 아니면 포기하겠습니다. 그것이 우리측의 최종 오퍼입니다.
> K : 정말 너무 깎으려 하는군요. 좋습니다, 개당 20달러입니다.

9. What are your terms? 거래조건은 어떻습니까?

A Mr. Kim, look, there's potential with this item. But first, what are your terms?
K Okay. When you open the L/C, make it so that the delivery date is a minimum of two months and a maximum of three months from the date of opening.
A Okay, but that's rather long. What about the warranty?
K We guarantee servicing of minor repairs only.
A What about serious defects?
K All products are quality tested before shipping. Any defects that occur thereafter are attributed to either dealer or customer handling.

A : 김선생님, 이 품목이 가능성이 있습니다. 그렇지만 우선 거래조건은 어떻습니까?
K : 신용장을 개설할 때, 납기는 신용장 개설일자로부터 최소 2개월에서 최대 3개월로 해 주십시오.
A : 그건 좀 긴데요. 하지만 좋습니다. 품질보증은 어떻습니까?
K : 간단한 수리에 한해서만 보장해 드리고 있습니다.
A : 큰 결함에 대해서는 어떻게 하지요?
K : 모든 제품은 선적하기 전에 품질보장을 위한 검사를 받습니다. 그 이후에 생기는 결함 은 도매업자가 잘못 다루거나 소비자가 작동을 잘못해서 생기는 것이지요.

10. Is it possible for you to pay for the shipping? 귀사에서 운송비를 부담하는 것이 가능합니까?

K Do you think we might be able to meet next week for the final negotiation?
A Yes. The sooner the better.
K Is it possible for you to pay for the shipping?
A It happens. But you must order a minimum amount.
K What is your minimum amount?

K : 다음 주에 최종 협상을 위해 만날 수 있을까요?
A : 네, 빠르면 빠를수록 좋습니다.
K : 귀사가 운송비를 부담하는 것이 가능합니까?
A : 네, 그러나 최소량을 주문하셔야 합니다.
K : 귀사의 최소주문량이 어떻게 되죠?

11. What do you like the most about the contract?
이번 계약에서 어떤 조건이 가장 마음에 드십니까?

A Thanks for your decision.
K I feel we can overcome some difficulties by continuous negotiations.
A What do you like the most about the contract?
K I like the payment terms. Payment of three months is good for us.
A I'm glad you like that.

> A: 귀사의 결정에 감사드립니다.
> K: 꾸준한 협상으로 몇 가지 난관을 해결할 수 있었다고 생각합니다.
> A: 이번 계약에서 어떤 조건이 가장 마음에 드십니까?
> K: 지불 조건입니다. 3개월 내 지불 조건은 우리로서는 좋은 조건이지요.
> A: 다행이군요.

12. I'm prepared to close this deal.
이번 계약을 체결할 수 있습니다.

A What would it take for you to come to an agreement?
K If you increase the initial order size, I'm prepared to close this deal.
A OK. What size of order do you need?
K Over 1,000 units at a time.

> A: 어떤 조건이면 계약을 하시겠습니까?
> K: 초기 주문량을 늘려준다면 이 계약을 체결할 수 있습니다.
> A: 좋습니다. 어느 정도의 주문량을 생각하고 계십니까?
> K: 한번에 1,000개 이상입니다.